中国农业展望报告
（2024—2033）

农业农村部农产品市场分析预警团队 著

中国农业科学技术出版社

图书在版编目（CIP）数据

中国农业展望报告.2024—2033 / 农业农村部农产品市场分析预警团队著. --北京：中国农业科学技术出版社，2024.4
ISBN 978-7-5116-6731-1

Ⅰ.①中… Ⅱ.①农… Ⅲ.①农业发展－经济发展趋势－研究报告－中国－2024-2033 Ⅳ.①F323

中国国家版本馆CIP数据核字（2024）第059249号

组织编著单位　中国农业科学院农业信息研究所

责任编辑　张志花
责任校对　王　彦
责任印制　姜义伟　王思文

出 版 者　中国农业科学技术出版社
　　　　　北京市中关村南大街12号　邮编：100081
电　　话　（010）82106636（编辑室）　（010）82106624（发行部）
　　　　　（010）82109709（读者服务部）
网　　址　https：// castp.caas.cn
经 销 者　各地新华书店
印 刷 者　北京地大彩印有限公司
开　　本　190 mm×270 mm　1/16
印　　张　15
字　　数　315千字
版　　次　2024年4月第1版　2024年4月第1次印刷
定　　价　760.00元

◀◀◀ 版权所有·侵权必究 ▶▶▶

前　　言

2024年是中华人民共和国成立75周年，是实现"十四五"规划目标任务的关键一年。当前，世界经济增长动能不足，地区热点问题频发，外部环境的复杂性、严峻性、不确定性上升，叠加极端气候影响加剧，端牢饭碗的压力越来越大。持续发布未来10年中国农业展望报告，加强农产品供需趋势分析及农业热点问题交流研讨，充分发挥信息引导生产、稳定预期、服务决策的重要作用，是贯彻落实党和国家发展战略部署的重要举措，对保障粮食和重要农产品稳定安全供给具有重要意义。从2014年开始，每年4月定期召开中国农业展望大会并发布未来10年中国农业展望报告，大会日益成为国内外了解农情、分享信息的重要公共平台。

2024年中国农业展望大会，由农业农村部市场预警专家委员会指导，中国农业科学院农业信息研究所主办，农业农村部信息中心、农业农村部农村经济研究中心、农业农村部农业贸易促进中心、农业农村部大数据发展中心、中国农学会等协办。大会上发布的《中国农业展望报告（2024—2033）》（以下简称《展望报告》），是中国农业展望专家组在长期研究工作的基础上，根据国内外经济形势、人口、汇率、油价等方面的新变化，综合考虑中国宏观经济、农业政策、气候条件、科技创新、资源禀赋及国际市场等因素，采用由中国农业科学院农业信息研究所研制的中国农产品监测预警系统（China Agricultural Monitoring and Early-warning System，CAMES），对未来10年中国农产品市场供需形势做出的基线预测，与专家判断相结合的研究成果。基期数据主要来自中国统计部门公开发布的统计数据和农业部门的农产品市场监测数据，也包括相关研究机构多年积累的实地调研数据。在《展望报告》形成过程中，农业农村部市场预警专家委员会专家对《展望报告》的主要结论进行了研讨。初稿形成后，征求了农业农村部政策改革司、规划司、计财司、种植业司、畜牧兽医局、渔业渔政局、乡村产业司、合作经济司、国际司、科技司、质量监管司、种业司、农机化司、农田建设司等司局、国家发展改革委、商务部、海关总署、国家统计局、国家粮食和物资储备局、全国供销总社等部门以及中国棉花协会、中国糖业协会等协会的意见，得到了各单位宝贵的建议，在此一并表示感谢。

《中国农业展望报告（2024—2033）》共15章，涵盖粮食、棉花、油料、糖料、蔬菜、水果、肉类、禽蛋、奶类、水产品、饲料等20种（类）主要农产品，由农业农村部农产品市场分析预警团队撰写。其中，第一章概述由王禹、许世卫、李干琼、富丽莎撰写；第二章粮食由王盛威撰写；第三章稻谷由稻谷分析师纪龙、徐春春、徐佳男撰写；第四章小麦由小麦分析师曹慧、孟丽、刘锐撰写；第五章玉米由玉米分析师吴天龙、徐伟平、王洋、高海秀撰写；第六章大豆及油脂油料分别由大豆分析师王禹、殷瑞锋、张璟、富丽莎，油料分析师黄家章、李淞淋、张雯丽、刘鹏撰写；第七章棉花由棉花分析师王芸娟、原瑞玲、刘保花撰写；第八章糖料由糖料分析师曹蔚宁、张哲晰、郭君平撰写；第九章蔬菜分别由蔬菜分析师安民、张晶、曹姗姗、孔繁涛，马铃薯分析师周向阳、吴建寨撰写；第十章水果由水果分析师赵俊晔、侯煜庐、王芸娟撰写；第十一章肉类分别由分析师熊露，猪肉分析师周琳、李淞淋、朱增勇、张馥，禽肉分析师张莉、浦华、郑麦青，牛羊肉分析师杨春、司智陟、朱聪、梁丹撰写；第十二章禽蛋由禽蛋分析师朱宁撰写；第十三章奶制品由牛奶分析师祝文琪、杨祯妮、刘佳佳撰写；第十四章水产品由水产品分析师张静宜、刘景景撰写；第十五章饲料由饲料分析师沈辰、陶莎、徐伟平撰写。

2024年是展望大会11周年，中国农业科学院院长吴孔明、党组书记杨振海对展望活动高度重视，多次进行专题研究和部署。中国农业科学院农业信息研究所所长周清波带领全所员工为开展2024年农业展望活动提供了有力保障。许世卫秘书长主持研制的CAMES系统为《展望报告》提供了20种（类）农产品的预测分析结果。农业监测预警创新团队李干琼、刘佳佳、王禹、邸佳颖、庄家煜、张永恩、王盛威、熊露、李建政、王洋、李灯华、喻闻、陈威、周涵、袁世一、赵龙华、周雨萱、刘保花、富丽莎等在报告全文统稿与修改、会商研讨组织、中英文翻译等方面做了大量具体而细致的工作。报告形成过程中，于冷、王忠海、方言、田晓晖、刘桂才、许世卫、李志强、李国祥、李韶民、杨军、陈洁、武拉平、秦富、韩一军、潘月红（按姓氏笔画排序）等农业农村部市场预警专家委员会委员和有关专家多次参加《展望报告》相关工作，对修改完善《展望报告》提出了宝贵意见。

定期规范发布中国农业展望报告，是一项技术支撑能力要求极高的工作。作为中国特色农业信息监测预警体系的重要成果，2020年1月中国农业展望大会正式写入《中美第一阶段经贸协议》，2021年7月中国农业展望大会列入"百年伟业 三农华章——农业农村部庆祝中国共产党成立100周年主题展"，日益受到国内外广泛关注。需要说明的是，农业发展受诸多不确定性因素的影响，基线预测模型已尽量考虑相关因素，但《展望报告》难免仍会出现一些疏漏或不足，恳请国内外同行多提宝贵意见，我们将不断完善和提高。

报告编写组
2024年4月

摘　　要

2024年中国农业展望大会发布的《中国农业展望报告（2024—2033）》（以下简称《展望报告》），总结回顾了20种（类）主要农产品2023年市场形势，对未来10年尤其是2024年、2028年和2033年等重要时间节点的生产、消费、贸易、价格走势进行了展望，对存在的不确定性进行了分析和讨论。

未来10年中国经济社会条件与政策假设。展望初期中国经济将持续回升向好，中长期呈持续向好走势，《展望报告》假设2024—2033年中国国内生产总值（GDP）年均增速4.8%；居民收入继续增长，城镇和农村居民人均可支配收入年均增速分别为2.8%和5.2%（以2023年为基期，扣除价格因素），城乡收入差距持续缩小；人口总量减少，年均下降1.3‰，人口老龄化呈加快趋势；城镇化率不断提高，2033年常住人口城镇化率、户籍人口城镇化率分别提高到72.5%和56.7%；居民消费价格指数（CPI）稳定运行，年均涨幅在2.0%~2.4%；人民币汇率在合理区间波动，展望期间1美元兑人民币的名义汇率中间价年均值在6.4~7.0元区间；国际原油价格短期高位宽幅震荡，长期呈下降趋势。

2023年，我国农业农村发展保持了稳中向好、稳中有进的势头，"三农"基本盘进一步夯实，为经济回升向好、高质量发展扎实推进提供了有力支撑。粮食产量再创历史新高，重要农产品供给保障有力。 2023年粮食播种面积17.85亿亩（1.19亿公顷），比上年增长0.5%；粮食产量连续9年稳定在6.5亿吨以上，全国粮食产量达到6.95亿吨，比上年增长1.3%。大豆油料扩种成效明显，全年大豆种植面积15 705万亩（1 047万公顷），产量达2 084万吨，连续创历史新高，面积和产量分别比上年增长2.2%、2.8%。油料作物种植面积迈上2亿亩台阶，达到20 880万亩（1 392万公顷），比上年增长5.9%，其中油菜面积11 537万亩（769万公顷）、花生面积7 601万亩（507万公顷），分别比上年增长6.0%和8.2%；全年油料产量3 864万吨，比上年增长5.7%，其中油菜籽产量、花生产量分别比上年增长4.8%、11.0%。棉花种植面积和产量下降，2023年种植面积4 182.2万亩（279万公顷），产量561.8万吨，分别比上年减少7.1%、6.1%。肉类生产提质增效，2023年肉类产量9 748万吨，比上年增长4.5%，其中，猪肉产量5 794万吨，增长4.6%；禽肉产量2 563万吨，增长4.9%；牛肉产量753万吨，增长4.8%；羊肉产量531万吨，增长1.3%。牛奶、禽蛋全面增产，牛奶产量4 197万吨，禽蛋产量3 563万吨，分别比上年增长6.7%、3.1%。果菜鱼供应充足，蔬菜面积产量稳中有增，水果量足质优，水产品产量7 100万吨，比上年增长3.4%。**科技支撑能力稳步提升，农产品供给质量不断**

优化，农业高质量发展迈出新步伐。高标准农田建设扎实推进，全国已建成高标准农田超过10亿亩，耕地平均等级达到4.76，建设农业节水灌溉面积达到5.91亿亩，农田灌溉水有效利用系数达到0.572。农业资源保育能力稳步增强，新收集农业种质资源53万多份，新发现鉴定帕米尔牦牛等51个畜禽地方品种，采集制作水产资源12万多份，供种保障率达75%以上。科技和装备支撑更加有力，全国农业科技进步贡献率63%以上，农业机械化水平稳步提高，农作物耕种收综合机械化率超74%。农业发展方式加快转变，化肥、农药利用率均超过41%，畜禽粪污综合利用率达到78.3%，农膜回收处置率在80%以上，秸秆综合利用率超过88%。绿色优质农产品供给水平进一步提升，全国绿色、有机、地理标志和名特优新农产品总数达7.5万个。**农产品消费稳步增长，消费结构不断优化升级。**2023年全国粮食消费量8.17亿吨，比上年增长1.7%，其中食用消费稳中略增，饲用消费增长3.8%。食用植物油消费量3 686万吨，比上年增长1.4%，其中亚麻籽油、山茶油、芝麻油特色油脂消费逐渐增加，品种多样化日益明显。动物性产品消费较快增长，猪肉、禽肉、牛肉、羊肉、禽蛋、水产品消费量分别比上年增长4.0%、4.6%、4.0%、2.3%、2.0%、3.6%。蔬菜、水果消费量继续增加，分别比上年增长4.3%、3.0%。**大宗农产品贸易保持活跃，传统出口优势农产品贸易较快增长。**粮食进口保持高位，2023年进口1.63亿吨，比上年增长11.0%，其中小麦进口达到1 210万吨，增长21.5%；玉米进口达到2 713万吨，增长31.6%；大豆进口9 941万吨，增长11.4%；大麦进口达到1 132万吨，增长96.5%。食用植物油进口大幅增加，达到981万吨，比上年增长51.4%。棉花进口195.0万吨，比上年增长1.2%。肉类进口603万吨，比上年减少1.6%，其中猪肉、禽肉进口分别减少11.7%、0.6%，牛肉、羊肉进口分别增长1.8%、21.1%。水产品进口676万吨，比上年增长4.5%。具有比较优势的蔬菜、水果出口量分别达到1 326.14万吨、502.51万吨，比上年分别增长11.8%、7.9%。**农产品价格跌多涨少，总体呈波动下行趋势。**2023年三大主粮价格稳中有分化，大米批发价格上涨，小麦批发价格下跌，玉米产区批发价格持平；受国际大豆价格下跌及进口增加双重影响，上半年国产大豆价格走势偏弱，新季大豆价格呈低位运行。食用植物油价格受全球高库存和国际价格下跌影响明显走低，棉花价格先涨后跌，食糖价格因供给偏紧叠加消费回暖明显上涨。肉奶价格持续偏弱运行，猪肉批发价格下跌明显，因市场阶段性供大于求，生鲜乳收购价格全年持续下跌。蔬菜、水果市场供应充足，价格以季节性波动为主。

2024年，随着新一轮千亿斤粮食产能提升行动全面实施，乡村全面振兴有力有效推进，农业综合生产能力将继续稳步提升。粮食和重要农产品稳定安全供给能力将持续增强，农业高质量发展继续保持强劲势头。2024年，在稳面积、增单产有利政策支撑下，预计全年粮食播种面积17.81亿亩（1.19亿公顷），与上年基本持平；粮食单产达到396千克/亩（5 933千克/公顷），比上年增长1.5%；粮食产量7.04亿吨，比上年增长1.3%。其中，稻谷产量保持相对稳定，小麦和玉米产量分别比上年增长1.5%和2.3%，大豆产量将达到2 159万吨，比上年增长3.6%。油菜、花生和特色油料产量继续增加，预计全年油料产量比上年增长1.4%。受甜菜增产带动，食糖产量大幅提高，预计比上年增长11.5%。蔬菜、水果市场供应充裕，预计产量分别增长0.1%、1.0%。生猪基础产能合理调减，能繁母猪和生猪存栏量下降，预计2024年猪肉产量5 694万吨，比上年减少1.7%；牛肉、羊肉和奶制品供给持续增加，预计产量分别增长1.1%、0.8%和2.6%。渔业生产稳定发展，预计水产品产量达到7 242万吨，比上年增长2.0%。**农产品消费总体相对稳定，消费结构升级呈加快趋势。**随着经济回升向好、居民收入不断增长，农产品消费结构继续优化升级，营养与健康需求导向更加明显，主粮消费下降，奶制品、果菜鱼消费增加。预计2024年粮食消费量减少1.7%，肉类消费量减少0.7%，食用植物油消费量持平，奶制品消费量增长2.2%，蔬菜和水果消费量分别增长0.2%和0.8%，水产品消费量增长2.5%。**大宗农产品进口将减少，传统优势农产品出口增速放缓。**受国内产量增加、国际贸易环境欠佳等影响，大宗农产品进口量减少，预计2024年粮食进口1.41亿吨，比上年减少13.6%，其中小麦、玉米和大豆进口分别将减少24.5%、37.3%和7.7%；食用植物油进口减少13.4%。具有国际贸易竞争优势的蔬菜、水果出口分别预计增长5.3%和3.5%，增速均低于上年，水产品出口市场有所萎缩，预计出口减少1.3%。**农产品价格总体稳定运行，猪肉价格有望小幅回升。**受生产成本不断上涨等影响，预计稻谷和小麦价格稳中有涨；由于生产、消费均有所增长，玉米、大豆和食用植物油价格总体平稳运行。受国内市场供给偏紧、国际市场价格预期上涨影响，棉花、食糖价格总体呈震荡上行走势；受猪肉产能合理调减、消费需求回暖等影响，猪肉价格有望回升到27～30元/千克；受供给充足、消费增长放缓影响，禽肉、牛羊肉价格偏弱运行；蔬菜和水果价格呈现季节性波动，预计总体价格将略有下降。

未来10年，农业新质生产力将得到充分发展，农业转型升级加速推进，乡村全面振兴将取得重大进展，农业农村现代化水平显著提升。粮食等重要农产品综合生产能力将显著增强，农产品供给质量与市场竞争力将明显提升。受益于农业支持政策持续发力，粮食播种面积保持稳定，预计2033年稳定在17.84亿亩（1.19亿公顷）左右，其中稻谷面积减少，小麦、玉米面积保持稳定，大豆面积将扩大到1.84亿亩（1 230万公顷）。随着生物育种技术取得新突破，高产高效技术模式大面积推广，耕地质量不断提升，展望期末预计粮食单产水平将提高10.7%，达到429千克/亩（6 438千克/公顷），其中玉米、大豆单产将分别达到486千克/亩（7 290千克/公顷）、193千克/亩（2 901千克/公顷）。在大力实施粮油等主要作物大面积单产提升行动下，农产品产量稳步增长，预计2033年粮食产量将达到7.66亿吨，年均增长1.1%。蔬菜和水果增速放缓，年均增速分别为0.2%和0.9%。肉类产量总体呈增长趋势，其中猪肉生产将保持在合理水平，禽肉、牛肉和羊肉分别年均增长

1.7%、1.0%和1.2%。奶类和水产品产量持续增长，年均增速分别为4.1%和0.9%。**农产品消费持续升级，食物消费结构不断优化**。随着居民收入水平不断提高以及营养健康理念普及，食物消费结构不断优化，农产品消费需求向健康化、绿色化、多元化、个性化转型升级，高品质、特色化农产品消费持续增加。未来10年，粮食消费总体稳中有增，肉类、蔬菜、水果消费继续增长，年均增速分别为0.3%、0.5%、0.8%，展望期末猪肉、禽肉、牛肉、羊肉年人均消费量预计分别将达到39.36千克、21.06千克、7.97千克、4.64千克；奶制品、水产品消费保持较快增长，年均增速分别为3.3%、1.2%。**农产品贸易结构不断优化，进口来源呈现多元化**。未来10年，中国将继续扩大高水平对外开放，农产品贸易保持增长趋势，粮食等重要农产品贸易结构持续优化，贸易伙伴更加多元。粮食进口呈下降趋势，预计2033年粮食进口1.10亿吨，其中玉米进口将回落至680万吨，大豆进口将从近年来高位减少到7 869万吨。蔬菜和水果出口继续较快增长，年均增速分别为3.2%和9.5%；水产品出口稳中有降，年均减少1.8%。**农产品价格呈上涨趋势，大宗农产品的国际市场联动性有所弱化**。未来10年，农产品产销对接体系更加完善，农产品价格将更灵敏地反映市场供求，优质优价特征明显。受生产成本上涨推动，粮食价格将呈波动上行趋势。随着国内供给能力不断增强，大宗农产品价格与国际市场联动效应减弱。肉蛋奶、蔬菜、水果、水产品等鲜活农产品价格波动减缓。分品种看具体如下。

粮食：产量增长快于消费增长，粮食自给率逐步提高。未来10年，中国粮食综合生产能力将稳步提高，播种面积基本稳定，产业结构持续优化，粮食供给保障能力将不断提升。预计粮食单产稳步提高，2033年为429千克/亩（6 438千克/公顷），年均增长1.0%；粮食产量稳定增长，达到7.66亿吨，年均增长1.1%。粮食消费刚性增长，但增速放缓，工业消费增加是拉动粮食消费增加的主要动力。预计2033年粮食消费量为8.40亿吨，年均增长0.3%。粮食供需紧平衡将成为长期态势，但产需平衡压力有所缓解，粮食自给率将提高至91.5%。粮食贸易规模仍将维持高位，但总量有所下降，利用国际粮源适当弥补紧缺品种产需缺口、改善品种结构仍将发挥重要作用，预计2033年粮食进口量为1.10亿吨，年均减少3.5%。

稻谷：生产总体稳定，消费量和进口量稳中有降。未来10年，稻谷播种面积将稳中略降，单产逐步提高到505千克/亩（7 575千克/公顷）水平，产量稳定在21 000万吨以上，口粮绝对安全有保障。稻谷消费量稳中略降，预计2033年为20 624万吨，年均下降0.2%。其中，受居民消费结构升级、人口老龄化加快以及人口总量减少等因素影响，稻谷口粮消费量稳中有降，预计2033年为15 180万吨，年均下降0.3%。国内稻米产业将加速向优质化、品牌化和特色化发展，市场有效供给能力不断增强，对国外优质大米市场形成挤出效应，与基期相比，大米进口量将有所下降，展望期末预计在300万吨左右。

小麦：生产能力不断提升，进口需求逐渐下降。未来10年，小麦播种面积将稳定在3.5亿亩左右，随着小麦单产提高，产量稳步增长，2033年将达14 626万吨，年均增长0.6%。展望期间中国食品工业将加速发展，小麦工业消费需求日趋旺盛，但随着小麦玉米比价关系回归正常，小麦饲用消费将大幅下降，小麦消费总量呈高位回落趋势，预计2033年为14 135万吨，年均下降0.4%。由于优质专用小麦产能不断提升，小麦进口量将高位回落，预计2033年进口量为485万吨。

玉米：产量持续增长，进口量呈下降趋势。未来10年，玉米播种面积保持稳定，预计2033年为66 366万亩（4 424万公顷）；随着农业基础设施的持续完善，良田、良种、良法、良机、良制的集成推广，预计单产水平持续提高，展望期末将达到486千克/亩，年均增长1.3%；产量将稳步增长至3.23亿吨，年均增长1.4%。玉米消费量稳中有增，预计2033年消费量将达3.21亿吨，年均增长1.1%。进口量持续下降，预计2033年将减至680万吨。

大豆：单产、产量逐年增长，自给率显著提升。未来10年，在国家大豆和油料产能提升工程深入推动下，单产水平显著提升，产量稳步增长，预计2033年大豆播种面积将增至18 447万亩（1 230万公顷），单产增至193千克/亩（2 901千克/公顷），产量达到3 568万吨，年均增长分别为2.4%、3.9%、6.4%。由于大豆食用消费增加和饲用需求保持高位，大豆消费量稳中略增，预计2033年将达11 329万吨，年均增长0.3%。随着国产大豆产能持续提升，大豆自给率将不断提高，进口呈高位下降趋势，展望期末大豆自给率将提高至30%以上，进口量将减至7 869万吨，年均下降1.9%。

油料：产量持续增长，消费结构逐步优化。未来10年，良种良法配套、农机农艺融合等生产技术集成推广应用，带动单产稳步提升，油料产量将持续增长。预计2033年油料产量将达到4 639万吨，年均增长2.3%。受人口总量减少、经济增长和城镇化速度趋缓、人均食用植物油消费量接近饱和等因素影响，居民食用植物油消费量增速将继续放缓、结构进一步优化。预计2033年食用植物油消费量将达3 702万吨，年均增长0.11%，明显低于过去10年2.6%的年均增长水平；居民食用消费缓慢下降，年均下降0.14%。未来10年，中国将继续利用国际市场来满足和优化国内食用植物油供应，但油籽和食用植物油进口量下降。

棉花：产量增加，消费和进口呈下降趋势。展望期内，受劳动力和土地成本持续上升、水土资源条件约束趋紧、植棉比较效益低等多重因素影响，农户植棉积极性下降，棉花种植面积小幅减少。随着《全国粮油等主要作物大面积单产提升行动实施方案（2023—2030年）》实施和新疆棉花目标价格补贴与质量挂钩政策全面落实，棉花单产稳步提升，品质持续改善。预计2033年棉花产量为584万吨，年均增长0.1%；中国将继续保持全球最大棉花消费国地位，但全球贸易保护主义加剧、非棉纤维替代等将导致棉花消费量呈下降态势，预计2033年棉花消费量为735万吨，年均下降0.5%；棉花进口减少，高等级棉花仍然是进口的重点，预计2033年将减至

160万吨，年均下降2.2%。

糖料：产量稳中趋增，消费和进口增速放缓。未来10年，受良种良法补贴及机械化补贴等政策支持，糖料种植面积趋于稳定，糖料单产稳中有增，预计2033年食糖产量将达到1 154万吨，年均增长1.7%；受人口老龄化加快、居民膳食结构调整以及代糖消费增加等因素影响，中国食糖消费呈低速增长态势，预计2033年食糖消费总量1 644万吨，年均增长0.6%；由于食糖消费不断增长，国内食糖产不足需的情况长期存在，食糖进口量缓慢增长，预计2033年食糖进口量592万吨，年均增长1.3%。

蔬菜：供需基本平衡，消费结构改善。未来10年，蔬菜种植面积基本稳定，产量稳中略增，预计2033年产量81 045万吨，年均增长0.2%，其中，商品产量63 385万吨，年均增长0.5%。蔬菜消费小幅增长，消费结构不断优化。预计2033年消费量达到61 824万吨，年均增长0.5%，其中，鲜食消费占消费量的比例有所上升，将从2024年的43.4%增至2033年的45.5%。蔬菜进、出口量均小幅增加，保持净出口态势。蔬菜价格季节性、周期性波动依然明显，但波动幅度趋缓，总体呈上涨趋势。

马铃薯：产量稳步增加，消费量总体呈增长态势。展望期内，马铃薯种植面积稳定增加，预计2033年为9 235万亩（616万公顷），年均增长1.0%。随着各地深入实施马铃薯种业振兴计划，尤其是加快普及脱毒种薯应用，中国马铃薯单产将呈提高态势，预计2033年为1 255千克/亩（18 832千克/公顷），比基期增长5.9%。在种植面积增加和单产水平提高的共同作用下，马铃薯产量将持续增加，预计2033年为11 594万吨，年均增长1.6%。从长期来看，马铃薯消费量总体增加，2033年为11 664万吨，年均增长1.3%。

水果：产量和消费稳中略增，进出口贸易规模扩大。未来10年，水果产业加快向高质量转型发展，面积相对稳定，果园面积约1.97亿亩（1 314万公顷），瓜果类面积约3 210万亩（214万公顷），单产水平提高，产量增速放缓，优质果品供给增加，品种结构和供应节奏进一步优化。展望期间，预计水果产量年均增长0.9%，2033年将达到3.40亿吨。随着城镇化进程加快和城乡居民收入增长，水果消费需求持续增加，预计2033年水果（含西甜瓜）消费量达3.29亿吨，年均增长0.8%，其中直接消费量1.61亿吨，年均增长0.5%，加工消费量6 541万吨，年均增长4.6%。水果进口量和出口量保持增长趋势，年均增速分别为9.0%和9.5%，贸易逆差长期存在。生产成本上涨、果品品质整体提升等因素推动水果价格波动上涨。

肉类：产量和消费量总体保持增长，进口先增后减。展望期内，随着生猪产能的优化调整，牛羊肉基础生产能力的稳定，肉类生产实现稳定发展，肉类产品供给保障能力增强，肉类产量总体将呈增长态势。预计2033年肉类产量达到9 764万吨，年均增长0.4%。肉类市场需求稳步释放，肉类消费量保持增长，2033年将达到10 253万吨，年均增长0.3%。随着居民收入及生活水平的提高，居民膳食结构逐步优化，禽肉、牛羊肉市场份额将提高。展望初期，考虑到牛羊肉国内外价差依然明显，牛羊肉进口小幅增长，预计2024年肉类进口量606万吨，比上年略增0.5%；展望中后期，随着国内肉类产品供给保障水平的逐步提升，自给率将稳步提高，进口量将呈稳中略减态势，预计2033年进口量584万吨，年均减少1.4%。

猪肉：产量呈现稳中有降趋势，进口量减少。展望期内，生猪规模化养殖比例逐步上升，产业结构不断优化，猪肉生产提质增效，产量总体下降并稳定在5 400万吨左右。预计2033年猪肉产量5 386万吨，年均减少0.3%。受人口老龄化以及居民消费升级等因素影响，展望期内猪肉消费总量有所下降。预计2033年猪肉消费量下降至5 479万吨，比基期减少5.0%，年均减少0.5%。国内猪肉消费需求的总体下降使得猪肉进口需求下降，但居民对带骨猪肉仍然存在刚性需求，仍将有一定量的猪肉进口，预计2033年猪肉进口量107万吨。

禽肉：生产和消费持续增加，自给率稳步提升。未来10年，禽肉生产结构不断优化，国产优质品种市场占有率持续提升，禽肉产量稳步增长，预计2033年产量将达到2 905万吨，年均增长1.7%。随着城镇化水平不断提升，新一代消费习惯改变，肉禽预制菜市场规模扩大，禽肉消费持续增加，在肉类消费中的占比明显提升，预计2033年消费量为2 932万吨，年均增长1.5%。禽肉产量增速快于消费增速，进口需求逐渐减少，禽肉进口量占国内消费的比例总体呈下降趋势，预计2033年进口量为105万吨，年均减少2.6%。肉禽生产效率提升，产品国际竞争力逐步增强，禽肉出口稳步增长，预计2033年出口量78万吨，年均增长2.5%。

牛羊肉：生产和消费保持增长，进口增速放缓。未来10年，随着牛羊生产技术水平的提高，良种化、规模化、标准化、智能化程度的提升，生产供应能力增强，牛羊肉产量将保持增长。预计2033年牛肉、羊肉产量分别为798万吨和587万吨，年均增速分别为1.0%和1.2%。综合考虑未来肉类消费结构升级、新型城镇化深入推进、人口负增长等多重影响，牛羊肉消费需求增速将有所放缓。预计2033年牛肉、羊肉消费量分别为1 110万吨和646万吨，年均增长率分别为1.2%和1.4%；年人均牛肉、羊肉消费量分别达到7.97千克和4.64千克。随着牛羊肉自给水平的提升，对外依赖有所降低，进口增速放缓。预计2033年牛肉、羊肉进口量分别为312万吨和59万吨，年均增速分别为1.9%和4.0%。

禽蛋：产量增长趋缓，出口继续增长。未来10年，随着高产品种以及精准饲喂、环境控制、疫病防控等现代化装备和技术得到广泛推广应用，蛋禽养殖良种化、规模化、机械化水平不断提升，国内逐步建立起生产高效、资源节约、环境友好、布局合理的养殖格局，禽蛋生产能力持续增强，产量稳中有增，2033年将达到3 716万吨，年均增长0.7%。人们对合理膳食搭配与营养均衡要求的提高，禽蛋人均消费量上升空间逐渐变窄，禽蛋消费增速将放缓，预计2033年禽蛋消费量3 675万吨，年均增长0.6%。禽蛋出口量有望保持增长势头，预计2033年出口量24万吨，年均增长5.8%。

奶制品：产量持续增长，消费量逐步提升。展望期内，中国奶牛养殖规模化程度和单产水平进一步提高，产量保持增长，预计2033年奶类产量将达到5 800万吨，年均增长4.1%。随着城乡居民收入增加，健康饮奶理念逐步普及，奶制品消费需求逐步增长，预计消费量年均增长3.3%，到2033年将达到7 920万吨；奶制品人均消费量达到56.90千克。未来10年，中国奶源自给率不断提升，但奶制品进口仍存在刚性需求，进口量整体趋增，预计2033年进口量2 143万吨，年均增长1.2%。

水产品：消费增长略高于产量增长，进口保持增长。未来10年，中国现代渔业建设步伐加快，传统养殖、捕捞、加工持续转型升级，新业态新模式加速发展，带动渔业生产稳定向好，预计2033年水产品总产量7 550万吨，年均增长0.9%，其中养殖产量6 253万吨，年均增长1.1%；捕捞产量基本稳定。食用消费稳定增长，加工比例进一步提高。预计2033年消费量8 066万吨，年均增长1.2%，消费增速略高于产量增速。需求支撑水产品进口持续增长，预计2033年进口量832万吨，年均增长2.7%；受出口市场萎缩、竞争压力扩大的影响，预计出口量316万吨，年均减少1.8%，水产品贸易逆差或将成为常态。

饲料：产量缓慢增长，消费结构逐步调整。未来10年，饲料工业逐步进入成熟发展期，在规模化、标准化、智能化养殖发展驱动下，工业饲料普及率继续提高，饲料产量将保持增长态势，但增速放缓。预计2033年饲料产量达3.36亿吨，年均增长1.0%。人口总量逐渐减少，老龄化进程加快，动物食品消费数量结构面临调整，工业饲料消费结构将随之变化，消费量总体小幅增长。2033年工业饲料消费量3.34亿吨，年均增长1.0%。展望期内，饲用谷物、饲用蛋白原料进口来源更加多元，饲料原料供给更有保障，饲料价格波动程度将减弱。

目 录

第一章 概 述 ... 1
1 《展望报告》的形成与方法 ... 2
  1.1 形成过程 ... 2
  1.2 方法支撑 ... 2
    1.2.1 数据支撑 ... 2
    1.2.2 模型支撑 ... 3
2 经济社会条件假设 ... 3
  2.1 经济发展 ... 3
  2.2 人口变化 ... 5
  2.3 城镇化水平 ... 6
  2.4 居民收入与消费价格 ... 6
    2.4.1 居民收入 ... 6
    2.4.2 居民消费价格 ... 7
  2.5 国际原油价格 ... 8
  2.6 人民币汇率 ... 9
3 农业生产条件假设 ... 10
  3.1 第一产业就业情况 ... 10
  3.2 耕地资源 ... 10
  3.3 水资源 ... 10
  3.4 农业科技 ... 11
  3.5 农业政策 ... 11
4 主要结论 ... 12
  4.1 生产展望 ... 12
  4.2 消费展望 ... 13
  4.3 贸易展望 ... 13
  4.4 价格展望 ... 14
参考文献 ... 15

第二章　粮　食　17
1　2023年市场形势回顾　18
1.1　粮食产量稳步增长　18
1.2　粮食消费有所增长　19
1.3　粮食贸易规模持续增长　19
1.4　粮食价格稳中有降　20
2　未来10年市场走势判断　20
2.1　生产展望　21
2.2　消费展望　22
2.3　贸易展望　24
2.4　价格展望　25

第三章　稻　谷　27
1　2023年市场形势回顾　28
1.1　面积、产量均稳中略降　28
1.2　总消费量小幅下降　29
1.3　进口量和出口量均明显下降　29
1.4　早籼稻、中晚籼稻和粳稻价格均稳中上涨　30
2　未来10年市场走势判断　31
2.1　总体判断　31
2.2　生产展望　32
2.3　消费展望　33
2.4　贸易展望　34
2.5　价格展望　35
3　不确定性分析　35
3.1　气候因素　35
3.2　政策与技术因素　35
3.3　国际环境因素　36
参考文献　36

第四章　小　麦　39
1　2023年市场形势回顾　40
1.1　面积稳中有增，产量小幅下降　40
1.2　消费总量增加　41
1.3　进口量历史最高　41

1.4　市场价格低于上年　41
2　未来10年市场走势判断　42
2.1　总体判断　42
2.2　生产展望　43
2.3　消费展望　44
2.4　贸易展望　45
2.5　价格展望　45
3　不确定性分析　46
3.1　气候因素　46
3.2　国际贸易因素　46
3.3　政策因素　46
参考文献　47

第五章　玉　米　49
1　2023年市场形势回顾　50
1.1　面积和单产双增长　50
1.2　消费继续增加　51
1.3　进口数量有所增加　52
1.4　年内价格波动下跌　52
2　未来10年市场走势判断　53
2.1　总体判断　53
2.2　生产展望　54
2.3　消费展望　54
2.4　贸易展望　56
2.5　价格展望　56
3　不确定性分析　56
3.1　气候条件　56
3.2　国际贸易环境　56
3.3　饲料技术的变化　57
参考文献　57

第六章　大豆及油脂油料　59
1　大豆　60
1.1　2023年市场形势回顾　60
1.1.1　产量增加，再创历史新高　60

       1.1.2　消费稳中略增 ………………………………………………………… 61
       1.1.3　进口量继续增加 ……………………………………………………… 61
       1.1.4　价格持续下跌 ………………………………………………………… 62
   1.2　未来10年市场走势判断 …………………………………………………………… 63
       1.2.1　总体判断 ……………………………………………………………… 63
       1.2.2　生产展望 ……………………………………………………………… 63
       1.2.3　消费展望 ……………………………………………………………… 65
       1.2.4　贸易展望 ……………………………………………………………… 66
       1.2.5　价格展望 ……………………………………………………………… 67
   1.3　不确定性分析 ……………………………………………………………………… 67
       1.3.1　气候因素 ……………………………………………………………… 67
       1.3.2　政策因素 ……………………………………………………………… 67
       1.3.3　国际因素 ……………………………………………………………… 67
       1.3.4　其他因素 ……………………………………………………………… 68
2　食用油籽和食用植物油 …………………………………………………………………… 68
   2.1　2023年市场形势回顾 ……………………………………………………………… 69
       2.1.1　油料种植面积和产量持续增长 ………………………………………… 69
       2.1.2　食用植物油供给大幅增加 ……………………………………………… 69
       2.1.3　食用植物油消费结构持续优化 ………………………………………… 70
       2.1.4　食用油籽和植物油进口较上年增加 …………………………………… 70
       2.1.5　食用油籽价格走势分化、植物油价格下跌 …………………………… 71
   2.2　未来10年市场走势判断 …………………………………………………………… 71
       2.2.1　总体判断 ……………………………………………………………… 71
       2.2.2　生产展望 ……………………………………………………………… 72
       2.2.3　消费展望 ……………………………………………………………… 73
       2.2.4　贸易展望 ……………………………………………………………… 74
       2.2.5　价格展望 ……………………………………………………………… 74
   2.3　不确定性分析 ……………………………………………………………………… 75
       2.3.1　极端气候因素 …………………………………………………………… 75
       2.3.2　国际环境因素 …………………………………………………………… 75
       2.3.3　生物柴油产业发展 ……………………………………………………… 75

参考文献 …………………………………………………………………………………………… 75

第七章 棉　花　　　　　　　　　　　　　　　　　　　　　77

1　2023 年市场形势回顾　　　　　　　　　　　　　　　　78
1.1　产量下降　　　　　　　　　　　　　　　　　　　78
1.2　消费略有下降　　　　　　　　　　　　　　　　　79
1.3　进口小幅增加　　　　　　　　　　　　　　　　　80
1.4　价格先涨后跌　　　　　　　　　　　　　　　　　80

2　未来 10 年市场走势判断　　　　　　　　　　　　　　82
2.1　总体判断　　　　　　　　　　　　　　　　　　　82
2.2　生产展望　　　　　　　　　　　　　　　　　　　82
2.3　消费展望　　　　　　　　　　　　　　　　　　　83
2.4　贸易展望　　　　　　　　　　　　　　　　　　　84
2.5　价格展望　　　　　　　　　　　　　　　　　　　85

3　不确定性分析　　　　　　　　　　　　　　　　　　　85
3.1　新疆气候因素　　　　　　　　　　　　　　　　　85
3.2　非棉纤维替代因素　　　　　　　　　　　　　　　85
3.3　国际贸易环境因素　　　　　　　　　　　　　　　85

参考文献　　　　　　　　　　　　　　　　　　　　　　86

第八章 糖　料　　　　　　　　　　　　　　　　　　　　　87

1　2023 年市场形势回顾　　　　　　　　　　　　　　　　88
1.1　糖料种植面积、产量减少　　　　　　　　　　　　88
1.2　食糖消费量持平略减，居民消费占比有所下降　　　89
1.3　食糖进口大幅减少，出口有所增加　　　　　　　　89
1.4　国内糖价大幅上涨　　　　　　　　　　　　　　　89

2　未来 10 年市场走势判断　　　　　　　　　　　　　　90
2.1　总体判断　　　　　　　　　　　　　　　　　　　90
2.2　生产展望　　　　　　　　　　　　　　　　　　　91
2.3　消费展望　　　　　　　　　　　　　　　　　　　92
2.4　贸易展望　　　　　　　　　　　　　　　　　　　93
2.5　价格展望　　　　　　　　　　　　　　　　　　　93

3　不确定性分析　　　　　　　　　　　　　　　　　　　94
3.1　膳食结构调整因素　　　　　　　　　　　　　　　94
3.2　天气因素　　　　　　　　　　　　　　　　　　　94
3.3　政策因素　　　　　　　　　　　　　　　　　　　94

参考文献　　　　　　　　　　　　　　　　　　　　　　95

第九章 蔬菜　　97

1 蔬菜　　98
1.1 2023年市场形势回顾　　98
1.1.1 面积、产量稳中有升　　98
1.1.2 消费需求继续增加　　99
1.1.3 进出口贸易保持增长　　99
1.1.4 价格高位运行　　100
1.2 未来10年市场走势判断　　100
1.2.1 总体判断　　100
1.2.2 生产展望　　101
1.2.3 消费展望　　102
1.2.4 贸易展望　　103
1.2.5 价格展望　　104
1.3 不确定性分析　　104
1.3.1 自然灾害因素　　104
1.3.2 国际贸易环境因素　　105
1.3.3 蔬菜产业转型因素　　105

2 马铃薯　　105
2.1 2023年市场形势回顾　　106
2.1.1 产量有所降低　　106
2.1.2 消费小幅增加　　106
2.1.3 贸易顺差扩大　　106
2.1.4 市场价格高位运行　　107
2.2 未来10年市场走势判断　　108
2.2.1 总体判断　　108
2.2.2 生产展望　　108
2.2.3 消费展望　　109
2.2.4 贸易展望　　110
2.2.5 价格展望　　111
2.3 不确定性分析　　111
2.3.1 气象因素　　111
2.3.2 技术因素　　112
2.3.3 替代品种因素　　112

参考文献　　112

第十章 水　果　115

1　2023年市场形势回顾　116
- 1.1　产量小幅增加，供给总体充足　116
- 1.2　消费需求旺盛，消费量持续增加　116
- 1.3　进出口均增加，贸易逆差扩大　117
- 1.4　价格同比上涨，相对高位运行　118

2　未来10年市场走势判断　120
- 2.1　总体判断　120
- 2.2　生产展望　120
- 2.3　消费展望　121
- 2.4　贸易展望　123
- 2.5　价格展望　123

3　不确定性分析　124
- 3.1　自然灾害因素　124
- 3.2　国际贸易环境因素　124
- 3.3　产业转型升级进程因素　125

参考文献　125

第十一章 肉　类　127

1　肉类　128
- 1.1　2023年市场形势回顾　128
  - 1.1.1　肉类生产平稳发展　128
  - 1.1.2　肉类消费小幅增长　129
  - 1.1.3　肉类进口量有所减少　129
  - 1.1.4　肉类价格持续下跌　130
- 1.2　未来10年市场走势判断　131
  - 1.2.1　总体判断　131
  - 1.2.2　生产展望　131
  - 1.2.3　消费展望　132
  - 1.2.4　贸易展望　133
  - 1.2.5　价格展望　133

2　猪肉　134
- 2.1　2023年市场形势回顾　134
  - 2.1.1　猪肉产量稳步增长　134
  - 2.1.2　消费需求稳中有增　134

		2.1.3 猪肉进口小幅减少	135
		2.1.4 猪肉价格总体下跌	135
		2.1.5 猪粮比价继续下降	136
	2.2	未来10年市场走势判断	136
		2.2.1 总体判断	136
		2.2.2 生产展望	136
		2.2.3 消费展望	137
		2.2.4 贸易展望	139
		2.2.5 价格展望	139
	2.3	不确定性分析	139
		2.3.1 非洲猪瘟等重大动物疫病	139
		2.3.2 国际贸易环境	140
		2.3.3 居民肉类消费结构	140
		2.3.4 生猪养殖环保要求	140
3	禽肉		141
	3.1	2023年市场形势回顾	141
		3.1.1 产量明显增加，产业内不同品种增减呈现差异化	141
		3.1.2 消费量较快增长，白羽肉鸡消费占据绝对主导地位	142
		3.1.3 净进口减少，进口市场集中度提高	143
		3.1.4 价格高开低走，全年均价高于上年水平	144
		3.1.5 雏鸡和饲料成本上升，养殖效益收窄	145
	3.2	未来10年市场走势判断	146
		3.2.1 总体判断	146
		3.2.2 生产展望	146
		3.2.3 消费展望	147
		3.2.4 贸易展望	148
		3.2.5 价格展望	149
	3.3	不确定性分析	150
		3.3.1 疫病风险	150
		3.3.2 国际环境	150
		3.3.3 科技进步	151
4	牛羊肉		151
	4.1	2023年市场形势回顾	151
		4.1.1 产量保持增加	151
		4.1.2 消费增长趋缓	152

	4.1.3 进口量增价跌	152
	4.1.4 价格小幅下跌	153
4.2	未来10年市场走势判断	153
	4.2.1 总体判断	153
	4.2.2 生产展望	154
	4.2.3 消费展望	155
	4.2.4 贸易展望	156
	4.2.5 价格展望	156
4.3	不确定性分析	157
	4.3.1 气候变化	157
	4.3.2 动物疫病	157
	4.3.3 国际贸易环境	157
参考文献		157

第十二章 禽 蛋 161

1	2023年市场形势回顾	162
1.1	产量创历史新高	162
1.2	消费量持续增加	163
1.3	贸易顺差扩大	163
1.4	鸡蛋价格较上年有所回落	163
1.5	蛋鸡养殖盈利收窄	164
2	未来10年市场走势判断	165
2.1	总体判断	165
2.2	生产展望	166
2.3	消费展望	166
2.4	贸易展望	168
2.5	价格展望	168
3	不确定性分析	168
3.1	禽流感疫情	168
3.2	大规模场快速增建	169
3.3	舆论影响	169
3.4	禽蛋消费新趋势	169
参考文献		169

第十三章　奶制品　　171

1　2023年市场形势回顾　　172
1.1　牛奶产量持续增长　　172
1.2　奶制品消费量总体略降　　173
1.3　奶制品进口量继续下降　　173
1.4　生鲜乳收购价下跌，终端奶制品零售价涨幅缩小　　174
1.4.1　生鲜乳收购价持续下跌　　174
1.4.2　鲜奶和婴幼儿配方奶粉零售价格涨幅继续缩小　　175

2　未来10年市场走势判断　　176
2.1　总体判断　　176
2.2　生产展望　　177
2.3　消费展望　　177
2.4　贸易展望　　178
2.5　价格展望　　179

3　不确定性分析　　179
3.1　相关标准的制修订　　179
3.2　奶制品深加工能力　　180
3.3　奶业科普措施的实施　　180

参考文献　　180

第十四章　水产品　　181

1　2023年市场形势回顾　　182
1.1　养殖产量稳步增长，拉动水产品总产量增长　　182
1.2　食用消费稳定增长，加工规模持续扩大　　183
1.3　进口量增速较快，贸易逆差继续扩大　　183
1.4　综合平均批发价小幅上涨，月度价格波动下行　　183

2　未来10年市场走势判断　　184
2.1　总体判断　　184
2.2　生产展望　　185
2.2.1　养殖产量持续增长　　185
2.2.2　捕捞产量保持稳定　　186
2.3　消费展望　　187
2.4　贸易展望　　188
2.5　价格展望　　189

3 不确定性分析 — 189
3.1 气象因素 — 189
3.2 病害因素 — 189
3.3 贸易因素 — 189
参考文献 — 190

第十五章 饲 料 — 191
1 2023年市场形势回顾 — 192
1.1 产量创历史新高，结构进一步优化 — 192
1.2 养殖需求持续增加，饲料消费增长显著 — 193
1.3 原料进口增长显著，进口来源仍较集中 — 193
1.4 饲料价格呈下行态势，年均价仍处于历史高位 — 194
1.5 低蛋白日粮技术继续推进，豆粕减量替代成效显现 — 195
2 未来10年市场走势判断 — 195
2.1 总体判断 — 195
2.2 生产展望 — 196
2.3 消费展望 — 197
2.4 价格展望 — 198
3 不确定性分析 — 198
3.1 气象灾害 — 198
3.2 动物疫病 — 199
3.3 贸易环境 — 199
参考文献 — 199

附 件 — 201
附件1 术语说明 — 201
附件2 宏观经济社会发展主要指标假设 — 205
附件3 主要品种供需平衡表 — 206

第一章

概 述

《中国农业展望报告2024—2033》是中国农业发展形势的中长期研究报告，报告综合运用了模型算法等技术手段，对20种（类）主要农产品未来10年的生产、消费、贸易、价格进行展望，农产品具体包括稻谷、小麦、玉米、棉花、大豆及油脂油料、糖料、蔬菜、水果、猪肉、禽肉、牛肉、羊肉、禽蛋、奶制品、水产品、饲料等。本章重点介绍《展望报告》的形成过程、方法支撑、假设条件和主要结论。

1 《展望报告》的形成与方法

1.1 形成过程

农业展望是在国家统计数据、物联网采集数据和调查数据基础上，由农业农村部农产品市场分析预警团队综合运用模型算法、数据挖掘、人工智能、统计分析、神经网络等技术性手段，经过专题研讨、专家会商后，系统研判农产品未来中长期供需变化趋势，引导农业生产、消费和贸易的农业信息监测预警活动。《展望报告》逐年预测了20种（类）农产品的生产、消费、贸易和价格情况，这种预测是在一定的宏观经济、资源禀赋、科技进步、农业政策和国际环境等假设条件基础上，基于中国农业科学院农业信息研究所研制的中国农产品监测预警系统（China Agricultural Monitoring and Early-warning System，CAMES）的研究结果，经过多次会商研讨后综合相关领域专家意见和建议反复修改完成。《展望报告》的撰写团队主要来自农业农村部农产品市场分析预警团队，研判专家主要来自农业农村部市场预警专家委员会，先后经历了工作方案制订、分析框架设定、模型数据和参数库更新、基期数据确定、模型运算和模拟分析、分析师预警团队会商、初稿撰写、农业领域相关专家多次会商审核，农业农村部市场预警专家委员会审定，最终形成《展望报告》并在农业展望大会上发布。

1.2 方法支撑

1.2.1 数据支撑

《展望报告》基础数据主要来自国家统计局、农业农村部、国家发展改革委、自然资源部、水利部、商务部、海关总署等国内相关部门、机构公布的统计数据和实时数据，联合国（UN）经济和社会事务部、联合国粮食及农业组织（FAO）、经济合作与发展组织（OECD）、国际货币基金组织（IMF）、世界银行（World Bank）等国际机构公布的数据，中国农业科学院农业信息研究所研制的便携式农产品全息市场信息采集器（农信采）采集的定点数据。从内容上看，包括宏观经济、资源与环境、生产、消费、贸易、价格和库存数据；从时间维度上看，包括日度、月度、季度和年度数据；从品种上看，包括粮食类、棉麻类、油料类、糖料类、蔬菜类、水果类、肉类、蛋类、奶类、水产品和其他数据。

1.2.2 模型支撑

《展望报告》基线预测来自CAMES，它是集成数据挖掘、人工智能、统计分析、神经网络等技术方法，应用经济学、农学、气象学和计算机科学等多学科知识，按照关联性原理、统一性原理和平衡性原理，实现了生物学机理和经济学机制融合，具有监测、分析、模拟、预警和展望等多种功能，是一个庞大的多品种、多市场模型集群系统。CAMES在一定的经济社会条件假设（经济发展、人口变化、城镇化水平、城乡居民收入、消费价格、人民币汇率、国际原油价格等）和农业生产条件假设（第一产业就业情况、耕地资源、水资源、科技进步和政策变化等）基础上，对20种（类）中国主要农产品的生产、消费、贸易和价格进行展望。考虑的因素还包括人口结构改变和健康意识增强对居民饮食结构和消费结构的改变，畜产品与饲料用粮之间的转换关系，农产品之间的互补或替代关系，国际组织及地区、全球及其他国家的涉农政策通过货币政策、国际贸易、汇率、价格等途径对中国农产品市场的传导情况，这些假设条件作为模型的外生变量，对预测结果至关重要。CAMES中单产预测和面积预测是作物类生产展望的基础，食用、饲用、工业、种用、损耗等不同用途的消费预测是消费展望的基础，国际价格、运费、基差、汇率、政策等因素是贸易展望的基础。尽管CAMES考虑了政治、经济、市场和气候等外部影响，但预测是未来10年，且是基于当前情况下模型变量的假设，因此，预测结果具有不确定性。

2 经济社会条件假设

《展望报告》针对经济发展、人口变化、城镇化水平、城乡居民收入、消费价格、人民币汇率、国际原油价格等经济社会条件进行了基本假定，将在下文具体描述，这些假定是CAMES模拟和分析中国农产品的生产、消费、贸易和市场变化的必要因素。

2.1 经济发展

全球经济有望保持温和增长。据UN、World Bank、IMF、OECD等估计，2023年全球经济增长在2.6%~3.0%，2024年世界经济将处于恢复期，预计将以中低速水平增长，经济增长率为2.4%~3.1%（图1-1）。展望中后期，全球经济因大国博弈升级面临改革和重塑，保护主义和单边主义盛行将阻碍经济全球化进程，政治或将成为阻碍国际经贸关系的重要影响因素，低碳经济将成为全球经济可持续发展的必然选择，以新兴技术为基础的新产业、新业态和新模式将不断涌现，重塑全球经济动力。World Bank、OECD、IMF等机构预计未来10年全球经济增长率在2.2%~4.2%，综合国外研究机构分析判断，《展望报告》假定，全球经济中长期将徘徊在中低增速水平，预计2024—2033年均增长率为2.8%。

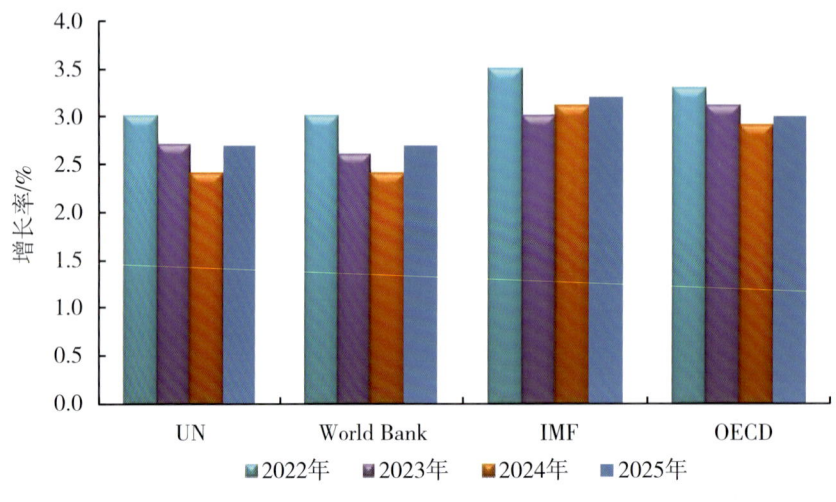

图1-1 世界经济增长

（数据来源：①UN 2024年1月发布《2024世界经济形势与展望》，全球经济增长按汇率法GDP加权汇总；②World Bank 2024年1月发布《全球经济展望》，全球经济增长按汇率法GDP加权汇总；③IMF 2024年1月发布《全球经济展望》，全球经济增长按购买力平价法加权汇总；④OECD 2023年11月发布《经济展望》，全球经济增长率为购买力平价法GDP加权汇总）

中国经济持续复苏稳定向好。据国家统计局数据，2023年国内生产总值超126万亿元，按不变价格计算，比上年增长5.2%（图1-2）。2024年，尽管中国经济面临需求不足等不利因素，但经济增长积极因素也在不断积累，绿色经济、数字经济和智能经济将成为拉动经济增长的重要动力。据IMF、OECD、World Bank和UN预

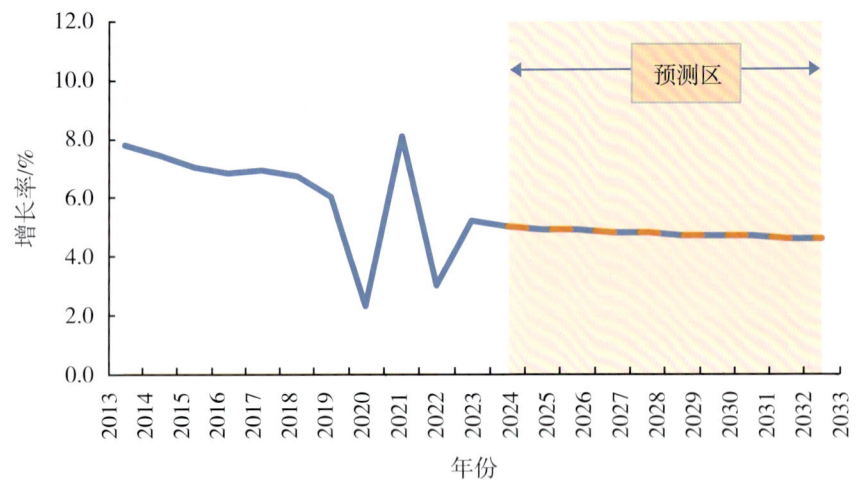

图1-2 2013—2033年中国经济增长

（数据来源：2013—2023年数据来自国家统计局，2024—2033年数据为中国农业科学院农业信息研究所CAMES假定条件）

计2024年中国经济增长在4.2%~4.7%，中国科学院、中国银行研究院、中国社会科学院等国内机构预计2024年中国经济增长在4.8%~5.3%，2024年《政府工作报告》预计2024年中国经济增长在5%左右。长期来看，尽管全球经济不稳定、不确定或成为常态，但中国坚持经济"稳字当头、稳中求进"总基调不会改变，中国经济向高质量发展有保障。综合国内外研究机构对中国经济形势的分析判断，《展望报告》假定，2024年中国GDP增长率为5.0%，2024—2033年中国GDP年均增长率为4.8%。

2.2 人口变化

世界人口增速放缓。据UN数据，2023年世界人口增加6 689万人，达80.09亿，女性预期寿命76岁，男性预期寿命71岁。UN预计2024年全球人口将达到80.82亿。未来10年，随着生育率下降、人口寿命延长等因素，世界人口增速将逐步放缓，预计2033年全球人口将达到87.16亿。其中，印度和中国仍将是全球人口排名前两位的国家，非洲人口增长将占到世界人口增长的一半以上，成为人口增长最快的地区。

中国人口在展望期内保持下降趋势。据国家统计局数据，2023年末中国人口140 967万人，比上年减少208万，自然增长率为-1.48‰。其中，新生人口902万人，出生率6.39‰，比上年降0.38个千分点，死亡人口1 110万人，死亡率为7.87‰，比上年降0.5个千分点；从年龄构成看，16~59岁劳动年龄人口86 481万人，占全国人口比例61.3%，60岁及以上人口29 697万人，占全国人口21.1%。展望未来，国内外对中国人口总量变化趋势进行了预测。多数机构认为，未来一段时间中国总和生育率将保持在1~1.5的水平，当前人口总量已处于峰值，未来较长时间内人口总量将保持下降趋势。综合各机构预测，《展望报告》假定，2033年中国人口139 192万人，比2023年下降1.3%，年均降幅1.3‰（图1-3）。

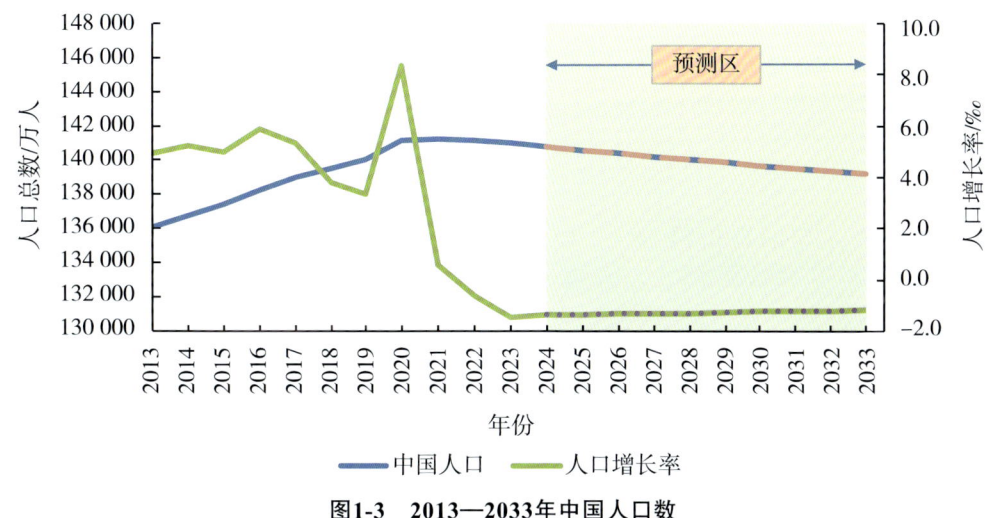

图1-3　2013—2033年中国人口数

（数据来源：2013—2023年数据来自国家统计局，2024—2033年数据为中国农业科学院农业信息研究所CAMES假定条件）

2.3 城镇化水平

中国城镇化率不断提高，质量不断提升。 据国家统计局数据，2023年中国人口城镇化率66.2%，比上年末提高0.9个百分点，比过去10年平均高6.8个百分点，从世界城镇化规律看，仍处于30%~70%的较快发展区间。展望期内，中国将深化户籍制度改革，统筹新型城镇化和乡村全面振兴，促进县域城乡融合发展，促进农业转移人口更好融入城市，不断提高市民化的质量。综合判断，《展望报告》假定到2033年中国人口城镇化率和户籍人口城镇化率将分别提升至72.5%和56.7%，与2023年相比分别提高了6.3个百分点和8.2个百分点（图1-4）。随着新型城镇化推进，中国城镇化空间布局将持续优化，新型城镇化质量将稳步提高。

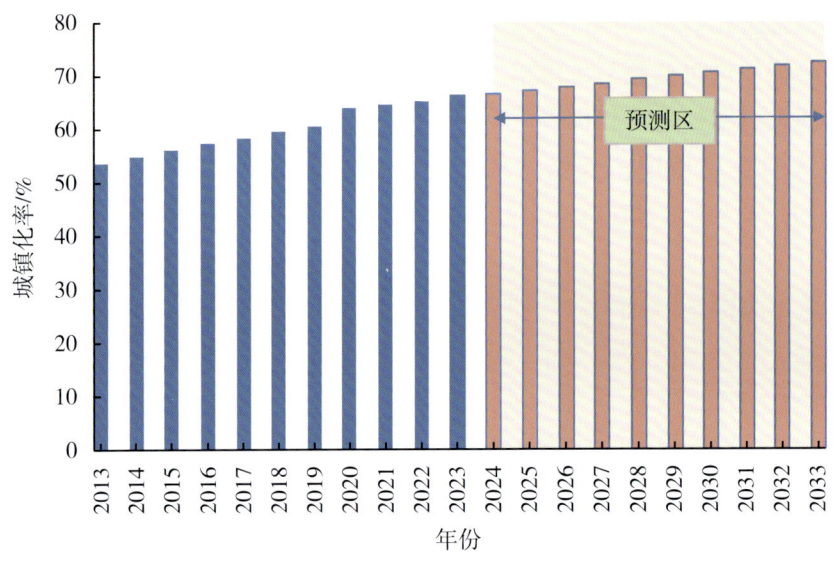

图1-4　2013—2033年中国城镇化率

（数据来源：2013—2023年数据来自国家统计局，2024—2033年数据为中国农业科学院农业信息研究所CAMES假定条件）

2.4 居民收入与消费价格

2.4.1 居民收入

中国居民收入继续较快增长，农村居民收入增长快于城镇居民。 国家统计局公布，2023年全国人均可支配收入39 218元，扣除价格因素实际增长6.1%。其中，城镇居民人均可支配收入51 821元，扣除价格因素实际增长4.8%；农村居民人均可支配收入21 691元，扣除价格因素实际增长7.6%。2024年，在扩内需、强产业、防风险、惠民生等一系列政策措施支持下，国内经济循环进一步加强，结合政府工作报告中居民收入增长和经济增长同步，本《展望报告》预计城镇和农村居民收入分别增长3.0%和5.5%（扣除价格因素）。从中长期看，中国将持续巩固拓展脱贫攻坚成果，促进居民增收，鼓励有条件的地方合理提高最低工资标准，完善国有企业薪酬制度，提高事业单位绩效工资总量水平，健全公务员工资正常增长机制。综合判断，本《展望报告》假定，未来10年城镇居民人均可支配收入年均增长率2.8%（以2023年为基期，扣除价格因素），2033年将增至82 593元，农村居民人均可支配收入年均增长率为5.2%（以2023年为基期，扣除价格因素），到2033年将增至43 889元，城乡居民收入差距将逐渐缩小（图1-5）。

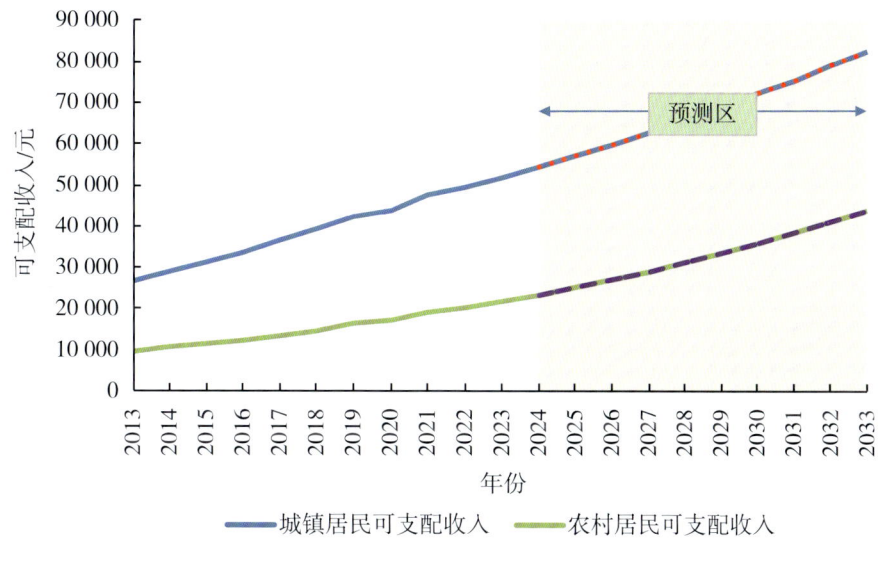

图1-5 2013—2033年城乡居民收入

（数据来源：2013—2023年数据来自国家统计局，2024—2033年数据为中国农业科学院农业信息研究所CAMES假定条件）

2.4.2　居民消费价格

中长期居民消费价格涨幅在合理区间。2023年居民消费不断恢复，据国家统计局数据，2023年中国居民消费价格比上年上涨0.2%。分类别看，食品烟酒价格上涨0.3%，猪肉价格下降13.6%，鲜菜价格下降2.6%，粮食价格上涨1.0%，鲜果价格上涨4.9%。中国社会科学院《经济蓝皮书：2024年中国经济形势分析与预测》显示，2024年乐观情况下CPI同比上涨2.3%左右。中国科学院预测科学研究中心预计2024年CPI将温和上涨，预计全年上涨0.7%左右。2024年《政府工作报告》提出2024年居民消费价格涨幅预期目标为3%左右。长期来看，随着国内外经济形势逐渐向好，消费水平也将逐渐接近常态化水平。综合国内外权威机构分析，《展望报告》假定，2024年中国居民消费价格涨幅在2%左右，展望期内CPI稳定运行，增速介于2.0%～2.4%（图1-6）。

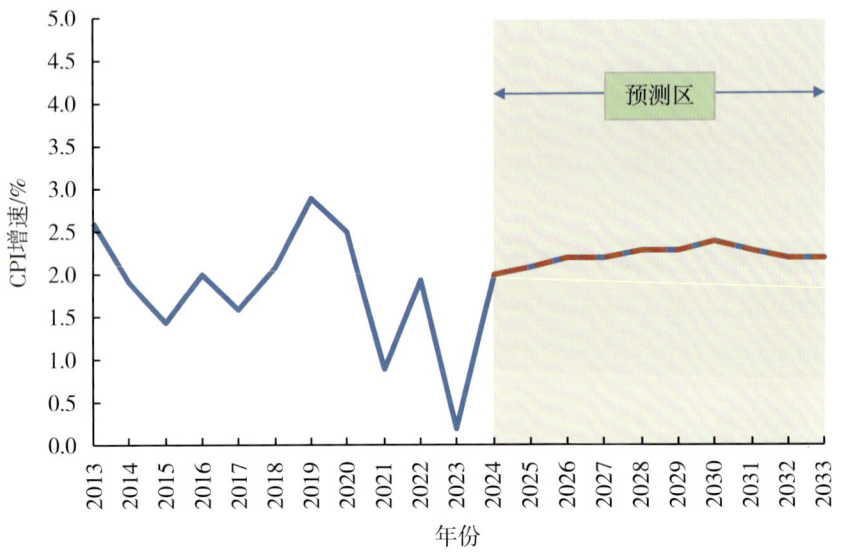

图1-6 2013—2033年中国居民消费价格指数CPI增速

（数据来源：2013—2023年数据来自国家统计局，2024—2033年数据为中国农业科学院农业信息研究所CAMES假定条件）

2.5 国际原油价格

国际原油价格短期处于高位，长期稳中趋降。 据World Bank估计2023年国际原油（Brent）平均价格84美元/桶，比上年下跌16%。2024年国际能源署（IEA）、World Bank等估计石油供给过剩将是主旋律，预计国际原油价格均价有所下降，地缘风险和政治因素将加大国际原油价格波动，预计运行区间将在68～94美元/桶（图1-7）。

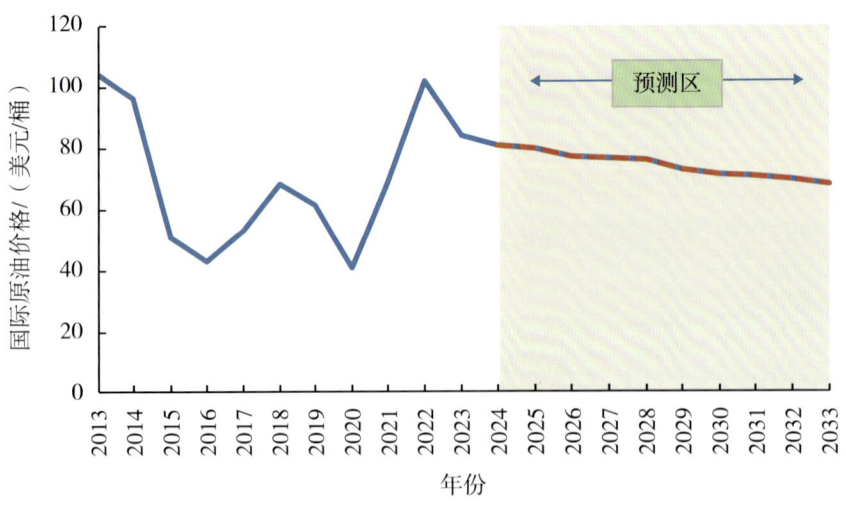

图1-7 2013—2033年国际原油价格

（数据来源：2013—2023年数据来自世界银行，2024—2033年数据是中国农业科学院农业信息研究所CAMES假定条件）

长期来看，国际原油价格主要受供求关系影响，呈稳中略降走势，但石油输出国组织（OPEC）和IEA在世界原油储备和产量上的优势，可在短时间改变供应格局，从而改变国际原油价格。此外，地缘政治和突发事件将会更加频繁地对国际原油价格造成波动。综合分析，本《展望报告》假定，2024年国际原油价格81美元/桶，长期稳中趋降。

2.6 人民币汇率

人民币汇率在合理区间运行。据国家统计局数据，2023年人民币平均汇率为1美元兑7.1元人民币，比上年贬值4.5%。2024年人民币升值趋势明朗，中央金融工作会议和中央经济工作会议均明确强调"保持人民币汇率在合理均衡水平上的基本稳定"。我国汇率调控政策工具充裕，外汇储备规模继续稳居全球第一，对人民币汇率保持稳定形成支撑。中国人民银行、中国民生银行等预计2024年人民币汇率将平稳运行并有所回升。长期看，影响汇率因素主要包括市场预期、跨境资本流动、国内外货币政策走势、经济基本面、全球经济、地缘政治等，在不同阶段支配性的影响因素有所差异，受主次矛盾影响，人民币汇率双向波动或成为常态，但综合考虑人民币国际化水平不断提高、国内经济持续向好、国际收支基本平衡等因素，本《展望报告》假定，展望期间1美元兑人民币汇率中间价年均值在6.4～7.0元，人民币呈升值走势（图1-8）。

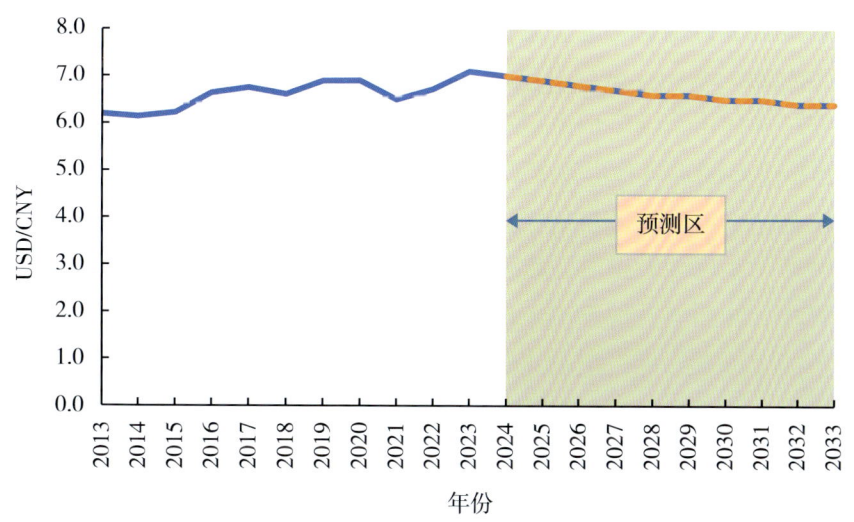

图1-8　2013—2033年1美元兑人民币的汇率中间价

（数据来源：2013—2023年数据来自国家统计局，2024—2033年数据是中国农业科学院农业信息研究所CAMES假定条件）

3 农业生产条件假设

《展望报告》对国内第一产业就业情况、耕地资源、水资源、科技进步和政策变化等农业生产条件进行了基本假定，将在下文具体描述，这些假定同样是CAMES模拟和分析中国农产品的生产、消费、贸易和市场变化的因素。

3.1 第一产业就业情况

第一产业就业人口下降，劳动力素质逐步提高。据《2023年中国统计年鉴》，中国农业就业人口17 663万人，比上年降3.5%，连续20年出现下降。《2023年全国高素质农民发展报告》显示，国家高素质农民培育计划共培养了高素质农民75.4万人。《关于加强农民工职业技能培训工作的意见》提出，要以农村转移劳动力、返乡农民工、脱贫劳动力等为重点，面向广大农民工群体开展职业技能培训，努力提升农民工职业技能、就业创业和融入城市的能力与水平，推动其稳定就业、高质量就业和创业。展望期间，本《展望报告》假定第一产业就业人口降幅在4%左右，但劳动力素质不断提升，通过短期培训、职业培训和学历教育的相互衔接，鼓励农民参加创业培训，鼓励当地农村转移劳动力就业和返乡农民工再就业，预计将会培养超过100万名中高等学历第一产业发展带头人、社会事业带头人和基层组织负责人，超过500万名高素质农民，助力乡村全面振兴和农业农村现代化实现。

3.2 耕地资源

严守耕地红线，确保耕地量质齐增。据《2023年中国自然资源公报》，中国现有耕地19.14亿亩，其中，全国已建设高标准农田超过10亿亩，耕地超过一半是高标准农田，据《2019年全国耕地质量等级情况公报》显示，全国耕地质量平均等级为4.76。2023年党政同责考核办法及其系列配套文件相继落地，耕地保护和粮食安全考核"合二为一"，对突破耕地保护红线等重大问题实行"一票否决"。在土地使用方面，开展"小田并大田"，将土地归整，加强耕地保护和用途管制，严格耕地占补平衡管理。2024年，加强耕地保护和建设，健全耕地数量、质量、生态"三位一体"保护制度体系，优先把东北黑土地区、平原地区、具备水利灌溉条件的耕地建成高标准农田，适当提高投资补助水平。未来10年，中国还将严防死守18亿亩耕地红线，落实最严格耕地保护制度，规范占补平衡，坚决遏制耕地"非农化"，防止耕地"非粮化"，加强用途监管，强化土地流转用途监管，推进撂荒地利用。

3.3 水资源

农业节水灌溉面积不断扩大，农业用水精细化水平不断提升。据《2022年中国水资源公报》，中国现有水资源总量27 088.1亿米^3，比上年少1.9%。全国总用水量5 998.2亿米^3，比上年增加78.0亿米^3，农业用水量3 781.3亿米^3，比上年增加137亿米^3，耕地实际灌溉亩均用水量364米^3，农田灌溉水有效利用系数0.572。未来10年，围绕乡村全面振兴、加快农业农村现代化建设要求，按照"保底线、提效能、促振兴"的思路，国家将加大农业农村水利基础设施建设力度，推进农村供水工程建设、加强灌区现代化建设与改造、实施水系连通及水美乡村建设，同时加强智慧水利建设，提升水利数字化网络化智能化水平。在水资源刚性约束制度基本建立的情况下，水资源利用效率和效益将大幅提高，农田灌溉水有效利用系数将提高到0.58以上，万亩以上灌区灌溉面积达到5.14亿亩以上，水土流失状况将持续改善，全国水土保持率将达到73%以上，生态系统水土保持功能显著增强。

3.4　农业科技

科技助力我国农业生产效率、效益提升。据农业农村部数据，2023年中国农业科技进步贡献率已超过63%。粮食平均亩产389.7千克，较上年亩均提高2.9千克，单产提高对增产贡献达58.7%。种业创新取得一定成效，初步培育出一批耐盐碱小麦和短生育期冬油菜品种，玉米大豆生物育种产业化步伐加快，试点范围有序扩大，新收集农业种质资源53万份；精准播种、智慧灌溉、植保无人机等技术和装备大面积推广。未来10年，中国将加快建设农业强国和农业农村现代化，强化科技和改革双轮驱动，加大以种业为代表的核心技术攻关力度，农业科技整体实力将稳居世界第一方阵，农业科技进步贡献率将达到69%以上，农作物耕种收综合机械化率将达到80%以上，粮棉油糖主产县（市、区）基本实现农业机械化，现代设施农业全面转型升级，设施农业科技进步贡献率超过70%，设施农产品抽检合格率超过98%，全面筑牢农业强国建设基础。

3.5　农业政策

农业政策持续支撑加快建设农业强国。中央一号文件已连续21年聚焦"三农"工作，把解决好"三农"问题作为全党工作重中之重。2024年，据《中共中央　国务院关于学习运用"千村示范、万村整治"工程经验有力有效推进乡村全面振兴的意见》，政策将重点围绕"千万工程"发展理念、工作方法和推进机制，在抓好粮食和重要农产品生产、严格落实耕地保护制度、加强农业基础设施建设、强化农业科技支撑、构建现代农业经营体系、增强粮食和重要农产品调控能力、持续深化食物节约各项行动、确保不发生规模性返贫、提升乡村产业发展水平、建设水平和治理水平方面进一步加强。展望中后期，中国将锚定建设农业强国目标，持续在粮食生产、耕地保护、种业振兴、重大农业科技、监测预警、乡村产业发展、农民增收、现代化设施建设、乡村振兴等方面给予重点支持。《展望报告》中，政策作为外生变量对CAMES预测起到重要作用，CAMES根据政策实施的效果进行定量层次分析，按照政策措施内容定量化进行评价，并将现有政策归类判别，同时考虑政策作用持续时间和宏观背景对政策实施效果的影响。

4 主要结论

4.1 生产展望

未来10年，中国将构建多元化食物供给体系，强化"藏粮于地、藏粮于技"物质基础，实施千亿斤[①]粮食产能提升行动，促进粮食生产体系绿色转型，鼓励粮食减损和食物节约，全面保障粮食和重要农产品稳产保供。

预计2024年，中国将坚持"稳面积、增单产"两手发力，在优化品种结构的前提下力争多增产，稳口粮、稳玉米、稳大豆，继续扩大油菜面积，粮食产量稳定在1.3万亿斤以上，适当提高小麦最低收购价、合理确定稻谷最低收购价、继续实施玉米、大豆和稻谷支持政策，预计粮食播种面积和产量分别为17.81亿亩（1.19亿公顷）和7.04亿吨。其中，稻谷、小麦和玉米产量分别为2.08亿吨、1.39亿吨和2.96亿吨；大豆和油料产量分别增长3.6%和1.4%；食糖产量增长11.5%；在马铃薯收益较好带动下种植面积增加，预计产量增长4.5%；牛奶产量受生鲜乳阶段性过剩影响，增长缩小至2.6%；水产品产量比上年增长2.0%；食用植物油、猪肉、棉花产量下降，受猪肉产量减少影响，肉类产量持平略降；其余主要农产品产量增长均小于2%。

展望中后期，中国将大豆油料产能和粮食产能提升有机融合，更加注重资源环境承载力和可持续发展，实施以我为主、立足国内、确保产能、适度进口、科技支撑的国家粮食安全战略，粮食自给率[②]将从基期（2021—2023年3年平均值，下同）的84.3%提高至2033年的91.5%。从产能增长来看，与基期相比，到2033年粮食生产能力稳步提升，产量增长11.3%，其中，稻谷产量增长3.6%，小麦产量增长7.6%，大豆和玉米产量分别增长86.1%和15.4%；全国奶牛平均单产超10吨，奶业产业链更加完善，奶类产量增长40.6%；食糖产量增长18.6%；马铃薯产量增长17.2%；水果产量增长11%；随着国内肉类产业发展质效提升，肉类产量增长4.4%，其中，猪肉产量下降2.8%，禽肉产量增长18%，牛肉和羊肉产量分别增长10.4%和12.2%；食用植物油、蔬菜、水产、禽蛋产量增长为2%~10%；棉花产量增长1.1%。从年均增速看（按基期算），在单产提升工程支持下，粮食、稻谷、小麦、玉米和大豆产量持续增长，年增速分别为1.1%、0.4%、0.6%、1.4%和6.4%；奶制品产量年均增速4.1%；食糖、马铃薯、禽肉、牛羊肉产量年均增速为1%~2%；其余主要农产品增速低于1.0%。

[①] 2斤=1千克，全书同。
[②] 本文粮食自给率通过粮食生产量除以粮食消费量计算得来。

4.2 消费展望

未来10年，中国将充分考虑中长期城乡居民食物消费需求变化趋势，践行大食物观理念，不断优化农产品消费结构，更加注重食物多样，平衡膳食。

预计2024年，随着国内经济恢复，居民收入不断增长，餐饮旅游强势复苏，消费者用餐需求将更加多元化。粮食消费量持平略降。其中，由于食用消费和损耗逐步减少，稻谷消费持平略降，饲用消费大幅下降带动小麦总消费下降7.3%，玉米消费持平略增，大豆消费持平略降；猪肉消费下降1.7%、肉类和饲料消费持平略降；肉蛋奶水产品中，除猪肉消费下降外，禽肉、牛肉、羊肉、禽蛋、牛奶、水产品消费分别增长0.4%、1.3%、1.4%、1.3%、2.2%和2.5%；棉花、食糖、马铃薯消费增长为1%～2%；水果和蔬菜消费分别增长0.8%和0.2%，食用植物油消费持平。

展望中后期，中国将全面树立大食物观，农产品消费结构进一步优化，健康化、营养化、多样化、优质化等消费需求明显增加，高品质、特色化农产品需求将进一步提升。在"减油增豆"等食物营养科普宣传下，居民饮食习惯和食物结构逐渐发生改变，新型豆制品、奶酪等健康营养食品逐渐增多，绿色优质产品供给增加。与基期相比，从消费增长来看，2033年粮食消费增长较小（2.8%）。其中，除玉米消费增长较大外（11.3%），大豆消费增长2.8%，稻谷和小麦消费分别下降1.6%和1.8%；动物类产品消费增长明显高于植物类产品，肉类消费增长低于果蔬类、奶类和水产品，其中，肉类消费增长2.8%，除猪肉消费下降5.0%外，禽肉、牛肉和羊肉消费分别增长15.5%、13.2%和14.7%；蔬菜、马铃薯和水果消费分别增长4.9%、13.5%和11%；奶类和水产品增长较大，分别达33.9%和13%；棉花消费下降4.7%；居民食用植物油消费下降1.4%；其余主要农产品消费增长小于10%。从年均增速（按基期算）看，奶制品增速最大，达3.3%；玉米、马铃薯、禽肉、牛肉、羊肉、水产品消费年均增速介于1%～2%；稻谷、小麦、棉花、猪肉消费分别下降0.2%、0.4%、0.5%、0.5%；其余主要农产品消费增长小于1%。

4.3 贸易展望

未来10年，随着中国农产品提质增效，国际竞争力将不断增强，农产品贸易规模不断扩大。

预计2024年，中国大多数农产品进口将低于去年，调剂余缺和优化国内供给结构仍然是农产品进口的主要原因。粮食进口1.41亿吨，比上年减少13.6%，其中稻谷进口增长6.4%，小麦、玉米和大豆进口分别下降24.5%、37.3%和7.7%；棉花进口比上年增长5.1%；食用植物油进口下降13.4%；食糖进口增长28.9%；受国内产能提升，消费放缓影响，猪肉进口基本持平，禽肉进口125万吨，比上年减少4.6%；受国内养殖成本高于国外影响，牛、羊肉进口比上年分别增长1.8%和9.1%；奶制品进口1 700万吨，比上年下降1%；水产品进口717万吨，较上年增长6%，但出口下降1.3%，达375万吨；水果和蔬菜进出口均增加，其中，蔬菜进口和出口分别为36万吨和1 396万吨，比上年分别增长2.9%和5.3%；水果进口和出口分别达1 348万吨和827万吨，比上年分别增长10.5%和3.5%。

展望中后期，在不断顺应经济全球化和区域经济一体化的趋势下，中国将不断调整贸易结构，加强保障能力，促进贸易顺畅，积极、稳妥、有序实现更高水平的农业对外开放。粮食贸易规模还将处于高位，2033年进口1.1亿吨，年均下降3.5%。其中，玉米进口降至680万吨，年均下降12.3%；稻谷进口464万吨，年均下降3.4%；小麦和大豆进口降至485万吨和7 869万吨，年均下降7.5%和1.9%；随着国内肉类产品供给保障水平的逐步提升，肉类产品自给率稳步提高，进口量呈稳中略减态势，预计进口584万吨，年均下降1.4%。其中，猪肉进口下降7.5%，禽肉年均下降2.6%，牛羊肉年均增长1.9%和4%；奶制品进口量2 143万吨，年均增长1.2%；蔬菜进口稳步增长，贸易活跃度将有所提升，贸易对象和品类呈多元化发展，继续保持竞争优势和贸易顺差格局；水果对外贸易规模呈现显著扩大趋势，逆差格局长期存在；水产品进口增速明显快于出口，水产品贸易逆差或将成为常态。

4.4 价格展望

未来10年，中国农产品市场的价格形成机制将不断完善，通过收储、生产布局、上市节奏等调节，农产品产销对接能力将大幅提升，国内大宗农产品市场价格整体可控。

2024年，国内农产品价格受供求关系影响，预计会出现阶段性小幅波动，但整体将保持基本稳定。受生产成本不断上涨、优质稻市场份额逐年提高及其价格拉动作用影响，稻谷平均收购价将稳中有涨；小麦最低收购价继续上调对小麦价格形成有力支撑；玉米价格平稳运行；大豆和食用植物油价格整体呈平稳态势；棉花、食糖等与国际市场联系紧密的农产品价格将震荡上行；猪肉价格有望回到27~28元/千克的合理区间；受供给充足、消费增长放缓影响，禽肉、牛羊肉价格持平弱势运行；蔬菜和水果价格将呈现季节性波动，价格略有下降。

展望中后期，成本推动农产品价格上涨将成为长期趋势，国内外市场价格关联性将进一步增强，但部分农产品价格与国际市场将依然保持独立运行态势。在粮食收储制度和价格形成机制不断完善背景下，稻谷、小麦、玉米等主要粮食品种价格稳中略增，总体保持在合理水平。大豆、食用植物油、棉花和食糖等农产品价格继续与国际市场保持联动，同时还将受到汇率、国际能源价格、地缘政治等多种因素影响。肉类、蔬菜、水果、蛋类、奶制品和水产品等鲜活农产品价格总体呈上涨趋势，周期性和突发性事件影响依然存在，区域性、品种间和品质上的差异对价格影响作用更加明显，优质优价，农产品价格大幅涨跌情况将明显减少。

参考文献

高云才，郁静娴. 锚定建设农业强国目标 推进乡村全面振兴：访农业农村部党组书记、部长唐仁健［R/OL］.（2022-02-08）[2024-01-03]. https://www.gov.cn/lianbo/bumen202402/content_6930873.htm.

工信部."十四五"信息通信行业发展规划［R/OL］.（2021-11-01）[2022-02-16]. http://www.gov.cn/zhengce/zhengceku/2021-11/16/content_5651262.htm.

国家发展改革委，自然资源部. 全国重要生态系统保护和修复重大工程总体规划（2021—2035年）.（2020-06-12）[2022-02-16]. http://www.gov.cn/zhengce/2020-06/12/content_5518797.htm.

国家发展改革委. 2022年新型城镇化和城乡融合发展重点任务［R/OL］.（2022-03-20）[2022-03-22]. http://www.gov.cn/zhengce/2022-03/22/content_5680376.htm.

国家统计局，2023. 中国统计年鉴2023［M］. 北京：中国统计出版社.

国务院."十四五"推进农业农村现代化规划［R/OL］.（2021-11-12）[2022-02-16]. http://www.gov.cn/zhengce/content/2022-02/11/content_5673082.htm.

国务院."十四五"国内贸易发展规划［R/OL］.（2022-01-27）[2022-02-16]. http://www.hh.gov.cn/fljxzthz/lwlb/xgzc/zywj/202201/t20220127_568368.html.

国务院."十四五"水安全保障规划［R/OL］.（2022-01-12）[2022-02-16]. http://www.gov.cn/xinwen/2022-01/12/content_5667722.htm.

国务院. 中共中央关于制定国民经济和社会发展第十四个五年规划和二〇三五年远景目标的建议［R/OL］.（2020-11-03）[2022-02-16]. http://www.gov.cn/zhengce/2020-11/03/content_5556991.htm.

农业农村部，国家发展改革委，财政部，自然资源部. 全国现代设施农业建设规划（2023—2030年）［R/OL］.（2023-06-09）[2022-06-09]. https://www.gov.cn/zhengce/zhengceku/202306/content_6887551.htm.

农业农村部."十四五"全国农业机械化发展规划［R/OL］.（2022-01-05）[2022-02-16]. http://www.gov.cn/xinwen/2022-01/06/content_5666673.htm.

农业农村部."十四五"全国农业农村科技发展规划［R/OL］.（2021-12-24）[2022-02-16]. http://www.gov.cn/zhengce/zhengceku/2022-01/07/content_5666862.htm.

农业农村部. 2019年全国耕地质量等级情况公报［R/OL］.（2020-05-13）[2022-02-16]. http://www.gov.cn/xinwen/2020-05/13/content_5511129.htm.

农业农村部. 国家黑土地保护工程实施方案［R/OL］.（2021-07-30）[2022-02-16]. http://www.gov.cn/xinwen/2021-07/30/content_5628527.htm.

农业农村部. 全国高标准农田建设规划［R/OL］.（2022-09-16）[2022-10-16]. http://www.gov.cn/zhengce/content/2021-09/16/content_5637565.htm.

农业农村部. 全国农业农村厅局长会议在京召开［R/OL］.[2023-12-21]. http://www.moa.gov.cn/jg/leaders/trj/hd/202312/t20231221_6443235.htm.

农业农村部. 习近平关于"三农"工作重要论述［R/OL］.[2023-02-15]. http://www.moa.gov.cn/ztzl/xjp

gysngzzyls/?eqid=948af9600011b3fd00000002646dde24

农业农村部市场预警专家委员会，2023. 中国农业展望报告（2023—2032）[M]. 北京：中国农业科学技术出版社.

生态环境部，国家发展改革委，财政部，自然资源部，住房和城乡建设部，水利部，农业农村部."十四五"土壤、地下水和农村生态环境保护规划[R/OL].（2021-12-29）[2022-02-16］. http://www.gov.cn/zhengce/zhengceku/2022-01/04/content_5666421.htm.

谢伏瞻，2024. 经济蓝皮书：2024年中国经济形势分析与预测[M]. 北京：社会科学文献出版社.

张宇燕，2024. 世界经济黄皮书：2024年世界经济形势分析与预测[M]. 北京：社会科学文献出版社.

中共中央，国务院. 中共中央　国务院关于学习运用"千村示范、万村整治"工程经验有力有效推进乡村全面振兴的意见[R/OL].（2024-02-03）[2024-02-06］. https://www.gov.cn/zhengce/202402/content_6929934.htm.

中国科学院预测科学研究中心，2024. 2024中国经济预测与展望[M]. 北京：科学出版社.

International Monetary Fund（IMF），2024. World Economic Outlook.

OECD，2023. OECD Economic Outlook.

United Nations，2024. World Economic Situation and Prospects 2024.

Unites Nations，2022. World Population Prospect 2022.

USDA，2024. USDA Agricultural Projections. 2024—2033.

World Bank，2024. Global Economic Prospects.

第二章

粮 食

粮食安全是关系经济发展和社会稳定的全局性重大战略问题，是国家安全的重要基础。2023年，中国粮食产量6.95亿吨，比上年增长1.3%；消费量8.17亿吨，比上年增长1.7%；进口量1.63亿吨，比上年增长11.0%；出口量334万吨，比上年减少20.3%；粮食总供给量[①]8.55亿吨；CAMES粮食价格指数[②]108.32，比上年下降1.41个百分点。展望未来，预计2024年，粮食生产量稳中略增，为7.04亿吨，比上年增长1.3%；消费量小幅回落，为8.03亿吨，比上年减少1.7%；进口量为1.41亿吨，比上年减少13.6%；出口量406万吨，比上年增长21.6%；预计2028年，粮食生产量7.38亿吨，年均增速1.4%；消费量8.17亿吨，与基期基本持平；进口量1.16亿吨，年均减少6.1%；出口量485万吨，年均增速4.1%；预计2033年，粮食产能将稳步提升，粮食产量7.66亿吨，年均增速1.1%；粮食消费继续呈刚性增长，消费量8.40亿吨，年均增速0.3%；粮食进口呈下降趋势，进口量1.10亿吨，年均减少3.5%；出口规模小幅增加，出口量588万吨，年均增速4.0%。

1 2023年市场形势回顾

1.1 粮食产量稳步增长

粮食生产再获丰收。中国粮食生产有效克服黄淮罕见"烂场雨"、华北东北局地严重洪涝、西北局部干旱等灾害影响，产量再创新高。2023年，粮食播种面积17.85亿亩（1.19亿公顷），比上年增长0.5%；粮食单产390千克/亩（5 845千克/公顷），比上年增长0.8%；粮食产量6.95亿吨，比上年增长1.3%，连续9年稳定在1.3万亿斤以上（图2-1）。其中，夏粮产量1.46亿吨，比上年减少0.8%；早稻产量2 834万吨，比上年增长0.8%；秋粮产量5.21亿吨，比上年增长1.9%。

谷物、豆类、薯类均实现增产。2023年，谷物[③]产量6.41亿吨，比上年增长1.3%。分品种看，玉米产量增加，稻谷和小麦产量下降。稻谷产量受播种面积下降影响略有下降，为2.07亿吨，比上年减少0.9%；小麦播种面积稳中略增，但受河南"烂场雨"、西南地区冬春连旱等不利天气影响单产有所下降，产量为1.37亿吨，比上年减少0.8%；玉米播种面积、单产双增，产量为2.89亿吨，比上年增长4.2%。豆类产量2 384万吨，比上年增长1.4%。其中，大豆产量、播种面积和单产均创下历史新高，产量为2 084万吨，增长2.8%。薯类[④]产量3 014万吨，比上年增长1.2%。

---

① 本文粮食指谷物、薯类和豆类；粮食总供给量指产量和净进口量之和，其中稻米进出口量按70%折算率换算稻谷量。
② CAMES粮食价格指数是根据稻谷、小麦、玉米、大豆集贸市场当年价格计算得来，以2011—2013年为基期。
③ 本文谷物指稻谷、小麦、玉米、谷子、高粱及其他谷物。
④ 本文薯类指甘薯和马铃薯，不包括芋头和木薯，按5千克鲜薯折1千克粮食计算；城市郊区作为蔬菜的薯类（如马铃薯等）按鲜品计算，并且不作粮食统计。

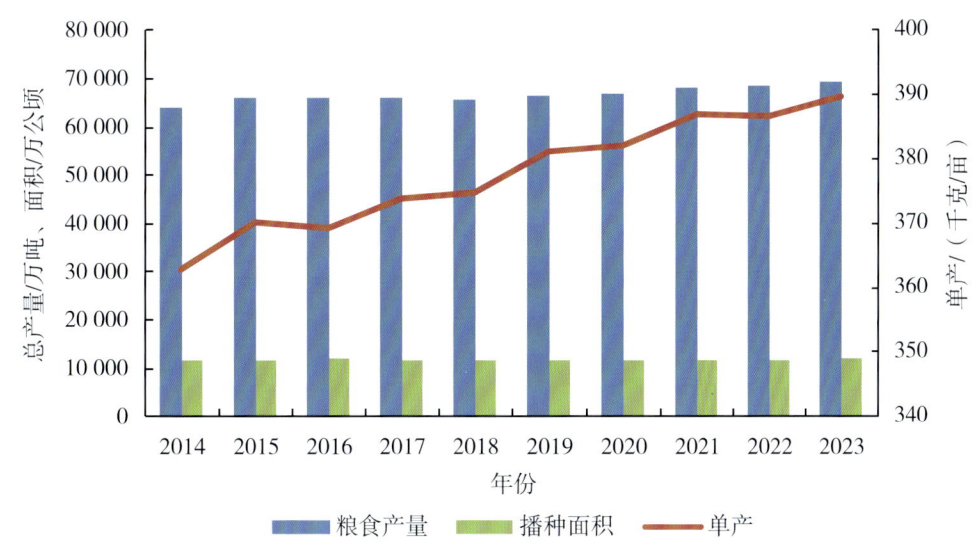

图2-1　2014—2023年中国粮食播种面积、总产量及单产

（数据来源：国家统计局）

1.2　粮食消费有所增长

粮食消费小幅增加。 2023年，粮食消费量8.17亿吨，比上年增长1.7%。其中，粮食食用消费量①2.99亿吨，比上年增长0.3%；饲用消费量②2.44亿吨，比上年增长3.8%；压榨（大豆）消费量9 380万吨，比上年增长2.2%；工业消费量1.28亿吨，比上年增长0.8%；其他消费量③5 218万吨，比上年增长1.9%。中国粮食食用消费量占粮食消费总量的36.6%，饲用消费量占比为29.9%，压榨（大豆）消费量占比为11.5%，工业消费量占比为15.6%，其他消费量占比为6.4%。分品种看，小麦消费量增加最快，为1.48亿吨，比上年增长7.7%，主要是因为小麦玉米价差倒挂拉动饲用需求显著增加；玉米消费量为2.96亿吨，比上年增长2.9%；大豆消费量为1.11亿吨，比上年增长2.0%；稻谷消费量为2.01亿吨，比上年下降5.5%，主要是因为稻谷饲用消费大幅减少。

1.3　粮食贸易规模持续增长

粮食进口高位增长，出口延续下降态势。 2023年，粮食进口量1.63亿吨，比上年增长11.0%，占粮食总消费量的20%。从进口结构看，大豆占粮食总进口量的61.0%，玉米占16.6%，小麦占7.4%，大麦占6.9%，高粱占3.2%，大米占2.3%。从进口来源国来看，中国粮食进口国集中度很高，主要集中在美国、加拿大、澳大利

---

① 本文粮食食用消费量指谷物食用消费量、豆类食用消费量和薯类食用消费量。
② 本文粮食饲用消费量指谷物、豆类（不包含大豆）、薯类用于饲料生产用途的消费量。
③ 本文其他消费量指谷物、豆类、薯类的种用消费量、产后损耗等。

亚等国家。2023年中国粮食出口量334万吨，比上年减少20.3%。

小麦、玉米、大麦领涨粮食进口，大米、高粱进口下降明显。分品种看，2023年，小麦进口创历史最高纪录，主要受国际供应充足拉低麦价、内外价差扩大以及国内新季小麦品质受损等影响，小麦进口量1 210万吨，比上年增长21.5%；玉米进口高位增长，主要受国际玉米价格下跌明显以及国内玉米产需缺口刚性存在等影响，玉米进口量2 713万吨，为历史次高，比上年增长31.6%；大麦进口量翻一番，为1 132万吨，主要是因为国内终止对原产于澳大利亚的进口大麦征收反倾销和反补贴税；大豆进口高位增长，受国内压榨需求增加及豆粕价格高位运行影响，大豆进口量达历史次高，为9 941万吨，比上年增长11.4%；大米进口量受国际米价高位运行、国内进口动力减弱影响大幅下降，为263万吨，比上年减少57.5%；高粱进口量521万吨，比上年减少48.6%，主要受白酒市场低迷导致企业采购量下降以及高粱对玉米的替代效应减弱等因素影响。

1.4 粮食价格稳中有降

粮食价格稳中略降。2023年，CAMES粮食价格指数108.32，比上年下降1.41个百分点（图2-2）。分品种看，大豆价格下降幅度最大，黑龙江产区全年均价5.16元/千克，比上年下跌14.6%；小麦价格跌幅次之，普通小麦平均收购价2.96元/千克，比上年下跌6.1%；玉米价格与上年基本持平，产区平均批发价格为2.71元/千克；稻谷价格小幅上涨，平均收购价格2.79元/千克，比上年上涨2.5%。

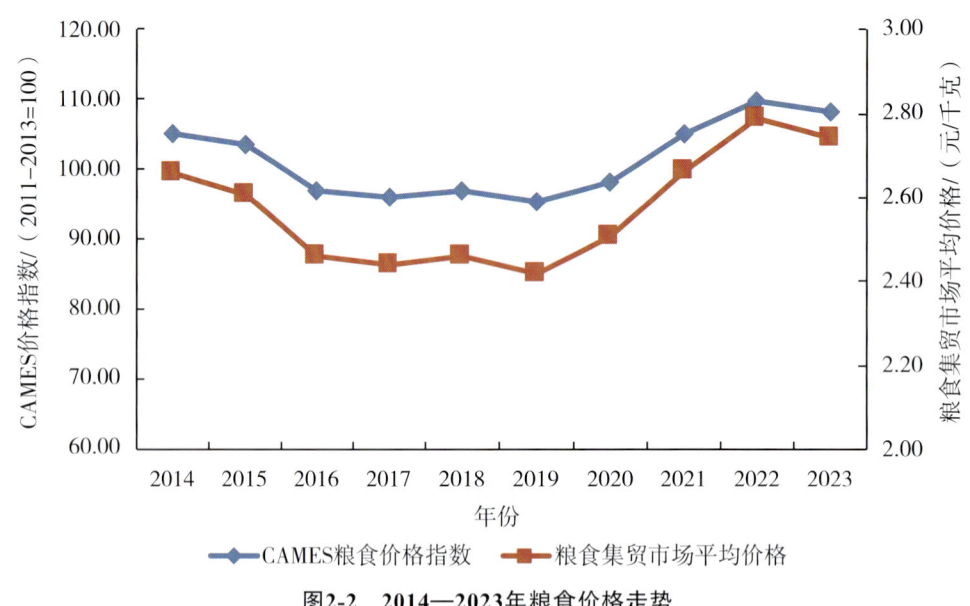

图2-2　2014—2023年粮食价格走势

2 未来10年市场走势判断

未来10年，中国粮食综合生产能力将稳步提高，播种面积基本稳定，产业结构持续优化，防范化解重大风险挑战能力增强，粮食供给保障能力将不断提升。预计2024年粮食产量7.04亿吨，比上年增长1.3%；2028年为7.38亿吨，比基期（2021—2023年3年平均值，下同）增长7.3%；2033年为7.66亿吨，比基期增长11.3%，年均增长1.1%。粮食消费刚性增长，但增速放缓，消费结构不断升级。预计2024年粮食消费量8.03亿吨，比上年减少1.7%；2028年为8.17亿吨，与基期基本持平；2033年为8.40亿吨，比基期增长2.8%，年均增长0.3%。粮食贸易规模总体下降，粮食进口呈多元化发展。2024年粮食进口量1.41亿吨，比上年减少13.6%；2028年为1.16亿吨，比基期减少26.8%；2033年为1.10亿吨，比基期减少30.2%，年均减少3.5%。预计2024年粮食价格稳中略增，未来10年将呈波动上涨趋势。展望期间，粮食生产面临的资源环境约束不断加大、生产成本持续攀升、极端气候和生物灾害风险加剧，在确保绿色发展和资源永续利用的同时，稳定发展粮食生产压力不断加大，粮食供求紧平衡态势将长期存在，加之全球粮食产业链供应链不稳定性不确定性增强，保障粮食供给安全的形势依然复杂严峻。

2.1 生产展望

粮食播种面积总体稳定。稳定粮食播种面积是粮食生产的根基。中国一方面为保障粮食生产提供耕地支撑，确保18亿亩耕地红线，落实最严格的耕地保护制度，坚决遏制耕地"非农化""非粮化"；另一方面充分调动农民种粮、地方抓粮积极性，加快建立粮食安全制度保障体系，落实好小麦稻谷最低收购价、玉米大豆生产者补贴、稻谷补贴政策等支持保护政策，加大产粮大县支持力度，探索建立粮食产销区省际横向利益补偿机制。展望期间，粮食播种面积将保持基本稳定。预计2024年粮食播种面积17.81亿亩（1.19亿公顷），与上年基本持平；2028年为17.83亿亩（1.19亿公顷），比基期增长0.5%；2033年为17.84亿亩（1.19亿公顷），年均增长0.1%（图2-3）。

粮食单产稳步提高。粮食增产潜力主要在于提单产。展望期内，粮食单产提升的有利条件有：一是良种是粮食增产的重要基础。随着粮食大面积单产提升工程的实施以及种业振兴行动的加快推进，一批具备自主知识产权的突破性粮食作物品种将被加快培育，高产优质、多抗广适的粮食新品种将得到大范围推广应用，生物育种产业化应用有序推进，良种对产量提升的贡献率将超过45%。二是抗灾稳产能力的提升至关重要。受全球气候变化影响，我国极端气象灾害事件将呈多发、频发、重发趋势，防灾减灾就是增产。中国将强化耕地质量提升，实施高标准农田建设工程，加强基础设施建设，因地制宜推进高效节水灌溉建设，加强气象灾害短期预警和中长期趋势研判，真正实现旱涝保收、高产稳产。预计2024年粮食单产为396千克/亩（5 933千克/公顷），比上年增长1.5%；2028年为414千克/亩（6 213千克/公顷），比基期增长6.8%；2033年为429千克/亩（6 438千克/公顷），比基期增长10.7%，年均增长1.0%（图2-3）。

粮食产量稳定增长。展望期内，随着新一轮千亿斤粮食产能提升行动以及"藏粮于地、藏粮于技"战略的深入实施，中国粮食产量将稳步提升，粮食自给率[①]将从基期的84.3%提高至2033年的91.5%。其中，大豆自给率逐年提高，展望期末将达到30%以上。预计2024年粮食产量7.04亿吨，比上年增长1.3%；2028年为7.38亿吨，比基期增长7.3%；2033年为7.66亿吨，比基期增长11.3%，年均增长1.1%（图2-3）。展望期末，粮食产量比基期增加7 752万吨，其中玉米是最主要的增产因素，玉米产量增加4 301万吨，占粮食新增产量的55.5%；大豆增加1 650万吨，占新增产量的21.3%；小麦增加917万吨，占新增产量的11.8%；稻谷产量增加758万吨，占新增产量的9.8%。人均粮食占有量将从基期的488千克提高至2033年的550千克。

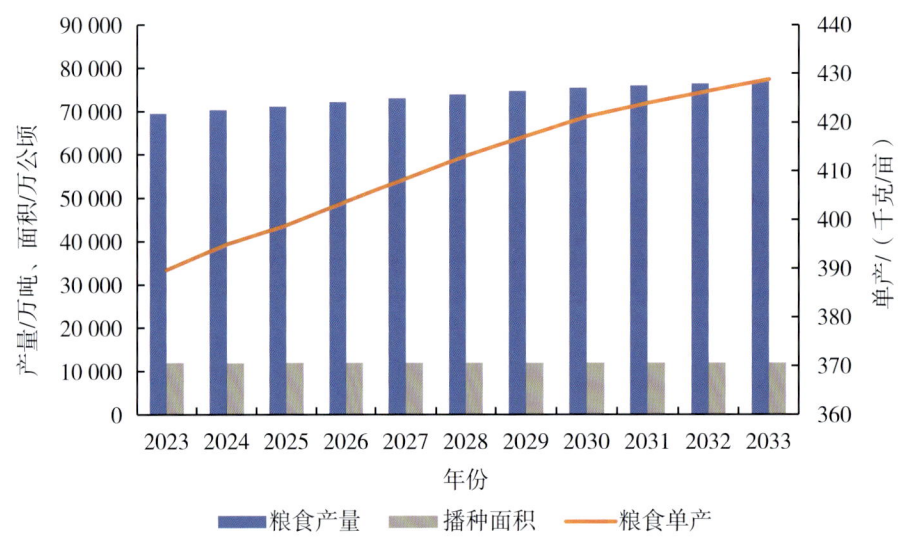

图2-3　2023—2033年中国粮食播种面积、单产及总产量变化趋势

（数据来源：2023年数据来自国家统计局，2024—2033年数据为中国农业科学院农业信息研究所CAMES模型系统预测）

2.2　消费展望

粮食消费稳中有增。随着新型城镇化战略深入推进以及消费结构不断升级，即使展望期内人口总量没有较大变化，粮食消费需求仍将持续增长，工业消费增加是拉动粮食消费上涨的主要动力。预计2024年粮食消费量8.03亿吨，比上年减少1.7%；2028年为8.17亿吨，与基期基本持平；2033年为8.40亿吨，比基期增长2.8%，年均增长0.3%。粮食供需将长期处于紧平衡状态，产需缺口逐年缩小，从基

---

① 本文粮食自给率是通过粮食生产量除以粮食消费量计算得来。

期的1.28亿吨回落至2033年的7 373万吨。

食用消费基本稳定。在人口增长达到峰值、人口老龄化日益深化的背景下，居民食物消费结构的变化趋势将主要受经济发展、收入增长的驱动。中国居民食物消费在总体上保持传统消费模式的同时，将进一步向多元化、营养化、健康化转型升级，对米面等淀粉类主食消费逐步下降并进入相对稳定阶段，展望期内，粮食食用消费量总体平稳。预计2024年食用消费量2.97亿吨，比上年减少0.8%；2028年为2.97亿吨；2033年为2.99亿吨，与基期基本持平（图2-4）。其中，口粮[①]食用消费量呈平稳略降趋势，从基期的2.48亿吨降至2033年的2.41亿吨，年均减少0.3%。展望期内，稻谷人均食用消费量将从基期的111千克降至2033年的109千克，小麦人均食用消费量将从基期的65千克降至2033年的64千克。

饲用消费增速明显放缓。由于2024年生猪存栏量预期下降导致猪饲料消费需求略降，玉米饲用消费量与上年基本持平，小麦、稻谷饲用替代量减少，预计2024年粮食饲用消费量将小幅下降。中长期看，居民对肉蛋奶及水产品等动物性食品消费的增加，将带动能量饲料和蛋白饲料原料需求的增长，粮食饲用消费量将继续呈上涨趋势，但增速放缓。预计2024年饲用消费量2.32亿吨，比上年减少5.0%；2028年为2.34亿吨；2033年为2.39亿吨，与基期相比基本持平，与过去10年年均4%的增幅相比，增速明显放缓（图2-4）。

压榨（大豆）消费稳中有降。展望期内，随着居民收入的提高和畜禽水产养殖规模的扩大，豆油和豆粕需求将继续增加，但由于人口负增长、健康膳食观念的转变以及饲用豆粕减量替代行动的推进，加之国际市场大豆供应增长空间有限，压榨消费量增速将显著放缓。预计2024年压榨（大豆）消费量为9 319万吨，比上年减少0.7%；2028为9 217万吨，比基期减少1.2%；2033年为9 130万吨，比基期减少2.1%，年均下降1.2%（图2-4）。

工业消费[②]小幅增长。随着粮食产业加速升级，传统成品粮加工行业产值占比将有所下降，粮食深加工和食品加工行业产值增幅将不断提升，粮食产能将转化为加工优势，工业用粮需求将呈稳定增长趋势。预计2024年工业消费量1.30亿吨，比上年增长2.0%；2028年为1.43亿吨，比基期增长12.6%；2033年为1.61亿吨，比基期增长26.9%，年均增长2.4%（图2-4）。

其他消费[③]稳中略降。展望期内，随着良种繁育推陈出新、精量播种技术推广应用、机械设备改进升级，粮食单位面积种用量将呈稳中略降趋势，稻谷、小麦、玉米3种粮食作物种用消费量基本稳定在1 000万吨。粮食产后损耗预计年均减少0.9%，主要是因为粮食产运储加消全链条节约减损能力提升、粮食作物机械作业精

---

① 本文口粮指稻谷和小麦。
② 粮食工业消费主要包括酿酒、制作调味品、制剂和制药等。
③ 粮食其他消费主要包括种用消费、产后损耗等。

准水平持续提高以及高标准仓储设施升级改造不断加快。预计2024年粮食其他消费量为5 065万吨，比上年减少2.9%；2028年为4 940万吨，比基期减少6.0%；2033年为4 908万吨，比基期减少6.6%，年均减少0.7%（图2-4）。

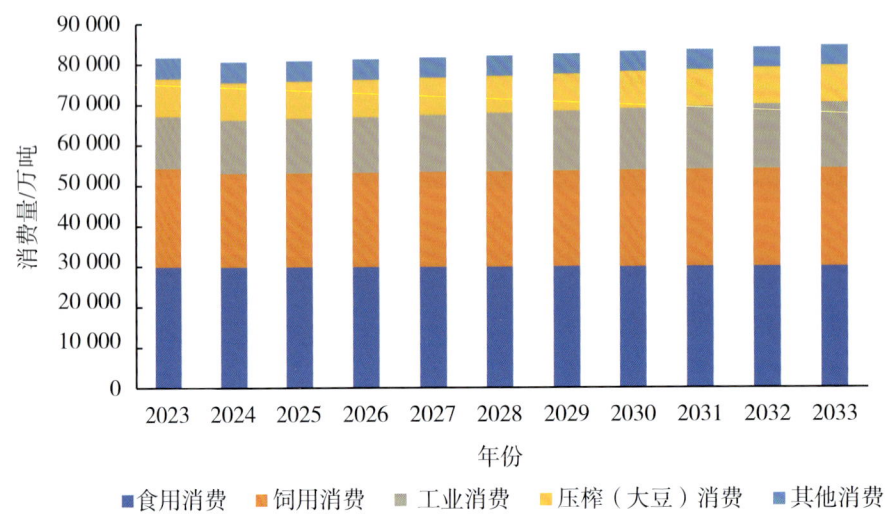

图2-4　2023—2033年中国粮食消费量变化趋势

（数据来源：2023年数据来自国家统计局，2024—2033年数据为中国农业科学院农业信息研究所CAMES模型系统预测）

2.3　贸易展望

粮食进口总体回落。未来10年，利用国际粮源适当弥补紧缺品种产需缺口、改善品种结构，对粮食保供稳价仍将发挥重要作用，中国粮食贸易规模仍将维持高位，进口量呈下降趋势。预计2024年粮食进口量1.41亿吨，比上年减少13.6%；2028年为1.16亿吨，比基期减少26.8%；2033年为1.10亿吨，比基期减少30.2%，年均减少3.5%。分品种看，稻谷、小麦、玉米、大豆进口需求均呈下降趋势。展望期末，粮食进口量将减少4 783万吨，其中玉米进口量下降幅度最快，减少1 857万吨，年均降速12.3%；小麦次之，进口量减少576万吨，年均降速7.5%；大豆进口量减少1 696万吨，年均降速1.9%。展望期内，稻谷占粮食进口总量的比例将稳定在4.2%、小麦进口占比从基期的6.7%下降到4.4%、玉米进口占比从基期的16.0%下降至6.2%、大豆进口占比从基期的60.5%增加至71.3%。

粮食出口稳定增长。粮食出口量呈现增长趋势，预计2024年粮食出口量406万吨，比上年增长21.6%；2028年为485万吨，年均增长4.1%；2033年为588万吨，年均增长4.0%。其中，稻谷出口增幅最大，2033年稻谷出口量399万吨，比基期增长33.2%，约占粮食新增出口量的80%以上，主要原因是随着中国不断扩大粮食市场开放、加强对外合作，特别是与"一带一路"共建国家的粮食贸易合作持续深化，中国大米将有效补充非洲、亚洲等国家的供给。

粮食进口呈多元化发展格局。 展望期内，国际政治及经济形势复杂多变，国际粮食进出口贸易的不确定因素增加，供应链中断风险高，进口多元化将是减缓国际粮食市场波动冲击的重要途径。未来，中国将在稳定传统国际粮源市场的同时积极拓展进口渠道，打造"一带一路"国际粮食合作新平台，逐步形成进口季节多样化、运输路径多通道、进口结构多层次、贸易伙伴多元化的粮食进口格局，确保粮食需求与供给在时间和空间上的合理匹配，切实提高国际粮食市场的利用效率，增强粮食贸易的稳定性和韧性。

2.4 价格展望

粮食价格波动上涨。 2024年粮食价格预计将稳中略增，CAMES粮食价格指数维持在110左右。长期来看，粮食价格将呈波动上行趋势，主要是受农业生产资料、劳动力、土地等粮食生产成本上涨推动影响。同时，全球经济增长前景、极端气候影响、能源价格上涨以及贸易和生物燃料政策等不确定性因素增加，都将对世界粮食市场产生长远影响，从而抬升我国粮食进口成本并强化国内市场涨价预期。随着粮食收储制度和价格形成机制改革的推进，市场将在粮食资源配置中起到决定性作用，粮食价格将更好地反映市场供求，并保持在合理水平。

第三章

稲　谷

稻谷是我国最重要的口粮品种，占口粮消费量的60%以上。2023年，稻谷播种面积43 424万亩（2 895万公顷），产量20 660万吨，比上年分别下降1.7%和0.9%，单产476千克/亩（7 137千克/公顷），比上年增长0.8%；稻谷消费量20 072万吨，比上年下降5.5%，其中口粮消费基本平稳；大米进口量263万吨（折稻谷376万吨，将大米进出口量以70%折率换算，下同），出口量163万吨（折稻谷232万吨），比上年分别下降57.5%和26.6%。稻谷平均收购价格稳中上涨，其中早籼稻、中晚籼稻和粳稻平均收购价格比上年分别上涨1.7%、2.3%和3.6%。

展望期内，预计稻谷播种面积稳中略减、产量小幅增长，国内产需基本平衡，进口量呈下降趋势，出口量保持稳定。预计2024年稻谷播种面积43 440万亩（2 896万公顷），与上年基本持平，产量20 764万吨，比上年增长0.5%；消费量19 935万吨，比上年下降0.7%；大米进口量280万吨（折稻谷400万吨），出口量200万吨（折稻谷286万吨），比上年分别增长6.4%和23.3%；稻谷（米）价格稳中略涨，延续"稻强米弱"格局。预计2028年稻谷播种面积43 075万亩（2 872万公顷），产量21 236万吨，面积和产量比基期（基期为2021—2023年3年平均值，下同）分别年均下降0.5%、年均增长0.3%；消费量20 068万吨，年均下降0.9%。预计2033年稻谷播种面积42 950万亩（2 863万公顷），年均下降0.3%，产量21 690万吨，年均增长0.4%；消费量20 624万吨，年均下降0.2%；进口量减少。

1 2023年市场形势回顾

1.1 面积、产量均稳中略降

2023年，受黑龙江"水改旱"扩种大豆、南方部分产区改种其他作物等因素影响，早稻和中晚稻播种面积均略有减少，全年稻谷播种面积43 424万亩（2 895万公顷），比上年下降1.7%；水稻生育期间尽管华北、东北部分地区遭遇洪涝灾害，但大部分产区光温水匹配较好，气象条件总体有利于水稻生长发育和产量形成，单产恢复性增长。全国稻谷平均单产476千克/亩（7 137千克/公顷），比上年增长0.8%；产量20 660万吨，比上年下降0.9%，但仍连续13年稳定在2亿吨以上水平（图3-1）。

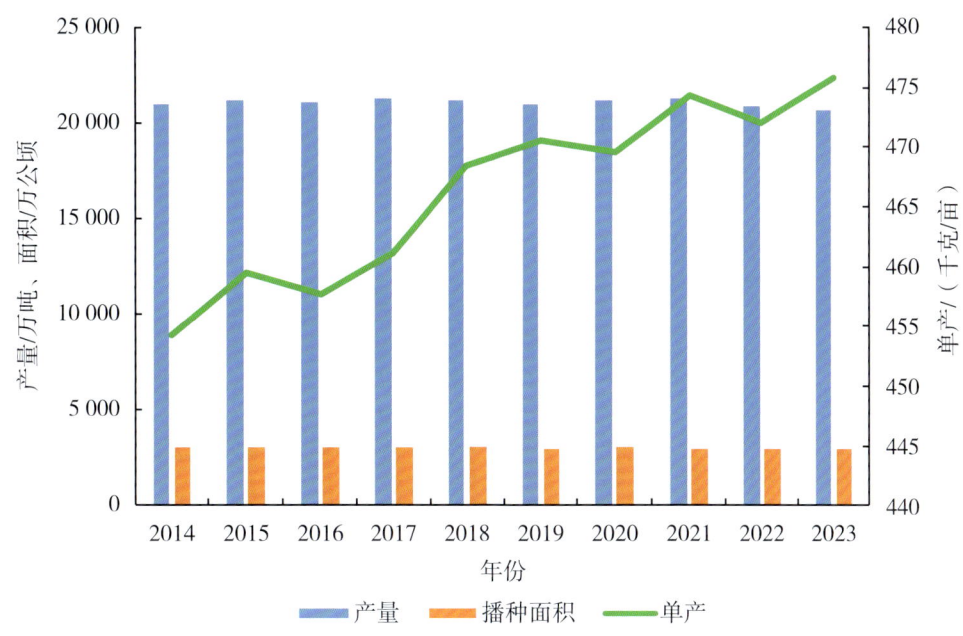

图3-1 2014—2023年中国稻谷产量、播种面积及单产

（数据来源：国家统计局）

1.2 总消费量小幅下降

2023年，中国稻谷总消费量20 072万吨，比上年下降5.5%。其中，口粮消费量15 560万吨，比上年下降0.8%，主要是居民生活水平不断提高、主食消费多样化、老龄化趋势加剧以及总人口数减少等因素所致；工业消费量1 680万吨，比上年增长0.6%，相对稳定；饲用消费量1 560万吨，比上年下降39.4%，主要原因是超期储存稻谷定向销售投放量大幅减少。种用消费量222万吨，比上年下降2.2%；其他消费及损耗量1 050万吨，比上年下降4.5%，主要原因是随着粮食全链条节约减损行动持续推进，稻谷在收获、储存、运输、加工和消费等环节的损失浪费情况进一步减少。

1.3 进口量和出口量均明显下降

2023年，国际主要品类大米价格均大幅上涨，国际大米（指泰国曼谷25%破损率大米）到岸税后价高于国内价格，叠加国内饲用需求下降，全年大米进口量大幅减少。据海关总署统计，2023年中国大米进口量263万吨（折稻谷376万吨），比上年下降57.5%。中国出口大米以中短粒精米为主，相对于印度、泰国等大米主要出口国的长粒型优质大米，市场竞争优势不明显，出口量有所下降。2023年，中国大米出口量163万吨（折稻谷232万吨），下降26.6%（图3-2）。从进口来源国看，排在前5位的国家分别是越南、缅甸、泰国、印度和柬埔寨，分别进口93.5万吨、54.1万吨、49.7万吨、24.2万吨和20.9万吨，占进口总量的92%。从出口目的国看，排在前5位的国家分别是土耳其、埃及、巴布亚新几内亚、朝鲜和韩国，分别出口20.3万吨、17.0万吨、16.7万吨、16.4万吨和13.3万吨，占出口总量的51%（图3-3）。

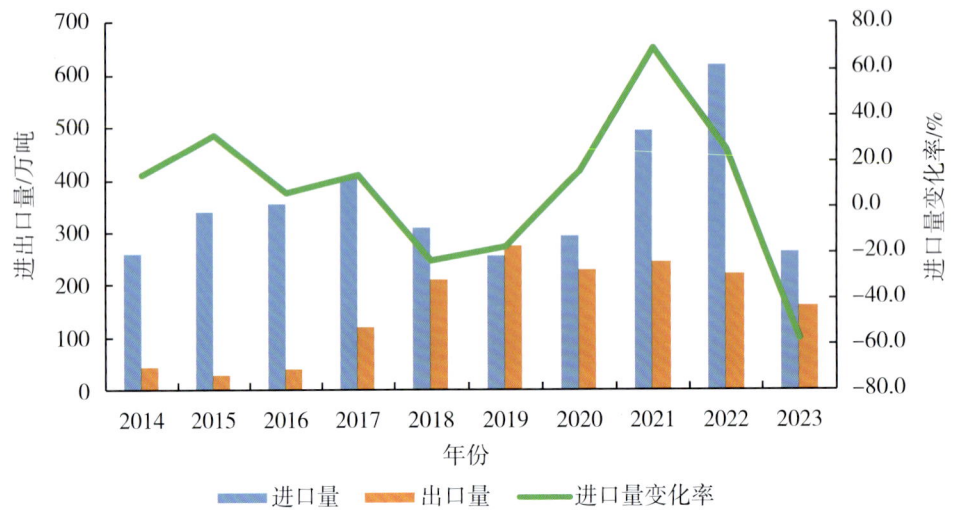

图3-2　2014—2023年中国稻谷进口量、出口量及进口量变化率

（数据来源：海关总署）

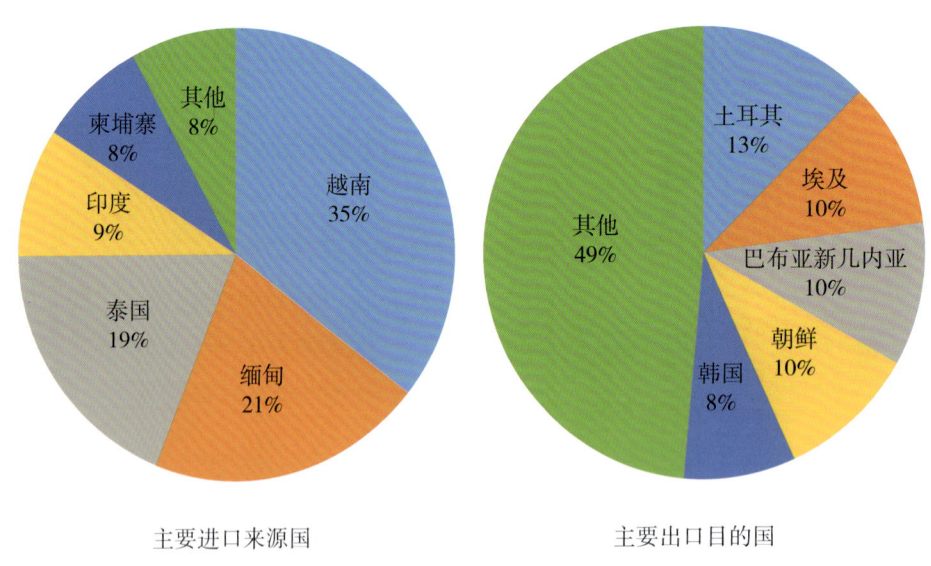

图3-3　2023年中国大米主要进口来源国和出口目的国

（数据来源：海关总署）

1.4　早籼稻、中晚籼稻和粳稻价格均稳中上涨

2023年，新季稻谷质量普遍好于往年，大米进口量锐减有利于减缓对国内市场的冲击，加之国际大米价格持续高位运行对国内市场的联动效应，稻谷价格小幅上

涨。大米终端消费依然不旺，受原粮成本支撑，大米价格稳中有涨。据农业农村部监测，2023年稻谷平均收购价格为2.79元/千克，比上年涨2.5%；大米平均批发价格4.06元/千克，比上年涨2.0%。分品种看，受最低收购价提高、加工企业需求旺盛等因素影响，早籼稻（米）价格稳中走强；新季中晚稻上市前，最低收购价稻谷竞拍和各级地方储备稻谷轮出成为市场原粮供应的主要渠道，供需宽松，价格稳中下跌，新稻上市后，因质量普遍好于往年，市场看涨预期较强，叠加国际大米价格上涨的联动效应，中晚稻（米）价格止跌反弹并呈现稳中偏强态势。2023年，早籼稻、中晚籼稻和粳稻平均收购价格分别为2.73元/千克、2.81元/千克和2.83元/千克，比上年涨1.7%、2.3%和3.6%；早籼米、中晚籼米和粳米平均批发价格分别为3.93元/千克、4.07元/千克和4.19元/千克，比上年涨2.7%、0.6%和2.7%（图3-4）。

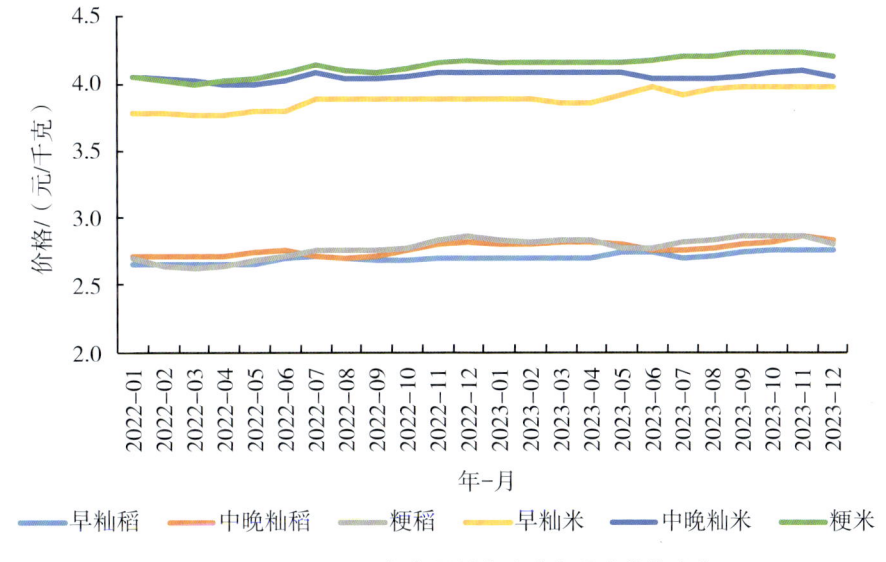

图3-4 2022—2023年中国稻谷（米）月度价格变化

（数据来源：农业农村部）

注：稻谷价格指收购价格，大米价格指批发价格。

2 未来10年市场走势判断

2.1 总体判断

生产保持总体稳定。确保稻谷生产稳定是保障口粮安全、粮食安全的重中之重。随着稻谷生产科技支撑能力的持续强化，水稻单产将稳步提高，在有效供给得以充分保障的前提下，稻谷播种面积将稳中略降。预计2024年中国稻谷播种面积43 440万亩（2 896万公顷），与上年基本持平，产量20 764万吨，比上年增长0.5%；2028年，稻谷播种面积43 075万亩（2 872万公顷），比基期下降2.5%，产量21 236万吨，比基期增长1.5%；2033年，稻谷播种面积42 950万亩（2 863万公顷），比基期下降2.7%，年均下降0.3%，产量21 690万吨，比基期增长3.6%，年均增长0.4%。

稻谷消费量稳中略降。预计2024年稻谷消费量19 935万吨，比上年减少0.7%；2028年20 068万吨，比基期下降4.2%；2033年20 624万吨，比基期下降1.6%，年均下降0.2%。其中，口粮消费量将稳中有降。预计2024年口粮消费量15 450万吨，比上年下降0.7%；2028年15 304万吨，比基期下降2.4%；2033年15 180万吨，比基期下降3.2%，年均下降0.3%。

大米进口量呈下降趋势。预计2024年中国大米进口量280万吨（折稻谷400万吨），比上年增长6.4%；2028年307万吨（折稻谷439万吨），比基期下降33.2%；2033年325万吨（折稻谷464万吨），比基期下降29.4%，年均下降3.4%。预计大米出口量保持稳定。

稻谷（米）价格将平稳上涨。生产成本持续上涨，优质优价机制不断完善，稻谷价格将稳中有涨。大米精深加工持续推进有利于带动大米优质化、品牌化、特色化发展，助推大米产品增值和价格提高，但受制于终端需求，仍将处于"稻强米弱"的格局。

2.2 生产展望

播种面积稳中略减。2024年，国家进一步完善价格、补贴、保险"三位一体"的粮食生产支持政策，提高稻谷最低收购价，实现稻谷完全成本保险政策全国覆盖，保障种粮农民收益，加之2023年稻谷市场价格好于往年，面积连续3年下滑的势头有望得以遏制，预计2024年中国稻谷播种面积43 440万亩（2 896万公顷），与上年基本持平。中长期看，随着保障口粮安全的机制不断创新、稻谷生产支持政策的持续加力，中国稻谷播种面积将保持相对稳定的态势。预计2028年稻谷播种面积43 075万亩（2 872万公顷），比基期下降2.5%；2033年42 950万亩（2 863万公顷），比基期下降2.7%，年均下降0.3%（图3-5）。

单产稳步提高。2024年中央一号文件明确提出把粮食增产的重心放在大面积提高单产上，整建制推进主导品种、主推技术、主力机型，实现"三主融合"，稻谷精确定量栽培、叠盘出苗育秧、钵苗机插优质丰产栽培等主推技术的应用面积将继续扩大，支撑水稻单产提高。预计2024年，中国稻谷单产478千克/亩（7 170千克/公顷），比上年提高0.5%。中长期看，随着种业振兴行动、关键核心技术攻关、高标准农田建设等项目加快推进，良田、良种、良机、良法大面积集成推广，稻谷单产将持续稳步提高。预计2028年，稻谷单产493千克/亩（7 395千克/公顷），比基期提高4.0%；2033年505千克/亩（7 575千克/公顷），比基期提高6.5%，年均增长0.6%（图3-5）。

产量小幅增长。尽管稻谷种植面积略有下滑，但受益于单产稳步提高，稻谷总产量将小幅增长。预计2024年中国稻谷产量20 764万吨，比上年增长0.5%；2028年21 236万吨，比基期增长1.5%；2033年21 690万吨，比基期增长3.6%，年均增长0.4%（图3-5）。

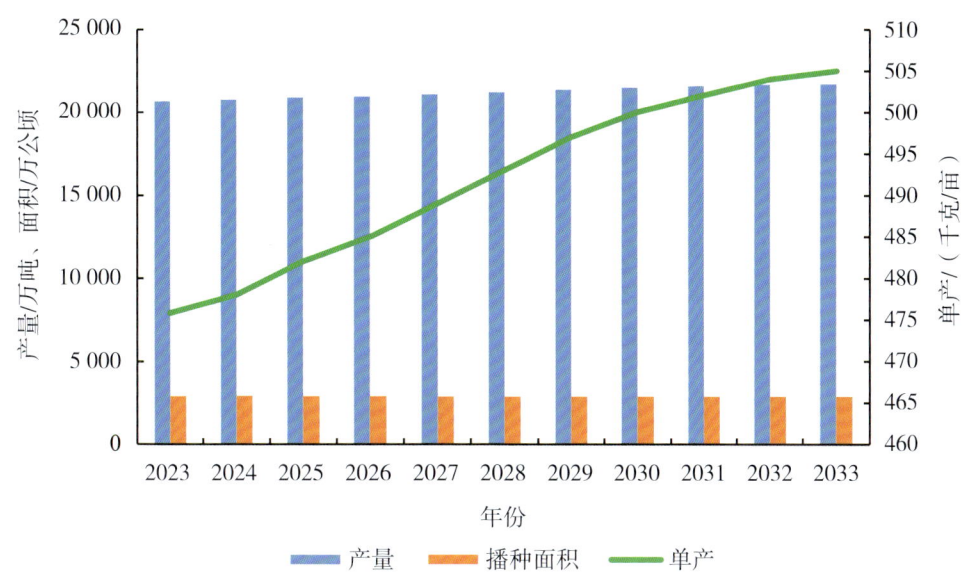

图3-5　2023—2033年中国稻谷产量、播种面积及单产变化

（数据来源：2024—2033年数据为中国农业科学研究院农业信息研究所CAMES模型系统预测）

2.3　消费展望

未来10年，稻谷消费量稳中略降。预计2024年中国稻谷消费量19 935万吨，比上年下降0.7%。2028年20 068万吨，比基期下降4.2%。2033年20 624万吨，比基期下降1.6%，年均下降0.2%。

口粮消费量稳中有降。口粮消费是稻谷消费最主要的用途，受人们生活水平不断提高、消费结构日趋多元化，以及老龄化加剧等因素影响，人均口粮消费量将逐步减少，加之人口总数呈下降趋势，稻谷口粮消费将稳中有降。预计2024年稻谷口粮消费量15 450万吨，比上年下降0.7%；2028年15 304万吨，比基期下降2.4%；2033年15 180万吨，比基期下降3.2%，年均下降0.3%（图3-6）。

工业消费量稳步增长。随着米粉、食醋等大米深加工产品需求增长，加工技术的创新发展，以及国家对大米深加工产业的高度重视，大米深加工市场规模将持续扩大，稻谷工业消费量将稳步增长。预计2024年稻谷工业消费量1 714万吨，比上年增长2.1%；2028年1 882万吨，比基期增长12.7%；2033年2 163万吨，比基期增长29.5%，年均增长2.6%（图3-6）。

饲用消费量总体呈下降趋势。稻谷作饲用消费主要有两个原因：一是粮库中超期存储不宜食用的稻谷将转为饲料用粮；二是当玉米等饲料粮价格高企，具有一定比价优势的稻谷会少量进入饲料领域。随着饲料粮供给能力的不断提升、稻谷收储调控能力的持续增强，未来仅不宜食用的稻谷将作饲用消费。预计2024年稻谷饲用消费量1 550万吨，与上年基本持平；2028年1 765万吨，比基期下降22.2%（图3-6）。

种用消费量稳中略减。除稻谷播种面积下降导致用种量减少的直接因素外，精准播种技术和机械设备的改进升级以及种植方式调整等因素也将促进稻谷生产用种量更趋合理，种用消费量稳中略减。预计2024年稻谷种用消费量221万吨，比上年下降0.5%；2028年219万吨，比基期下降3.0%；2033年218万吨，比基期下降3.4%，年均下降0.3%（图3-6）。

其他消费及损耗持续减少。随着生产、储存、运输、加工、消费全链条节约减损行动持续推进，稻谷损失浪费量将逐步减少。预计2024年稻谷其他消费及损耗量1 000万吨，比上年下降4.8%；2028年898万吨，比基期下降19.1%；2033年845万吨，比基期下降23.9%，年均下降2.7%（图3-6）。

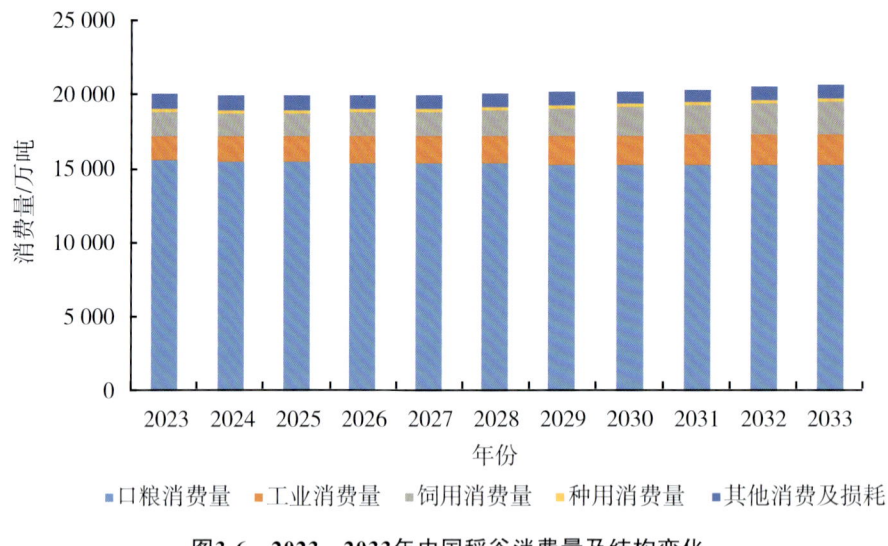

图3-6　2023—2033年中国稻谷消费量及结构变化

（数据来源：2024—2033年数据为中国农业科学研究院农业信息研究所CAMES模型系统预测）

2.4　贸易展望

进口量呈下降趋势。2024年，国际大米市场继续保持供需偏紧的态势，加之印度无限期延长蒸谷米出口征税期限，国际大米价格将维持高位运行，中国大米进口主要是满足品种调剂需求，进口量将相对稳定。预计2024年中国大米进口量280

万吨（折稻谷400万吨），比上年增长6.4%。展望后期，世界大米供需将保持总体宽松格局，国际大米价格将逐步回落，叠加国内稻米产业将加速向优质化、品牌化和特色化发展，市场有效供给能力不断增强，对国外优质大米的需求减少，大米进口量将呈下降趋势。预计2028年大米进口量307万吨（折稻谷439万吨），比基期减少33.2%；2033年为325万吨（折稻谷464万吨），比基期减少29.4%，年均下降3.4%。出口量将保持稳定，主要原因是随着中国不断扩大粮食市场开放、加强对外合作，特别是与"一带一路"共建国家的粮食贸易合作持续深化，中国大米将有效补充非洲、亚洲等国家的供给，为保障世界粮食安全做出"中国贡献"。

2.5 价格展望

稻谷价格平稳上涨。受生产成本不断上涨、优质稻市场份额逐年提高及其价格拉动作用的影响，稻谷平均收购价格将稳中有涨。预计2024年中国稻谷市场平均价格在2.70～3.00元/千克波动。未来10年，受生产资料价格和人工成本上涨等因素影响，稻谷平均价格将稳步上涨。

大米价格涨幅小于稻谷。大米精深加工加快推进有利于延伸产业链、提升价值链，带动大米优质化、品牌化、特色化发展，助推大米产品增值和价格提高。同时，稻谷价格上涨对大米价格也形成一定支撑。预计2024年大米市场平均价格将在3.90～4.50元/千克波动。中长期看，大米价格将平稳上涨，但涨幅小于稻谷，"稻强米弱"的格局不变。

3 不确定性分析

3.1 气候因素

气候变化是影响粮食安全最大的不确定性因素。2023年，赤道中东太平洋经历了"三重"拉尼娜向中等强度厄尔尼诺事件的快速转变，引发了全球各地高温热浪、干旱、暴雨洪涝等诸多极端天气，对世界粮食供给安全带来严重影响，中国也先后遭遇了黄淮罕见"烂场雨"、华北东北局地严重洪涝等自然灾害，对粮食生产带来不利影响。据世界气象组织（WMO）预测，厄尔尼诺事件将至少持续到2024年4月，极端天气事件将继续威胁世界粮食生产和供给安全。据气象部门预计，2024年中国农业气象年景总体偏差，稻谷生产仍面临较大的不确定性。中长期看，全球气候变暖将导致中国及全球范围的极端天气事件发生频率和强度呈增加趋势，给中国稻谷生产安全和市场稳定带来不确定性。

3.2 政策与技术因素

稳面积、提单产、增效益是保障稻谷生产稳定发展的核心要义。当前实施的稻谷最低收购价、稻谷补贴、产粮大县奖励等政策对地方政府抓粮和农民种粮的激励作用逐年弱化，新的支持政策还有待探索和验证，稻谷稳产增收的预期不确定性较大。大面积提高单产是稻谷稳产增产的重心，重点是抓住种子和耕地两个要害，但高产、优质、多抗、广适的突破性品种缺乏，中低产田占比高，短期内实现大面积单产提升的目标存在一定难度。此外，随着转基因玉米、大豆产业化进程提速，玉米、大豆种植比较优势将有所增强，东北地区扩大"水改旱""稻改豆"规模的风险加大，不利于稳定稻谷面积。

3.3 国际环境因素

近些年，地缘政治冲突、贸易保护主义等深刻影响着全球粮食生产、运输、供应及市场价格。2023年以来，在厄尔尼诺事件引发大米主要出口国减产预期的情况下，世界第一大大米出口国印度出台一系列大米出口限制措施，导致世界大米供给阶段性偏紧，国际米价持续高位震荡，对国内大米市场带来一定影响。未来一段时期，地缘政治冲突、贸易保护主义等仍然是影响国际粮食供给和市场的重要因素，大米主要出口国生产供给和出口政策的变化将通过国际米价对国内市场形成联动效应。此外，中国大豆、玉米和小麦进口量大，且来源国均高度集中，极易遭受国际市场冲击。受产品消费替代、市场价格联动等因素影响，一旦国内玉米、小麦等产品价格遭遇国际市场冲击，将不可避免影响国内稻谷和大米市场。

参考文献

陈兆清，程明，2023. 中国粮食安全：风险评估、供需结构和未来研判［J］. 重庆理工大学学报（社会科学），37（4）：102-114.

段居琦，袁佳双，徐新武，等，2022. 对IPCC AR6报告中有关农业系统结论的解读［J］. 气候变化研究进展，18（4）：422-432.

国家统计局. 国家统计局关于2023年粮食产量数据的公告［EB/OL］.（2023-12-11）［2024-01-22］. https://www.stats.gov.cn/sj/zxfb/202312/t20231211_1945417.html.

国家粮油信息中心课题组，2021. 中长期我国主要粮食品种供需趋势预测［J］. 中国粮食经济（9）：54-58.

黄季焜，解伟，盛誉，等，2022. 全球农业发展趋势及2050年中国农业发展展望［J］. 中国工程科学，24（1）：29-37.

李俊茹，姜长云，2023. 中国粮食供需形势：历史回顾、风险挑战与政策启示［J］. 南京农业大学学报（社会科学版），23（3）：168-179.

李满春，杜聪，姜朋辉，等，2023. 土地系统演变与气候变化耦合的中国未来水稻潜在产量模拟研究［J］. 中国科学·地球科学，53（8）：1795-1807.

牟若彤，吴良，2023. 全球粮食产后收获损失研究综述［J］. 资源科学，45（9）：1789-1800.

王禹，许世卫，王盛威，2022. 中国粮食消费现状、问题与对策建议［J］. 中国食物与营养，28（11）：29-32.

吴少堂，吴娜娜，吴菲菲，2023. 我国稻谷加工业的现状问题、发展路径及对策建议：对41家粮食企业的调查报告［J］. 中国粮食经济（9）：45-49.

武拉平，2022. 我国粮食损失浪费现状与节粮减损潜力研究［J］. 农业经济问题（11）：34-41.

徐春春，纪龙，陈中督，等，2023. 2022年我国水稻产业形势分析及2023年展望［J］. 中国稻米，29（2）：1-4.

赵昶，吕云龙，2023. 2023年上半年国际大宗商品价格形势分析与展望［J］. 中国物价（8）：9-11.

第四章

小　麦

小麦是中国重要的口粮作物之一。2023年中国小麦播种面积稳中有增，达35 441万亩（2 362.7万公顷），与上年相比增长0.5%，产量13 659万吨，与上年相比下降0.8%；消费量14 789万吨，与上年相比增长7.7%；进口量1 210万吨，与上年相比增长21.5%；普通小麦年度价格2.96元/千克，与上年相比下跌6.1%。展望未来10年，小麦播种面积保持稳定，产量和消费量稳中有增，进口量逐步下降。预计2024年小麦产量13 860万吨，与上年相比增长1.5%；消费量13 709万吨，与上年相比下降7.3%；进口量914万吨，与上年相比下降24.5%。预计2028年小麦产量14 459万吨，年均增长1.1%（基期为2021—2023年3年平均值，下同）；消费量13 917万吨，年均下降1.1%；进口量643万吨，年均下降9.5%。预计2033年小麦产量14 626万吨，年均增长0.6%；消费量14 135万吨，年均下降0.4%；进口量485万吨，年均下降7.5%。

1 2023年市场形势回顾

1.1 面积稳中有增，产量小幅下降

2022年小麦秋冬播期间产区大部天气正常，土壤墒情较好，基本实现适期播种，面积稳中略增。主产区光热充足，大部分时段农田墒情良好，农业气象灾害影响偏轻，病虫害防控及时有效，前期条件总体有利于小麦生长发育和产量形成。2023年5月下旬，河南等地遭受严重"烂场雨"天气影响，灌浆期小麦光照不足，导致容重下降、不完善粒增多、生芽粒占比较高、千粒重下降，成熟期小麦萌动发芽，单产下降明显。西南地区冬春连旱，云南、贵州等地单产有所下降。据国家统计局数据，2023年小麦播种面积35 441万亩（2 362.7万公顷），与上年相比增长0.5%；单产385千克/亩（5 781千克/公顷），与上年相比下降1.3%；产量13 659万吨，与上年相比下降0.8%（图4-1）。

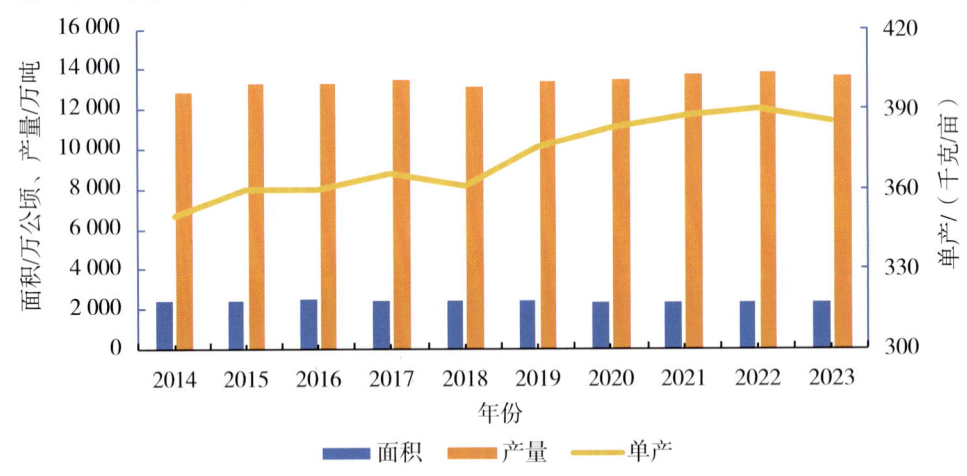

图4-1 2014—2023年中国小麦面积、单产和产量

（数据来源：国家统计局）

1.2 消费总量增加

2023年，中国小麦产需总体呈紧平衡格局，主要原因是小麦口粮消费有所下降，饲用消费量显著增加。由于居民消费欲望不强、信心不足，外出就餐减少使餐饮消费相应减少；工厂开工不足，主食消费也有所下降。2023年新麦上市后，小麦玉米价差倒挂，小麦具有一定饲用替代优势，"烂场雨"导致豫南等地芽麦数量同比增加，饲用小麦数量较上年明显增加。受过去3年新冠疫情影响，2023年旅游业、餐饮业消费恢复未达到市场预期，酒类消费相应受到影响，白酒全年产量同比下降30%以上，对小麦工业消费带动乏力。2023年中国小麦消费总量14 789万吨，与上年相比增长7.7%。其中，口粮消费量为9 100万吨，比上年略减0.3%；饲用消费量为3 300万吨，比上年增长50.0%；工业消费量为1 170万吨，比上年减少4.1%；种用消费量为604万吨，比上年减少1.6%。

1.3 进口量历史最高

2023年初以来，国内外小麦价格均呈现回落态势，但国际小麦价格下跌幅度明显大于国内，价差扩大和国内新季小麦品质受损是小麦进口数量增加的主要原因。2023年，按照进口金额和数量折算，从澳大利亚进口的小麦平均每吨价格仅为2 514元，比国内小麦产区价和销区价分别低706元和450元。进口小麦除了部分优质小麦用于食用消费外，还有一部分流入饲料消费。海关总署统计数据显示，2023年进口小麦1 210万吨，创历史最高纪录，与上年相比增长21.5%。从进口来源看，中国小麦进口来源国前4位分别是澳大利亚（占进口总量的57.4%）、加拿大（占21.1%）、美国（占7.7%）和法国（占6.8%）。

1.4 市场价格低于上年

2023年国内小麦市场供需格局对价格的影响更加明显，行情震荡反复更加频繁，价格呈现"先跌—后涨—再跌"走势。1—5月，各级储备轮换小麦稳定投放市场，贸易商积极售粮，市场流通粮源充足，小麦价格持续回落。6—8月，由于部分产区收获的小麦出现籽粒萌动和穗发芽现象，符合收储和制粉要求的达标小麦数量较常年减少，各收购主体积极入市，麦价不断抬升。9—10月，随着制粉企业集中备货暂告一段落，储备企业收购进入收尾阶段，麦价涨势逐步放缓。11—12月，受玉米价格下跌影响，市场看涨预期减弱，持粮主体出货积极性较高，加上面粉和麸皮销售不旺，制粉企业开机率偏低，采购小麦积极性不高，普通小麦价格小幅回落，但优质小麦价格相对坚挺。综合来看，1—12月，国内普通小麦平均收购价2.96元/千克，与上年相比跌6.1%；优质小麦平均收购价3.22元，与上年相比跌3.8%（图4-2）。

图4-2 2015—2023年国内小麦批发价格走势

（数据来源：郑州粮食批发市场）

2 未来10年市场走势判断

2.1 总体判断

生产总体保持稳定。预计2024年中国小麦播种面积35 411万亩（2 361万公顷），与上年相比略减0.1%；产量13 860万吨，与上年相比增长1.5%。预计2028年小麦播种面积35 656万亩（2 377万公顷），年均增长0.2%；产量14 459万吨，年均增长1.1%。预计2033年小麦播种面积35 537万亩（2 369万公顷），基本稳定在基期水平；产量14 626万吨，年均增长0.6%。

消费量高位回落。预计2024年小麦消费量13 709万吨，与上年相比下降7.3%；2028年小麦消费量13 917万吨，年均下降1.1%；2033年小麦消费量14 135万吨，年均下降0.4%。其中，工业消费量将持续增长，口粮消费量将稳中略降，饲料消费量将逐步回落。

进口量整体呈下降趋势。未来10年，随着国内小麦玉米价差恢复正常，小麦饲用替代下降，优质专用小麦产能不断提升，小麦进口量将高位回落。预计2024年中国小麦进口量为914万吨，2028年降至643万吨，2033年为485万吨。

价格整体稳定。近年来中国小麦连续丰收，供需形势整体较为宽松，为稳定国内市场奠定坚实基础。最低收购价格持续上调，提振市场对小麦后市的价格预期。短期内小麦可能受玉米市场和极端天气影响出现阶段性波动；从中长期看，小麦市场将整体保持平稳，品种间、区域间价格走势可能出现分化，优质优价特征将持续强化。

2.2 生产展望

播种面积保持稳定。近年来，国家高度重视粮食安全问题，严格开展省级党委和政府落实耕地保护和粮食安全责任制考核，压实责任稳定粮食播种面积。从2023年秋播情况看，2024年全国小麦种植面积稳中略降，预计将达到35 411万亩（2 361万公顷），与上年相比略减0.1%，主要原因是新疆调减春小麦改种春玉米。未来10年，中国小麦播种面积将稳定在3.5亿亩（2 333万公顷）左右。到2028年和2033年，预计小麦播种面积分别为35 656万亩（2 377万公顷）和35 537万亩（2 369万公顷）（图4-3）。

单产水平继续提升。中国小麦单产处于世界领先水平，但由于土壤、气候、种植制度的复杂性和管理技术的差异性，国内不同区域小麦单产差距很大。从区试情况看，2022年中国小麦平均区试亩产为475.1千克，比全国平均亩产390.4千克高84.7千克。从生态区域看，2022年黄淮海麦区平均亩产约430千克，西南麦区平均亩产约230千克，相差200千克。从种植类型看，中国冬小麦平均亩产比春小麦高94.6千克，水浇地小麦比旱地小麦高86.8千克。2023年10月，农业农村部印发《小麦单产提升三年工作方案（2024—2026年）》，提出用3年时间促进重点区域小麦单产较大幅度提升，带动大面积均衡增产，力争全国小麦亩产跨上400千克台阶。预计2024年，中国小麦单产将达391千克/亩（5 865千克/公顷），与上年相比增长1.6%；2028年，中国小麦单产水平将提升至406千克/亩（6 083千克/公顷），年均增长0.9%；预计2033年，中国小麦单产水平可达412千克/亩（6 173千克/公顷），

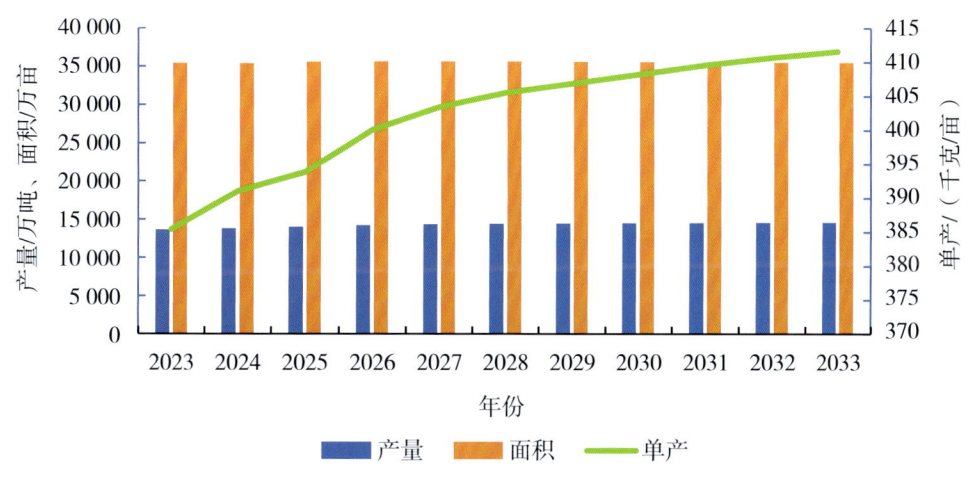

图4-3 2023—2033年中国小麦面积、单产和产量

（数据来源：2024—2033年数据为中国农业科学院农业信息研究所CAMES模型系统预测）

年均增长0.6%（图4-3）。

产量稳步增长。未来10年，中国小麦播种面积基本稳定，单产提升将取得明显成效，为保证小麦产量保持稳步增长态势奠定坚实基础。预计2024年小麦产量将达13 860万吨，与上年相比增长1.5%；2028年将增长至14 459万吨，年均增长1.1%；2033年达14 626万吨，年均增长0.6%（图4-3）。

2.3 消费展望

口粮消费稳中趋降。随着中国逐步迈向高收入国家行列，口粮消费将基本进入成熟阶段，人均口粮消费将保持在目前的140~145千克。2022年中国人口增长达到峰值并进入负增长阶段，加之人口老龄化的深化，今后包括小麦在内的口粮消费总量将逐步下降。预计2024年口粮消费量为9 086万吨，占小麦消费总量的66%，与上年相比略降0.2%；2028年将降至9 034万吨，年均下降0.2%；2033年将降至8 968万吨，年均下降0.2%（图4-4）。

饲料消费持续回落。与玉米相比，小麦具有蛋白含量高、氨基酸含量高、非淀粉多糖含量高等突出特点，饲料企业在能量原料中使用小麦替代玉米可减少部分高价蛋白原料，如豆粕的使用量，利于降低成本。当前除仔猪料及蛋鸡饲料外，其他品种饲料，如鸭料、肉鸡料、育肥猪料均可使用小麦替代玉米，且替代比例不存在上限。决定小麦饲用替代数量的主要因素有两个。一是小麦玉米比价关系。通常情况下，小麦价格比玉米价格高150~200元/吨时都有替代优势。二是新季小麦的质量和价格。2021年和2023年小麦收获期均遭遇极端天气，低品质小麦市场供应量增加，部分小麦无法进入食用领域，只能作为饲用或者工业用粮。2023年第四季度以来，随着玉米价格下跌，小麦玉米比价关系回归正常，小麦饲料消费大幅下降。预计2024年小麦饲料消费为2 195万吨，与上年相比下降33.5%；预计2028年为2 055万吨，年均下降8.3%；预计2033年为1 832万吨，年均下降5.3%（图4-4）。

工业消费增长潜力较大。小麦工业消费包括酿酒、工业酒精、淀粉、变性淀粉、谷朊粉、麦芽糖、调味品等。其中，酿酒曾经是拉动小麦工业消费的重要因素之一。按白酒行业一般用粮比，酿出1升白酒约需3千克粮食，而小麦占酿酒用粮的36%左右。近年来，随着白酒产量的下滑，小麦酿酒消费量也随之下降。未来10年，中国经济总量有望保持平稳增长趋势，由此产生的消费需求将拉动白酒产业逐渐复苏，从而带动小麦酿酒消费增长。此外，谷朊粉是一种重要的食品添加剂与食品改良剂，小麦淀粉可用于制作粉条、粉丝，可用作火腿肠、冰激凌、方便面的添加料，也是生产淀粉糖、氨基酸、酒精、抗生素、味精、降解塑料的原料。随着中国食品工业加速发展，小麦工业消费需求将日趋旺盛，行业发展潜力较大。预计2024年小麦工业消费达1 248万吨，与上年相比增长6.7%；2028年，将增至1 667万吨，年均增长6.8%；2033年，小麦工业消费达2 190万吨，年均增长6.2%（图4-4）。

种子消费和损耗量下降。通过优选良种、精细整地、科学施肥、适时精播、大田科学管理等方式，未来小麦种子消费量有望稳中有降。随着高效低损收获机械的推广应用，产后烘干设施建设以及储粮条件的逐步提升，小麦损失率也有望进一步下降。预计2024年中国小麦种子消费和损耗量为597万吨和582万吨，与上年相比分别下降1.2%和5.3%；2028年将降至583万吨和578万吨，年均下降0.8%和0.3%；2033年为573万吨和572万吨，年均下降0.6%和0.2%（图4-4）。

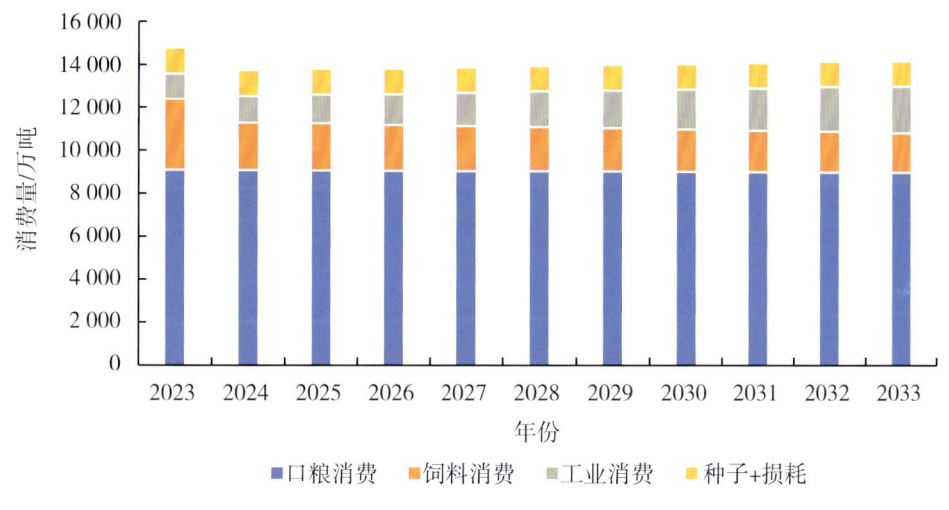

图4-4　2023—2033年中国小麦消费构成

（数据来源：2024—2033年数据为中国农业科学院农业信息研究所CAMES模型系统预测）

2.4　贸易展望

小麦进口量高位回落。除20世纪中期和2004年小麦进口是为了弥补国内供需缺口外，大部分中国进口小麦主要是用于品种调剂，用来弥补国内优质专用小麦的产需缺口，进口量多保持在300万~400万吨。2020—2023年，受国内小麦饲用消费增加、进口小麦价格优势明显等因素影响，中国小麦进口量持续增长，分别达到838万吨、977万吨、996万吨和1 210万吨，连续3年突破进口关税配额（963.6万吨）。从国内小麦整体供需形势看，未来持续保持这样高水平进口的可能性较小。随着小麦饲用替代的减少以及国内优质小麦供应量的增加，预计小麦进口量整体呈下降趋势。预计2024年小麦进口量914万吨，与上年相比下降24.5%；预计2028年进口量643万吨，年均下降9.5%；预计2033年进口量485万吨，年均下降7.5%。

2.5　价格展望

国内小麦供应充足，预计价格以稳为主。2023年新季小麦在收获期"烂场雨"的影响下，数量和结构上的供应缺口客观存在，随着年后市场粮源的大量消耗，这个缺口压力将逐渐显现出来。但2023年中国小麦进口数量创历史最高纪录，进口小麦主要流向制粉企业和储备企业，对小麦市场的供应起一定补充作用。此外，2024年小麦最低收购价继续上调，2024年中央一号文件也强调将会继续"适当提高小麦最低收购价"，对市场价格预期将形成有力支撑。综合来看，预计2024年上半年小麦价格持稳运行将是主流基调。6月新麦上市后，小麦市场价格走势主要受小麦产量和质量情况以及与玉米价差水平的影响。从中长期看，随着小麦单产提升行动取得成效，小麦产业稳定安全供给能力将进一步提高，小麦市场价格大幅波动可能性较小，预计维持稳定运行态势。

3 不确定性分析

3.1 气候因素

以气候变暖为主要特征的全球气候变化已经成为人类必须面对的严峻挑战。世界气象组织指出，在过去的几十年中，全球气温已经明显上升，这种趋势预计在未来几十年内还将持续。研究表明，在不考虑其他因素的情况下，全球平均气温上升将造成全球小麦单产下降6.0%。在气候变化背景下，极端天气事件显著增加。2021年历史罕见的秋汛导致北方冬小麦大面积晚播，2023年收获时期的严重"烂场雨"天气导致丰收在望的小麦产量和品质下降。未来10年，气候变暖趋势持续，极端天气可能会更加频繁，进一步增加了小麦生产的不确定性。

3.2 国际贸易因素

全球经济增长动能趋缓，地缘政治冲突还可能引发大宗农产品价格波动。据国际货币基金组织（IMF）预测，未来5年世界经济都会低速增长，2024年预期为3.1%，比2000—2019年的平均值3.8%低了0.7个百分点。乌克兰危机、巴以冲突、红海危机等地区安全问题仍然存在，大国平衡地区冲突的力量被削弱，全球包括小麦在内的大宗农产品价格、产业链、供应链仍面临着很大的冲击和不确定性。

3.3 政策因素

从短期看，国家政策性小麦调控措施，如进出口贸易政策，尤其是进口配额的发放数量和节奏可能导致国内小麦供需格局发生变化，进而影响小麦尤其是优质小麦价格；国家最低收购价小麦、中央与地方各级储备小麦的投放时间节点及销售力度，将直接影响阶段小麦市场供给。从中长期看，小麦最低收购价政策的调整力度和方向，将会影响市场主体对后市小麦价格的预期；农业支持政策变化，尤其是补贴政策和保险政策，将会直接影响种粮农民生产积极性及粮食生产结构。

参考文献

陈康，2021. 近20年国内小麦饲用消费的发展变化[J]. 中国粮食经济（6）：43-46.

程国强，2023. 大食物观：结构变化、政策涵义与实践逻辑[J]. 农业经济问题（5）：49-60.

冯立坤. 饲用消费逐渐掌握小麦价格的"定价权"[N]. 粮油市场报，2023-09-02（A03）.

国家统计局. 国家统计局关于2023年粮食产量数据的公告[EB/OL].［2024-01-10］（2023-12-11）. https://www.stats.gov.cn/sj/zxfb/202312/t20231211_1945417.html

刘锐，2023. 中国未来小麦产业发展趋势略谈[J]. 中国农村科技（7）：20-22.

农业农村部办公厅. 关于印发《小麦单产提升三年工作方案（2024—2026年）》的通知.[EB/OL].（2023-10-30）.

王玲，2014. 中国小麦消费结构分析及深加工发展展望[J]. 农业展望，10（11）：75-79.

张志恒，2021. 基于问卷调查的饲料企业小麦添加情况研究[J]. 中国粮食经济（5）：57-59.

赵闯，朴世龙，Senthold Asseng，等，2023. 气候变暖对全球主要作物产量的影响[C]//中国作物学会. 第二十届中国作物学会学术年会论文摘要集.

中国人民银行.2023年第四季度中国货币政策执行报告[EB/OL].（2024-02-08）[2024-02-09]. hhttps://www.gov.cn/lianbo/bumen/202402/content_6931017.

第五章

玉 米

玉米是我国第一大粮食作物，是重要的饲料和工业原料。2023年，全国玉米播种面积66 328万亩（4 422万公顷），比上年增长2.7%；平均单产435.5千克/亩（6 532千克/公顷），比上年增长1.5%；产量2.89亿吨，比上年增长4.2%；全年消费量2.96亿吨，比上年增长2.9%；进口量2 713万吨，比上年增长31.6%；全年产区和销区平均批发价格分别为2.71元/千克、2.89元/千克，分别与上年持平、下跌1.2%。展望期内，预计播种面积保持稳定，单产提升，产量继续增加，消费量稳中有增，增速放缓，进口量逐步回落后趋稳。预计2024年玉米播种面积67 000万亩（4 467万公顷），比上年增长1.0%；产量2.96亿吨，比上年增长2.3%；消费量2.97亿吨，比上年增长0.5%；进口量1 700万吨，比上年下降37.3%；产区批发均价在2.25~2.60元/千克区间内波动。2028年，播种面积66 660万亩（4 444万公顷），年均增长0.4%（基期为2021—2023年3年平均值，下同）；产量将达到3.09亿吨，年均增长2.0%；消费量3.08亿吨，年均增长1.3%；进口量710万吨，年均减少22.5%。2033年，播种面积66 366万亩（4 424万公顷），年均增长0.2%；产量3.23亿吨，年均增长1.4%；消费量3.21亿吨，年均增长1.1%；进口量680万吨，年均减少12.3%。

1 2023年市场形势回顾

1.1 面积和单产双增长

2023年，国家调整优化玉米种植结构，在稳定面积的基础上，深化改革和科技驱动，突出技术集成，以单产提升带动大面积增产。天气方面，2023年，我国玉米主产区天气总体较好，有利于玉米生长发育，尽管东北产区春播期局部地区气温偏低、土壤偏湿，但后期气温回升较快，大部分产区土壤墒情适宜，玉米播种进度比上年偏快，而且当年东北地区初霜偏晚，热量条件较好，玉米容重普遍高于常年。种植积极性方面，由于上一年玉米种植收益好、销售进度快，2023年农户种植玉米的积极性较高，播种面积有所增加。再加上良种的推广、农业机械化水平的提高，玉米单位面积产量稳步提升。据国家统计局数据，2023年全国玉米播种面积66 328万亩（4 422万公顷），比上年增长2.7%；平均单产435.5千克/亩（6 532千克/公顷），比上年增长1.5%；产量2.89亿吨，比上年增长4.2%（图5-1）。

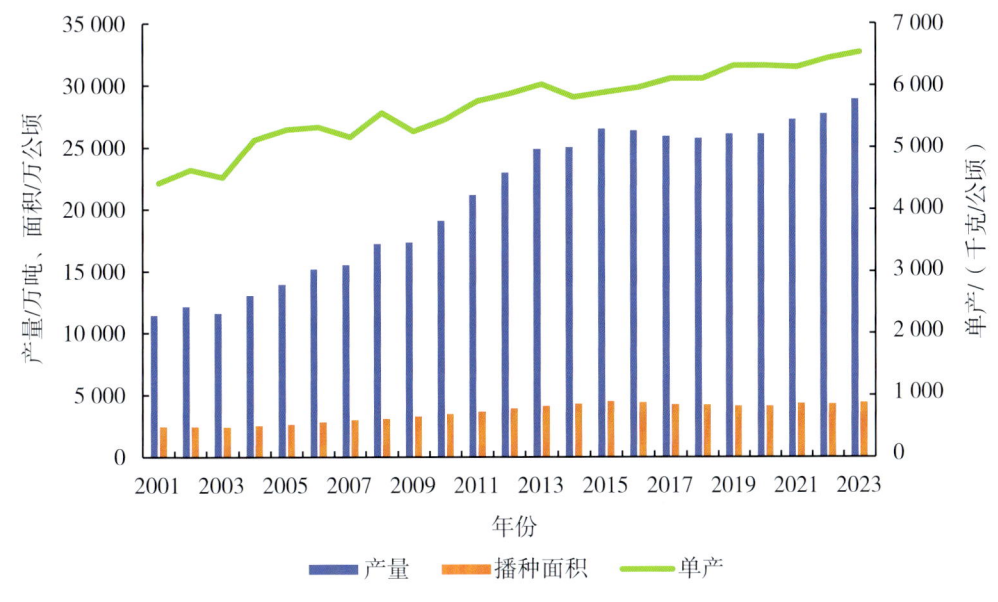

图5-1 2001年以来中国玉米播种面积、单产及产量

（数据来源：2022—2023年的《中国统计年鉴》、国家统计局关于2023年粮食产量的公告）

1.2 消费继续增加

中国玉米主要用于饲用消费和工业消费，食用消费和种用消费占比较小。2023年，国内玉米饲用消费和深加工消费稳中有增，带动玉米消费需求平稳增长，全年消费量2.96亿吨，比上年增长2.9%。当年玉米产需缺口有所缩小，库存结余增加。

玉米饲用消费继续增加。2023年养殖业平稳发展，对玉米饲用消费需求增加。据国家统计局数据，2023年全国猪牛羊禽肉产量9 641万吨，比上年增长4.5%，蛋、奶产量均实现不同程度增长。据中国饲料工业协会数据，2023年，全国工业饲料产量累计共3.22亿吨，创历史新高，比上年增长6.6%。2023年玉米饲用消费1.93亿吨，比上年增长4.3%。

工业消费保持稳定。2023年玉米深加工产能新增趋势放缓，开工率先低后高。1—9月，由于原料成本上升，企业经营压力明显，深加工运行状况不佳，部分企业亏损严重，开工率较低。10—12月，随着玉米价格下跌，深加工企业效益改善，开工率保持高位，12月底玉米酒精行业开工率51%，玉米淀粉加工行业开工率达到64%。2023年玉米工业消费8 120万吨，比上年增长0.2%。

食用消费和种子消费稳中有增，损耗有所减少。玉米作为粗粮，越来越受到城市消费者的偏爱，玉米食用消费稳中有增，全年玉米食用消费量约990万吨。由于玉米播种面积扩大，加上合理密植技术的推广，玉米种子消费有所增加，全年玉米种子消费量约203万吨，比上年增长2.0%。随着存储、运输等技术进步，玉米损耗有所减少，全年玉米损耗约977万吨。种子消费、食用消费和损耗在玉米消费中占比不大，对玉米消费总量影响很小。

1.3 进口数量有所增加

2023年，受增产预期强、美元持续走强等因素影响，国际玉米价格下跌明显，加上进口需求旺盛，临时进口配额增加，我国玉米进口量明显增加。进口量2 713万吨，比上年增长31.6%；出口量0.75万吨；玉米净进口2 712万吨，比上年增长31.5%。2023年之前，进口国以美国和乌克兰为主。2023年，开辟了新的进口渠道，特别是从巴西进口玉米大幅增加，占玉米进口总量的47.2%。进口美国和乌克兰玉米占我国玉米进口份额降至26.3%和20.3%，分别比上年下降45.8个和5.2个百分点（图5-2）。

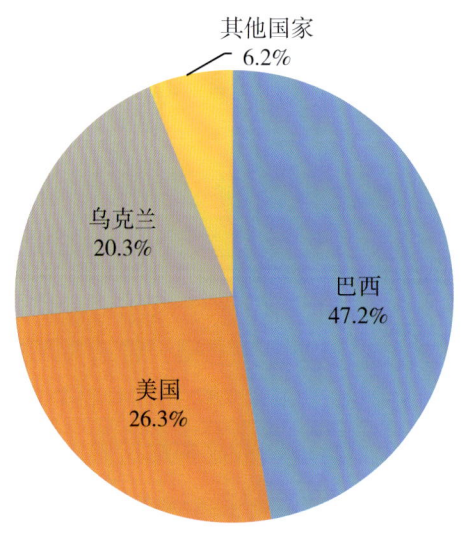

图5-2 2023年中国玉米进口主要来源地及份额

（数据来源：海关总署）

玉米主要替代品进口略降。2023年，我国累计进口高粱、大麦、木薯、DDGS（玉米干酒糟）的数量分别为521万吨、1 132万吨、561万吨、14万吨，比上年分别降48.6%、增96.6%、降21.1%、增64.4%。4种替代品进口总量2 228万吨，比上年降3.5%。

1.4 年内价格波动下跌

受到深加工企业利润不佳、开工率较低、贸易商玉米出库意愿增强、市场看空情绪较浓等因素影响，1—5月玉米价格连续下跌。5月，产区和销区平均批发价格分别为2.62元/千克、2.77元/千克，分别比1月下跌5.8%、8.2%。6—9月，国内稻谷拍卖溢价、小麦价格偏强运行，提升玉米价格上涨预期，8月受台风残余环流北上影响，京津冀以及东北局部地区出现强降雨，部分低洼农田遭受偏重涝害，引发市场对产量的担忧，价格快速上涨。9月，产区和销区平均批发价格分别为2.81元/千克、2.96元/千克，分别比5月上涨7.1%、6.9%。10月之后，受新季玉米丰收、进口量增加、饲用消费需求增长不足等因素影响，玉米价格明显下跌。12月，产区和销区平均批发价格分别为2.49元/千克、2.66元/千克，分别比9月下跌11.2%、10.1%。全年来看，产区和销区平均批发价格分别为2.71元/千克、2.89元/千克，分别与上年持平、下跌1.2%（图5-3）。

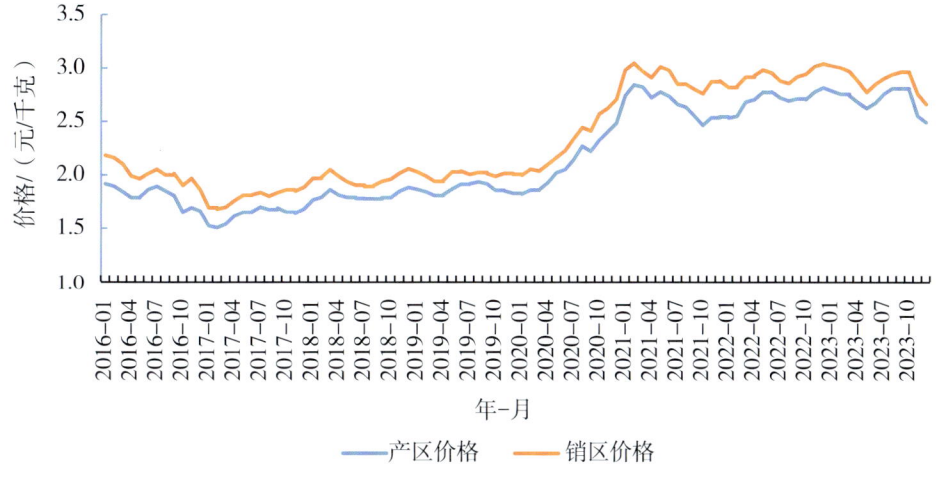

图5-3　2016年以来中国产、销区平均批发价格

（数据来源：根据中华粮网、中国玉米市场网、国家粮油信息中心等数据整理）

2　未来10年市场走势判断

2.1　总体判断

短期来看，玉米播种面积稳中有增，单产水平继续提升；饲料需求稳定，深加工需求保持增长势头，玉米消费总体将小幅增长；进口量将有所减少。预计2024年玉米播种面积67 000万亩（4 467万公顷），与上年基本持平，产量2.96亿吨，比上年增长2.3%；消费量2.97亿吨，比上年增长0.5%；进口量1 700万吨，比上年下降37.3%；玉米产区批发均价保持在2.25～2.60元/千克区间内波动。

长期来看，玉米产业竞争力和可持续发展能力将稳步提高，玉米全产业链各环节协调均衡发展的新格局会逐步形成，供求关系将逐渐向基本平衡转变。预计2033年玉米播种面积为66 366万亩（4 424万公顷），比基期增长1.6%，产量将达到3.23亿吨，比基期增长15.4%；消费量3.21亿吨，比基期增长11.3%；进口量680万吨，降至配额以下，比基期减少73.2%。

2.2 生产展望

播种面积保持稳定。政策层面，2024年中央一号文件要求"以确保国家粮食安全、确保不发生规模性返贫为底线"，提出要"稳定粮食播种面积"。市场层面，玉米在主产区具备生产优势，且土地流转成本有望在市场机制下有所下降，2024年农户玉米种植意向有望提高。预计2024年玉米播种面积67 000万亩（4 467万公顷），比上年增长1.0%。预计中长期玉米播种面积保持稳定，2028年为66 660万亩（4 444万公顷），比基期增长2.1%；2033年为66 366万亩（4 424万公顷），比基期增长1.6%，年均增速0.2%（图5-4）。

单产继续提高。2024年中央一号文件提出"实施粮食单产提升工程，集成推广良田良种良机良法"。随着农业基础设施的持续完善，良田、良种、良法、良机、良制的集成推广，玉米单产水平将持续提高。预计2024年玉米单产441千克/亩（6 617千克/公顷），比上年增长1.3%；2028年将提高到464千克/亩（6 958千克/公顷），比基期增长8.4%；2033年将进一步提高到486千克/亩（7 290千克/公顷），比基期增长13.6%，年均增速1.3%（图5-4）。

产量逐步提高。随着播种面积和单产水平的提升，中国玉米产量也将逐步增加。预计2024年玉米产量2.96亿吨，比上年增长2.3%；2028年将提高到3.09亿吨，比基期增长10.6%；2033年将进一步提高到3.23亿吨，比基期增长15.4%，年均增速1.4%（图5-4）。

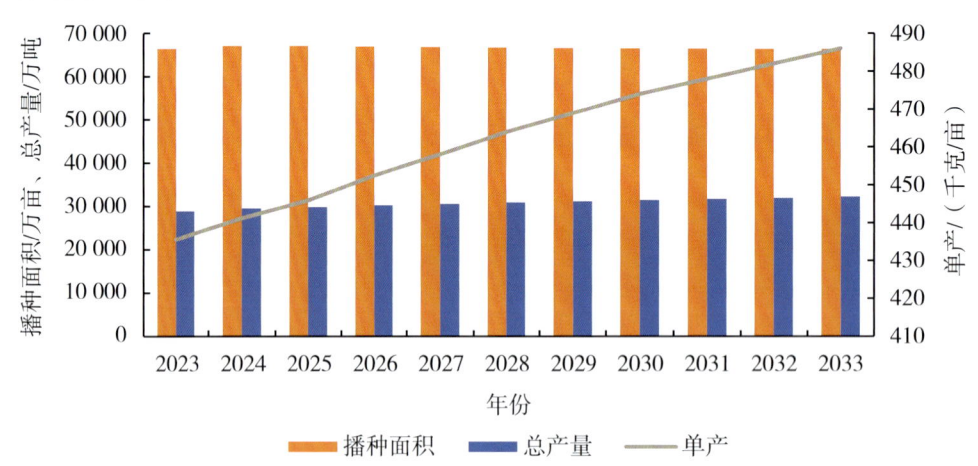

图5-4　2023—2033年中国玉米播种面积、单产和产量预测

（数据来源：2024—2033年数据为中国农业科学研究院农业信息研究所CAMES模型系统预测）

2.3 消费展望

未来10年，玉米消费量稳中有增。预计2024年玉米消费量2.97亿吨，比上年增长0.5%；2028年为3.08亿吨，比基期增长6.6%；2033年为3.21亿吨，比基期增长

11.3%，年均增速1.1%（图5-5）。

饲料消费小幅增长。与上一年相比，预计2024年生猪存栏量有所下降，导致猪饲料全年消费量略降，但禽肉、牛羊肉产量保持平稳增长，小麦、稻谷饲用替代量减少，预计2024年玉米饲用消费量1.92亿吨左右，与上一年相比持平略降。中长期看，玉米饲用消费将稳中有增，预计2028年将增加到1.94亿吨，比基期增长4.3%；2033年进一步增加到1.96亿吨，比基期增长5.6%，年均增速0.5%（图5-5）。

深加工消费继续增长。国内玉米价格持续低位运行，深加工企业效益改善，2024年全年平均开工率有望提高，带动玉米工业消费继续增长。预计2024年玉米深加工消费量8 363万吨，比上年增长3.0%。中长期看，玉米深加工行业集中度将进一步提高，格局也将进一步优化。受下游需求恢复增长和消费升级影响，个性化、场景化、差异化的专用玉米加工产品市场需求将增大，功能型高端食品添加剂产品的优势将显现，玉米深加工整体消费需求将稳步增长。预计2028年将增加到9 124万吨，比基期增长13.0%；2033年进一步增加到1.01亿吨，比基期增长25.4%，年均增速2.3%（图5-5）。

食用消费稳中有增。随着生活水平的提高，城市居民健康消费的观念日益增强，对粗粮的消费稳步增加，玉米食用消费的数量也呈稳中有增的态势，但总量依然较少。预计2024年玉米食用消费量为1 010万吨，比上年增长2.0%；2028年为1 093万吨，比基期增长11.9%；2033年将达到1 237万吨左右，比基期增长26.6%，年均增速2.4%（图5-5）。

种子消费有所下降。随着精量播种等先进技术的进一步推广应用，单位面积的用种量将稳中趋降。预计2024年玉米种子消费量为203万吨；2028年为202万吨；2033年为200万吨左右（图5-5）。

图5-5　2023—2033年中国玉米消费量

（数据来源：2024—2033年数据为中国农业科学研究院农业信息研究所CAMES模型系统预测）

2.4 贸易展望

进口量总体呈下降趋势，进口来源国结构将继续优化。2023年国内玉米供应充裕，预计2024年玉米进口量将明显下降，进口量1 700万吨，比上年下降37.3%。展望期内，进口量将持续减少。2028年将下降到710万吨，比基期下降72.0%；2033年为680万吨，比基期下降73.2%，玉米自给率超过97%。出口方面，随着玉米种植结构优化，专用、优质、特色玉米生产将提升国内玉米出口竞争力，特别是在中国周边地区，中国玉米出口将具有一定的市场空间。但考虑到在国际市场中国玉米总体不具备价格优势，预计展望期内每年出口量不会超过3万吨。

2.5 价格展望

玉米价格先稳后涨。短期内，影响玉米价格走势的因素多空交织：一方面，随着前期玉米市场价格下行，2023年春节后，玉米深加工企业开工率保持高位，部分生产企业增加库存，贸易企业存粮积极性提高，售粮进度加快，市场价格企稳，消费总量将继续稳中有增；另一方面，国内玉米供应总体充足，东北地区售粮进度比上年偏慢；综合因素下，预计2024年玉米价格平稳运行，产区月均批发价区间为2.25～2.60元/千克。从中长期看，玉米生产过程中的劳动力成本、土地成本及生产资料成本上涨的趋势仍难以扭转，成本的不断抬升将对玉米市场价格上涨形成支撑。

3 不确定性分析

3.1 气候条件

玉米生产受气候条件影响较大，气温、光照、降水的变化容易引发干旱、洪涝、台风、风雹、低温、初霜冻等灾害，对玉米的播种、生长、收获，甚至储存和运输都可能产生直接影响。玉米市场价格受气候条件变化的影响也较明显，特别是从玉米播种到收获期间，期货价格受气候变化的影响尤为明显。随着极端异常天气频繁发生，预计未来10年玉米生产面临的各种自然风险不确定性依然很大，气象条件对中国玉米生产和市场的影响比较明显。

3.2 国际贸易环境

全球经济增速放缓，且宏观经济环境复杂多变，国际形势复杂严峻，中国经济进入向高质量发展的转型期，机遇与挑战并存。玉米产业链条相对较长，与经济发展关系密切，宏观经济环境的不确定性将对玉米深加工及养殖业发展产生一定影响。近年来，美元汇率总体呈走高态势，这使得以美元计价的国际玉米价格走势持续低迷。同时，美元汇率走高，使人民币对美元存在持续的贬值压力，抬高了中国进口玉米及其替代品的成本。未来美元汇率如何变化，不仅将影响国际玉米价格的走势，而且也会影响中国玉米的国际竞争力及进出口贸易。

3.3 饲料技术的变化

玉米消费主要来自饲用需求，饲料配方的调整对玉米消费影响较大。随着养殖和饲料配方技术的提高，料肉比可能进一步降低，导致饲料消费降低，进而影响玉米消费。此外，一些新技术的推广应用也会影响玉米饲用需求，如低蛋白日粮技术可能会提高玉米等能量饲料在配方中的比例。

参考文献

国家气候中心. 中国气象局发布《2023年中国气候公报》[EB/OL]．（2024-02-07）[2024-02-10]. https://www.cma.gov.cn/2011xwzx/2011xqxxw/zwfw/202402/t20240207_6066986.html.

国家统计局. 国家统计局关于2023年粮食产量的公告[EB/OL]．（2023-12-11）[2024-02-06]. https://www.stats.gov.cn/sj/zxfb/202312/t20231211_1945417.html.

姜长云，曾伟，2017. 农产品价格若干问题辨析[J]. 价格理论与实践（3）：10-13.

孙昭君. 预计2024年国内玉米市场：价格重心同比下移 后续回暖依然可期[N]. 粮油市场报，2024-01-18（003）.

朱元芳，韩永胜，张建胜，等，2023. 低蛋白日粮技术在牛羊生产中的应用研究进展[J]. 中国饲料（22）：165-170.

第六章

大豆及油脂油料

1 大豆

大豆是重要植物蛋白和植物性油脂作物之一，对食用油和饲料均有重要影响。2023年中国大豆的播种面积是15 705万亩（1 047万公顷），比上年增长2.2%，单产133千克/亩（1 991千克/公顷），比上年增长0.5%，产量2 084万吨，比上年增长2.8%；消费量11 176万吨，比上年增长2.0%；进口量9 941万吨，比上年增长11.4%。展望未来10年，在大豆和油料产能提升工程深入推动下，大豆播种面积稳中有增，单产显著提升，品质进一步优化，产量稳步增长，受饲用需求稳中有降影响，消费需求持平略增，进口量逐年下降。短期看，预计2024年国内大豆播种面积15 644万亩（1 043公顷），全国平均单产138千克/亩（2 070千克/公顷），产量2 159万吨，比上年增长3.6%；消费量11 061万吨，比上年下降0.1%；进口量9 172万吨，比上年下降7.7%；价格稳中偏弱。预计2028年大豆产量2 949万吨，年均增长9.0%；消费量11 201万吨，年均增长0.3%；进口量8 173万吨，年均下降3.1%。预计2033年大豆产量将达到3 568万吨，年均增长6.4%；消费量将达到11 329万吨，年均增长0.3%，进口量将降至7 869万吨，年均增长-1.9%。

1.1 2023年市场形势回顾

1.1.1 产量增加，再创历史新高

2023年中央一号文件指出"加力扩种大豆油料"，相关部门出台了一系列政策措施，明确"扩大豆、扩油料、提单产、提品质"目标，国产大豆产量达到创纪录2 084万吨，比上年增长2.8%，连续两年超过2 000万吨。2023年国家进一步提高了大豆生产者补贴，扩大了玉米和大豆的补贴差额，加大了金融信贷支持力度，并推广大豆玉米带状复合种植，引导新型农业经营主体种植大豆，推出产粮大县奖励，稳定大豆种植规模；全国大豆播种面积15 705万亩（1 047万公顷），比上年增加345.1万亩（23万公顷），增长2.2%，连续两年稳定在1.5亿亩（1 000万公顷）以上。其中，承担带状复合种植大面积示范推广任务的示范区域进一步拓展，试点省份由16个扩大到17个，任务县扩大到1 354个，参与的新型农业经营主体增加到12万多个，共完成种植面积超2 000万亩（133万公顷）。单产方面，2023年是实施大豆大面积单产提升行动的第一年，围绕"良田、良种、良法、良机、良制"各地持续破解制约大豆单产提升的短板弱项，实施效果明显，尽管东北和华北部分地区发生严重洪涝灾害，但全国平均单产132.7千克/亩（1 990.5千克/公顷），比上年增0.5%，市场流通的大豆蛋白颗粒大于往年且蛋白含量高于往年平均水平（图6-1）。

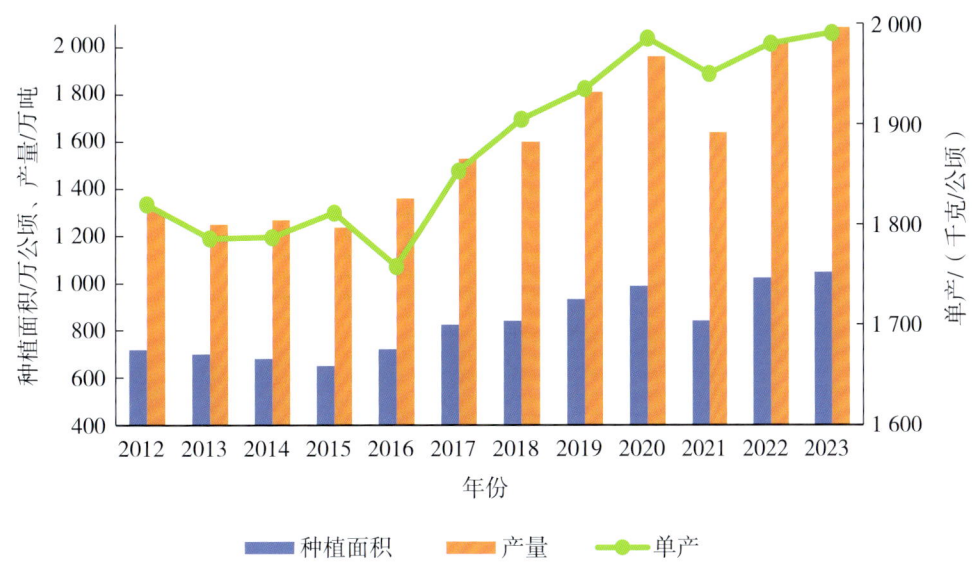

图6-1　2012—2023年中国大豆种植面积、单产及产量

（数据来源：国家统计局）

1.1.2　消费稳中略增

2023年，国内大豆消费量11 176万吨，比上年增加221万吨，增长2.0%。从结构上看，大豆主要用于压榨，占比达84.7%，食用消费占比11.9%，种子用量、大豆膨化加工用量、损耗及其他用量合计占3.4%。2023年，国内生猪存栏量持续在正常保有量以上，增加了饲料消费，进而刺激了蛋白粕需求；但受农业农村部实施饲用豆粕减量替代行动、生猪养殖收益持续下滑等影响，豆粕等饲料粮消费持续压减，大豆压榨量9 380万吨，比上年增长2.2%；沿海省份大豆加工企业压榨量占全国压榨总量的63.2%，企业大量加工进口大豆，进一步削弱了国产大豆和内陆压榨企业的竞争力。食用消费方面，中国是世界豆制品的最大生产国和消费国，有着深厚的群众基础，消费增长刚性较强，但由于2023年其他农产品价格低位运行，替代性增强，豆制品的消费恢复不及预期，全年消费1 320万吨，比上年增长1.5%；种子用量86万吨，比上年增长2.4%；大豆膨化加工及损耗量290万吨，与上年相比基本持平。

1.1.3　进口量继续增加

受国内压榨需求增加、豆粕价格高位运行影响，2023年中国大豆进口止降回升，但未超过1亿吨历史最高水平。据海关总署数据，2023年中国进口大豆9 941万吨，比上年增加1 019万吨，增长11.4%（图6-2）；进口额597.6亿美元，与上年相比增长4.8%。其中，进口转基因大豆9 771万吨，占比98.3%。从进口来源看，2023年中国进口大豆主要来源国排名依然是巴西（6 995万吨）、美国（2 417

万吨)、阿根廷(199万吨)、加拿大(147万吨)、俄罗斯(129万吨)和乌克兰(4.9万吨),但进口占比发生了变化,巴西进口大豆的比例从61%增加至70.4%,美国进口占比从31.2%降至24.3%,阿根廷进口占比从3.9%降至2%,加拿大、俄罗斯和乌克兰进口占比均有所下降。2023年中国大豆出口量7万吨,与上年相比下降5万吨;出口额0.86亿美元;主要出口日本、韩国等国家。

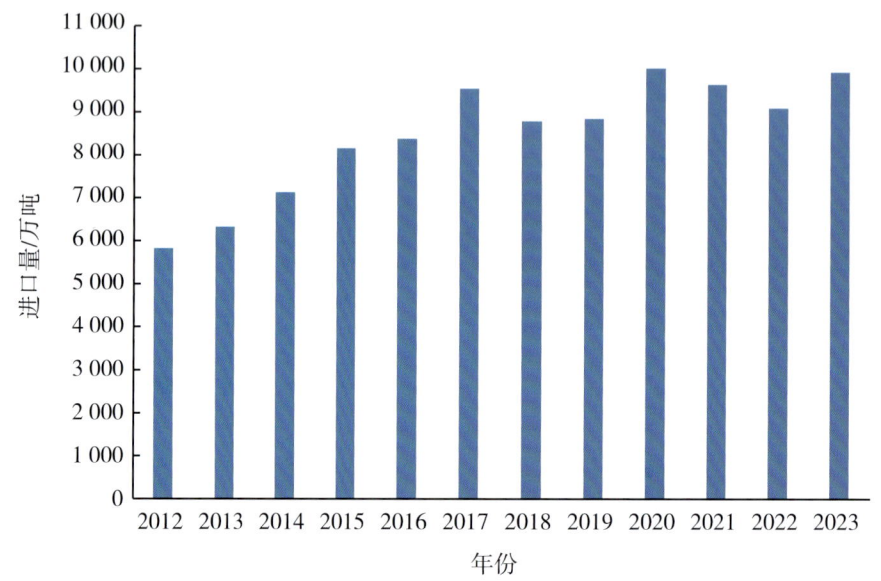

图6-2　2012—2023年中国大豆进口量

(数据来源:海关总署)

1.1.4　价格持续下跌

2023年国际大豆期货价格呈震荡下行走势,美国芝加哥期货交易所(CBOT)大豆期货主力合约收盘均价每蒲式耳1 402美分(515.2美元/吨),比上年跌7.1%。2023年在全球大豆供给宽松格局下,国际大豆价格受到天气变化、地缘政治等外部因素影响呈震荡下行走势。受国际大豆价格下跌影响,进口大豆到港成本(山东日照港口进口大豆到岸税后价)5.12元/千克,比上年跌2.1%(图6-3)。

2023年国产大豆产区价格和销区价格均呈下降走势。其中,黑龙江产区全年均价5.16元/千克,比上年跌14.6%,产区月度价格同比降幅均超过10%;山东销区入厂全年均价5.82元/千克,比上年跌10%,销区月度价格同比降幅超过6%。国产大豆价格持续走低的直接原因是受大豆产量、进口"双增"、需求恢复偏弱、进口价格持续下跌影响,根本原因在于国产大豆产业链竞争力有待提升,大豆单产明显低于国际水平导致种植经济效益不佳,收购价格明显高于进口大豆到港成本。由于进口大豆到港具有加工规模优势和价格优势,企业多选择进口大豆压榨豆油和豆粕,而国产大豆主要用于食用消费和蛋白加工，与压榨用量相比体量小，国产大豆下游需求亟待拓展。

图6-3　2017—2023年国产大豆产销区月度价格

（数据来源：国家粮油信息中心）

1.2　未来10年市场走势判断

1.2.1　总体判断

未来10年，中国大豆产能将持续提高，消费需求增速放缓，消费结构不断优化，进口下降。生产方面，展望期内播种面积呈增长趋势，单产和品质大幅提升，产量不断增加，自给率逐年提升；消费方面，受生猪产能去化影响和豆粕减量替代方案深入推进，大豆饲用消费呈下降趋势，食用消费稳步增加，消费量稳中略增；贸易方面，随着国产大豆产能不断提升，消费增速放缓，大豆进口量相应减少，出口量相对稳定。预计2024年中国大豆产量2 159万吨，比上年增长3.6%；消费量11 061万吨，比上年下降0.1%；进口量9 172万吨，比上年下降7.7%；与2023年相比，国产大豆价格基本持平。预计2028年中国大豆产量2 949万吨，与基期相比增长53.8%；消费量11 201万吨，与基期相比增长1.6%；进口量8 173万吨，与基期相比下降14.6%。预计2033年国产大豆产量和消费量分别达3 568万吨和11 329万吨，较基期分别增长86.1%和2.8%，进口量7 869万吨，较基期下降17.8%。

1.2.2　生产展望

播种面积稳定增加。2024年中央一号文件指出"巩固大豆扩种成果，支持发展高油高产品种"。预计2024年中国大豆播种面积15 644万亩（1 043万公顷），与上年相比基本持平。展望期内，在生产补贴等政策支持下，大豆种植综合效益和竞争力不断提高，大豆播种面积将稳步增加，预计2028年大豆面积将增至17 563万亩（1 171万公顷），较基期增长20.7%。展望后期，随着我国深入实施国家大豆和油料产能提升工程，大豆种植支持政策持续发力，大豆种植面积稳中有增。预计2033年大豆播种面积将增至18 447万亩（1 230万公顷），较基期增长26.7%，年均增长2.4%（图6-4）。

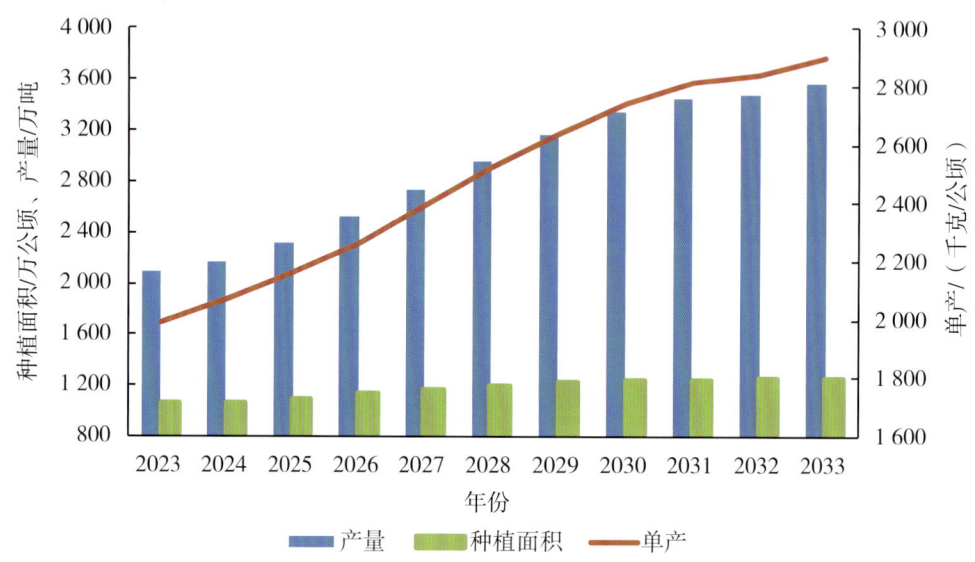

图6-4 2023—2033年中国大豆播种面积、单产及产量

（数据来源：2024—2033年数据为中国农业科学院农业信息研究所CAMES模型系统预测）

单产大幅提升。2024年是大豆大面积单产提升行动的第二年，各地将继续聚焦"良田、良种、良法、良机、良制"，多措并举，合力推进大豆单产提升，预计大豆单产138千克/亩（2 070千克/公顷），比上年增4.0%；展望期内，随着高产高油大豆品种大面积普及，高产高效技术集成推广，农业社会化服务能力不断增强，农机化作业能力不断提升，国内大豆单产水平还将大幅提升，预计2028年大豆单产增至168千克/亩（2 518千克/公顷）；2033年增至193千克/亩（2 901千克/公顷），较基期增长47.0%，较2023年增长45.8%，未来10年，大豆单产年均增长率3.9%（图6-4）。

产量明显增长。展望期内，鉴于大豆面积稳定增加和单产大幅提升，产量将有明显增长，自给率不断提升。预计2024年大豆产量为2 159万吨，比上年增加75万吨，增长3.6%；2028年大豆产量2 949万吨，与基期相比增长53.8%；2033年大豆产量增至3 568万吨，较基期增长86.1%，未来10年，大豆产量年均增速6.4%。随着国产大豆产量增加，展望期末，中国大豆自给率达到30%以上（图6-4）。

1.2.3 消费展望

消费量持平略增。展望期内，受食用大豆消费增加和饲用需求保持高位影响，大豆消费量稳中略增。2024年，预计中国大豆消费量11 061万吨，比上年下降0.1%；到2028年大豆消费量增至11 201万吨，与基期相比增加178万吨，增长1.6%；展望期末，2033年大豆消费量增至11 329万吨，与基期相比增加306万吨，增长2.8%，与2023年相比增加253万吨，增长2.3%，未来10年，年均增速0.3%（图6-5）。

压榨量稳中有降。展望期内，受人口总量逐渐减少、人口老龄化进程加快影响，居民猪肉消费呈现稳中趋降态势，叠加国家对生猪产能的持续调控及饲用豆粕减量替代行动的深入实施，用于生猪养殖的饲用豆粕消费将不断下降；但畜禽水产规模化养殖和高附加值的大豆蛋白制品加工将提升豆粕需求，限制豆粕消费减幅，预计2024年大豆压榨消费量为9 319万吨，比上年下降0.7%，受国产大豆加工奖补政策影响，国产大豆用于压榨有所增加；预计2028年大豆压榨量9 217万吨，与基期相比减少110万吨，下降1.2%；展望期末，2033年大豆消费量减至9 130万吨，较2023年减少250万吨，下降2.7%，较基期减少197万吨，下降2.1%。未来10年，大豆压榨加工消费量年均下降1.2%，与过去10年压榨加工增速2.5%形成鲜明对比（图6-5）。

图6-5　2023—2033年中国大豆消费量及消费结构

（数据来源：2024—2033年数据为中国农业科学院农业信息研究所CAMES模型系统预测）

食用消费量稳步增加。大豆营养丰富且易于消化，可被加工成豆腐、豆浆、豆干、酱油等豆制品，为国人广泛食用。未来，随着居民健康意识不断提高，"减油增豆"被广泛接受，预计大豆制品在饮食中的占比不断提升，有望拉动豆制品消费总量平稳增长。预计2024年中国大豆食用及食用加工消费1 353万吨，与上年相比增长2.5%；2028年中国食用大豆消费量增至1 542万吨，比基期增长17.7%；展望期末，2033年中国大豆食用消费量增至1 699万吨，比2023年增长28.7%，比基期增长29.6%。未来10年，中国大豆食用消费年均增速2.6%（图6-5）。

种子用量稳中略增。展望期内，随着播种面积增加，大豆种子用量不断增长，但用种技术的进步和大豆品种的改良提升了单位面积用种效率。预计2024年大豆种用消费量为87万吨，2028年为92万吨，2033年为97万吨（图6-5）。

损耗及其他消费量保持稳定。展望期内，随着收储、加工等环节技术的不断改进，大豆膨化加工等其他消费及损耗用量呈稳中略增走势，预计2024年大豆损耗及其他消费量为302万吨，2028年增至350万吨，2033年增至403万吨（图6-5）。

1.2.4 贸易展望

进口高位下降。展望期内，进口大豆仍然是满足国内饲用消费的主要来源，巴西和美国仍将是中国大豆进口的主要国家，且进口量保持较高水平。但受国内饲用加工消费不断下降、国产大豆产能持续提升，大豆自给率不断提高的影响，大豆进口将呈下降趋势，预计2024年中国大豆进口量9 172万吨，比上年下降7.7%；2028年中国大豆进口量降至8 173万吨，与基期相比减少1 394万吨，下降14.6%；展望期末，2033年中国大豆进口减至7 869万吨，比2023年下降20.8%，与基期相比减少1 698万吨，下降17.8%。未来10年，中国大豆进口量逐年减少，年均下降1.9%（图6-6）。

出口稳中略增。日、韩和东南亚等国家和地区对中国的高蛋白大豆需求增长将提升国产大豆出口潜力。预计2024年中国大豆出口量12万吨，比上年略有增长；2028年和2033年出口量分别为22万吨和38万吨（图6-6）。

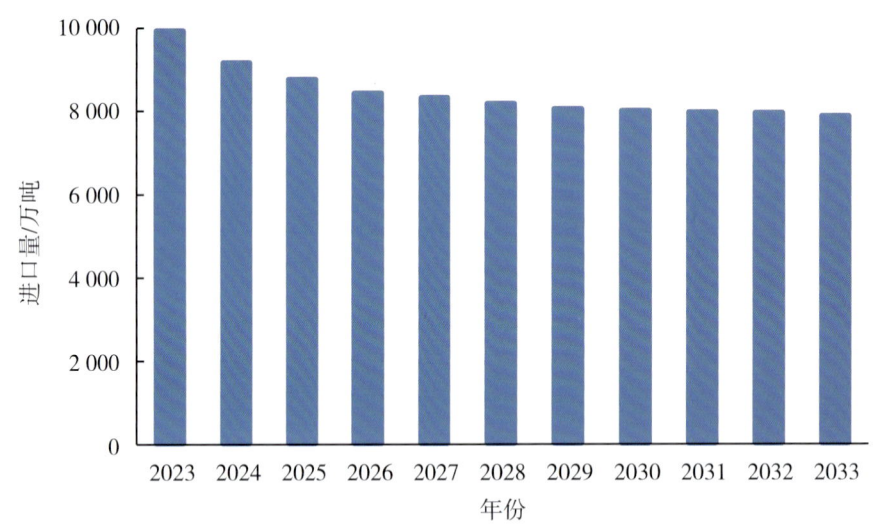

图6-6　2023—2033年中国大豆进口量

（数据来源：2024—2033年数据为中国农业科学院农业信息研究所CAMES模型系统预测）

1.2.5 价格展望

展望期内,全球经济有望保持温和上涨态势,大豆主产国巴西、美国和阿根廷等产量预计增加,油脂、蛋白饲料和植物蛋白的需求预计稳中有增,全球大豆消费将保持增加态势。国际方面,2024年,全球大豆供给较为宽松,美国农业部(USDA)2024年3月预测全球大豆产量3.98亿吨,全球大豆消费量3.83亿吨,库存处于高位,库存消费比例30.3%,处于较高水平;供大于需的预期促使国际大豆价格将呈下降走势,但受需求支撑、主产国天气等因素影响预计高位震荡运行,大幅下跌可能性不大。展望后期,全球大豆面积保持稳定,国际大豆价格将更多地受主产国大豆生长期天气、汇率变动、贸易政策变化的影响而波动。国内方面,展望2024年,国产大豆连续两年丰产,加之进口大豆增加,储备轮换大豆充足,导致需求主体对价格敏感,随用随采,加上国内大豆产量预计继续增加,将抑制国产大豆价格上涨,但考虑农民种植大豆的成本和保持大豆种植的积极性,国产大豆价格不会出现大幅下跌,预计稳中偏弱运行。展望后期,随着国内豆制品和优质蛋白产量需求增长,优质大豆需求强劲,预计大豆价格将稳中有升。

1.3 不确定性分析

1.3.1 气候因素

国家气候中心预测,2024年受厄尔尼诺气候影响,国内多地或将出现较为密集的降雨天气,将在一定程度上加剧一些地区出现暴雨洪涝风险;粮食主产区或将面临旱涝两极分化,给部分地区带来春旱风险;全球部分地区或将面临更多的极端天气,对全球农业生产影响较大。展望期内,全球气候的改变,尤其是早霜、干旱、低温、冰冻、洪涝等灾害都将给大豆主产国和国内大豆主产区生产带来一定的不确定性,进而影响国内外大豆供应和价格。

1.3.2 政策因素

2023年中央一号文件提出"加力扩种大豆油料。深入推进大豆和油料产能提升工程。扎实推进大豆玉米带状复合种植,支持东北、黄淮海地区开展粮豆轮作,稳步开发利用盐碱地种植大豆。完善玉米大豆生产者补贴,实施好大豆完全成本保险和种植收入保险试点""深入实施饲用豆粕减量替代行动"。2023年中央农村工作会议提出"巩固大豆扩种成果"。2024年中央一号文件提出"巩固大豆扩种成果,支持发展高油高产品种"。展望期内,政策的稳定性和持续性将有助于国产大豆不断发展,但政策的实际效果对大豆产业的发展具有一定的不确定性。

1.3.3 国际因素

大豆作为全球贸易量较大的农产品,是国际资本重点关注的农产品,极易受货币政策、汇率变动、物流条件、地缘政治等因素影响。2024年世界经济还处于中低速增长恢复期，贸易下行风险犹存，展望后期，全球经济因大国博弈升级而面临改革和重塑，保护主义和单边主义盛行也将阻碍经济全球化进程，政治将成为阻碍国际经贸关系的重要影响因素，中国作为大豆进口最大的国家，进口保障具有一定的不确定性。

1.3.4 其他因素

2021年国家启动转基因玉米大豆产业化试点工作，2023年14个转基因大豆品种获审定通过，首批转基因大豆种子生产经营许可证批准发放，转基因商业化进程正在加速。展望期内，低碳经济将成为全球经济可持续发展的必然选择，全球可再生能源需求增长可能增加大豆用于生物柴油中的数量。此外，大豆的育种创新与推广、转基因技术研发、重大动物疫病、突发公共卫生事件等因素都将改变国内外大豆市场供需格局和价格走势。

2 食用油籽和食用植物油[①]

油料是食用油和工业原料的重要来源，在人类生活和工业生产中具有重要地位，是关系国计民生的战略农产品。我国是食用油籽和植物油消费大国。2023年，中国油料[②]种植面积20 880万亩（1 392万公顷），比上年增长5.9%，产量3 864万吨，比上年增长5.7%，食用油籽消费量[③]1.76亿吨，进口量11 108万吨，创历史新高。未来10年，中国油料产量继续保持稳中有增。预计2024年油料产量3 918万吨，比上年增长1.4%；2028年油料产量4 240万吨，年均增长1.3%（基期为2021—2023年3年平均值，下同）；2033年油料产量4 639万吨，年均增长2.3%。

2023年，食用植物油产量3 039万吨，比上年增长13.1%，主要是由于国内油料产量和进口食用油籽数量均增加；食用植物油消费量[④]3 686万吨，比上年增长1.4%，其中食用消费量3 441万吨，比上年增长0.5%，人均消费量24.41千克；进口量981万吨，比上年增长51.4%；受原料价格走势分化、国内外油脂供给充裕、国际油脂价格下跌带动，国内食用植物油价格下跌。未来10年，中国食用植物油消费量稳中略增。预计2024年产量、消费量和进口量分别为2 903万吨、3 686万吨和850万吨，比上年下降4.5%、持平和下降13.4%；2028年产量、消费量和进口量分别为2 937万吨、3 693万吨和788万吨，年均增长0.5%、0.2%和下降2.3%；2033年产量、消费量和

---

① 本文不包含木本油籽、木本油脂。
② 未含大豆和木本油料，与统计部门口径相同，下同。
③ 食用油籽消费量为食用消费、榨油消费的数量总和，包含大豆，未包含木本油籽，下同。
④ 食用植物油消费量包括居民食用消费、饲料掺兑用油、工业用油、损耗和浪费等，不同于居民食用植物油摄入量。

进口量分别为3 014万吨、3 702万吨和706万吨，年均增长0.5%、0.1%和下降2.2%。

2.1 2023年市场形势回顾

2.1.1 油料种植面积和产量持续增长

种植面积增加。2023年，国家和地方政府深入推进大豆和油料产能提升工程，多措并举发展油菜、花生等油料作物生产，取得显著成效。油料种植面积迈上2亿亩（1 333万公顷）台阶，达到20 880万亩（1 392万公顷），比上年增长5.9%，油菜、花生播种面积均增加。其中，油菜种植面积为11 537万亩（769万公顷），比上年增长6.0%；花生种植面积为7 601万亩（507万公顷），比上年增长8.2%（图6-7）。

单产略减。2023年，油料平均单产为185千克/亩（2 776千克/公顷），比上年下降0.2%。其中，油菜籽单产为141千克/亩（2 116千克/公顷），花生单产为268千克/亩（4 017千克/公顷）（图6-7）。

产量增加。2023年，油料总产量为3 864万吨，比上年增长5.7%，是近10年来增幅最大的一年。其中，油菜籽产量为1 627万吨，比上年增长4.8%；花生产量为1 983万吨，比上年增长8.2%（图6-7）。

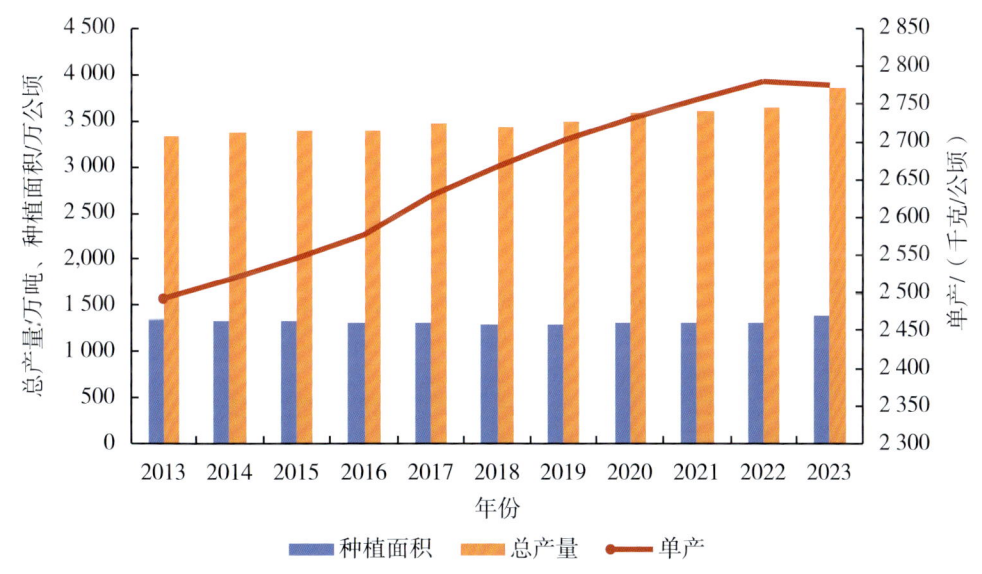

图6-7　2013—2023年中国油料种植面积、总产量和单产

（数据来源：《中国统计年鉴（2023）》，2023年数据为估计数）

2.1.2 食用植物油供给[①]大幅增加

食用植物油供给比上年大幅增加。2023年，中国国产食用油籽压榨量4 073

---

① 食用植物油供给包括国产油籽压榨植物油、进口油籽压榨植物油、进口食用植物油。

万吨，产油1 135万吨，比上年增长8.0%；进口大豆、油菜籽、油葵籽、亚麻籽等食用油籽压榨产油1 904万吨，比上年增长16.5%，占2023年食用植物油供给总量的47.2%，占比减少2.0个百分点。

食用植物油自给率总体比上年持平略增。国产油籽压榨产油较上年明显增加，进口油籽和食用植物油除满足消费增加外，也大量补充了植物油商业库存。从供给结构看，食用植物油新增供给中，豆油占43.6%，较上年降低3.3个百分点；菜籽油占24.4%，提高6.5个百分点；花生油占10.5%，降低0.2个百分点；三大类食用植物油新增供给占食用植物油总量比例合计达78.5%，比上年增加3.0个百分点。

2.1.3 食用植物油消费结构持续优化

食用植物油消费增速继续放缓。2023年，中国食用植物油消费量3 686万吨，比上年增长1.4%。其中，居民食用消费量3 441万吨，比上年增长0.5%，人均消费量24.41千克，比上年增加0.15千克，增长0.6%；饲料添加消费比上年增加35万吨，增长16.7%。从品种结构看，豆油仍是中国居民消费最多的品种，约占食用植物油消费总量的46.3%，比上年下降2.2个百分点；菜籽油约占24.9%，比上年提高4.1个百分点；花生油约占10.4%，比上年提高0.2个百分点；棕榈油约占10.3%，比上年下降0.1个百分点。上述四大类食用植物油占总消费量比例合计为91.8%，比上年增加1.9个百分点，豆油、棕榈油占比下降，菜籽油占比提高；同时，随着城乡居民食物消费升级和营养健康意识增强，食用植物油消费结构进一步优化，亚麻籽油、芝麻油、山茶油等小宗特色油脂消费逐渐增加，品种多样化特征日趋突出。

2.1.4 食用油籽和植物油进口较上年增加

食用油籽进口量明显增加。2023年，进口食用油籽（含大豆）10 875万吨，比上年增长13.1%；进口额668.5亿美元，比上年增长1.4%。其中，进口大豆9 941万吨，比上年增长9.1%；进口油菜籽549.1万吨，比上年增长1.8倍；进口花生66.1万吨，下降0.5%。进口量增加主要原因是国际油籽价格下跌，国内外价差明显带动进口油籽压榨效益提高，增加了进口需求。大宗油料进口大幅增加的同时，特色油料进口总体增加，不同品种增减分化。芝麻进口91.3万吨，比上年下降14.8%；亚麻籽、葵花籽进口量分别为122.0万吨和28.0万吨，比上年分别增长98.1%和43.3%。

食用植物油进口大幅增加。2023年，中国进口食用植物油981万吨，比上年增长51.4%；进口额104.3亿美元，比上年增长16.3%。进口增加原因主要是国际食用植物油价格下跌以及国内消费恢复和补库需求拉动。其中，可食用棕榈油（不含棕榈硬脂）进口量最大，2023年进口量为433.2万吨，比上年增长27.2%；菜籽油进口235.9万吨，比上年增长122.3%；葵花籽油进口152.1万吨，比上年增长151.4%；豆油进口39.9万吨，比上年增长16.2%；花生油进口24.8万吨，比上年增长7.4%；亚麻籽油进口2.4万吨，比上年下降10.0%。

2.1.5　食用油籽价格走势分化、植物油价格下跌

食用油籽市场价格涨跌分化。2023年，受进口油菜籽增加影响，国内油菜籽供应宽松，价格下跌；全年气象条件总体利于花生生长，国产花生品质明显好于上年，价格上涨。据农业农村部监测数据，油菜籽全年收购均价6.4元/千克，比上年跌2.4%；花生全年收购均价9.3元/千克，比上年涨9.1%。

食用植物油价格比上年下跌。全球食用植物油库存处于高位，供给总体宽松，库存消费比提高，加之国际原油价格震荡走低，国际价格下跌，国内外市场保持高度联动性，豆油、菜籽油、棕榈油价格相关系数高达90%，带动国内食用植物油价格整体下跌。2023年，主产地植物油出厂价不同程度下跌，其中湖北三级菜籽油[①]出厂价较上年跌28.3%，山东一级花生油[②]出厂价较上年跌3.6%，山东三级豆油[③]出厂价比上年跌20.9%，天津24度棕榈油到港价[④]比上年跌31.8%。

2.2　未来10年市场走势判断
2.2.1　总体判断

油料生产持续小幅增长。预计2024年中国油料达到3 918万吨，比上年增长1.4%。其中，油菜、花生种植面积和产量继续增加，山茶油、橄榄油等特色油料种植规模和产量继续增加。展望未来10年，品种改良将带动单产增长，加之土壤、水资源有效利用率提升及良种良法、农机农艺等集成应用，部分省区积极落实木本油料产业发展战略，预计中国油料种植面积将稳步增加，产量大幅提高。预计2028年油料产量4 240万吨，比基期增长14.3%；2033年油料产量4 639万吨，比基期增长25.0%，年均增速2.3%。

消费结构进一步优化。未来10年，人口总量预期减少，城镇化率稳步提高，健康中国系列规划深入推进，城乡居民健康素养将稳步提高，预计植物油居民食用消费量稳中微降；由于动物性产品生产增长，带动饲用消费量继续增加，食用植物油总消费量预计稳中有增。预计2024年食用植物油消费量3 686万吨，与上年持平；2028年消费量3 693万吨，比基期增长0.9%；2033年消费量3 702万吨，比基期增长1.1%，其中，居民食用消费量3 403万吨，比基期下降1.4%。未来10年，预计国内

---
① 湖北三级菜籽油指湖北省菜籽油厂生产的国标三级菜籽油，等级制定根据精炼程度划分，具体参见《菜籽油（含第1号修改单）》（GB/T 1536—2021）。
② 山东一级花生油指山东省花生油厂生产的国标一级花生油，等级制定根据精炼程度划分，具体参见《花生油（含第1号修改单）》（GB/T 1534—2017）。
③ 山东三级豆油指山东省豆油厂生产的国标三级豆油，等级制定根据精炼程度划分，具体参见《大豆油（含第1号修改单）》（GB/T 1535—2017）。
④ 天津24度棕榈油到港价是指到达天津港口的24度以上融化不沉淀结冻的毛棕榈油。

食用植物油消费量年均增速0.11%，低于过去10年2.6%的年均增长率，其中，居民食用消费年均增速-0.14%。

进口量减少。未来10年，中国将继续通过国际市场调剂余缺，不断优化食用植物油供给结构，满足国内油脂消费需求；同时深入实施大豆和油料产能提升工程，稳步提升国内油料产量，逐步提高自给率。预计2028年和2033年食用油籽进口量为9 078万吨和8 735万吨，进口量逐年减少，其中大豆进口量明显减少；同期，食用植物油进口量分别降至788万吨和706万吨。

2.2.2 生产展望

种植面积持续增加。未来一个时期，中国将稳步推进大豆和油料产能提升工程，通过开发利用南方冬闲田扩种冬油菜，合理轮作发展北方春油菜。在黄淮海和北方地区轮作倒茬扩种花生，因地制宜发展油葵、芝麻等特色油料生产；在湖北、湖南、广东、甘肃、新疆等地拓展油茶树、文冠果、油橄榄、核桃等木本油料生产，多措并举发展油料生产，油料作物播种面积将持续增加，油料生产区域布局将进一步优化，推动多元化油料供给体系建设。2024年中央一号文件提出扩大油菜种植面积，支持发展油茶等特色油料，油料播种面积将继续增加，预计达到21 100万亩（1 407万公顷）。其中，受油料扩种政策鼓励等因素影响，油菜播种面积持续增加，预计将达到11 900万亩（793万公顷），比上年增长3.2%；花生种植面积稳中有增，预计将达到7 609万亩（507万公顷），较上年增长0.1%。展望中后期，中国油料播种面积将继续增加。预计2028年油菜和花生种植面积将分别为12 426万亩（828万公顷）和7 621万亩（508万公顷），比基期分别增长13.3%和4.9%；2033年分别为12 926万亩（862万公顷）和7 628万亩（509万公顷），比基期分别增长17.8%和5.0%，年均增长1.7%和0.5%。

单产稳步增长。2024年，农业农村部启动实施油菜大面积单产提升三年行动，在油菜主产县整建制集成应用单产提升关键技术，将为提升油菜单产奠定坚实基础。未来10年，高标准农田建设稳步推进，丘陵山区农机装备研发有望取得突破，宜机化高产高油品种选育推广进一步提速，良种良法配套、农机农艺融合进一步提升，有助于将油料单产提升到更高水平。预计2024年油菜籽和花生单产将分别达到143千克/亩（2 147千克/公顷）和261千克/亩（3 916千克/公顷）；2028年将分别达到156千克/亩（2 340千克/公顷）和262千克/亩（3 925千克/公顷）；2033年将分别达到176千克/亩（2 640千克/公顷）和262千克/亩（3 925千克/公顷），比基期分别增长24.5%和1.2%，年均增长率分别为2.2%和0.1%。

产量大幅增加。得益于种植面积和单产水平持续稳定提升、农业生产抵御自然灾害等风险能力显著增强，预计2024年中国油料产量将达到3 918万吨，其中，油菜籽和花生产量将分别为1 703万吨和1 987万吨，比上年分别增长4.7%和0.2%；2028

年油料产量将达到4 240万吨左右,其中,油菜籽、花生产量分别为1 938万吨和1 994万吨;2033年油料产量将达到4 639万吨,比基期增长25.0%,其中,油菜籽、花生产量将分别达到2 275万吨和1 996万吨,比基期分别增长46.7%和9.6%,年均增长3.9%和0.9%。

2.2.3 消费展望

2024年初,食用油籽和植物油库存均已恢复到正常水平,对进一步补充库存的需求较弱,加之居民消费结构不断优化,预计对油籽进口需求以及油籽的榨油消费均大幅回落,带动2024年食用油籽消费量减少至1.70亿吨,比上年下降2.8%,其中,油菜籽和花生的消费量比上年分别增长0.8%和下降2.3%。未来10年,在经济结构逐步优化、居民消费结构不断升级以及健康消费意识不断增强的背景下,中国油籽消费增速放缓。预计2028年食用油籽消费量1.71亿吨,比基期减少2.2%;2033年食用油籽消费量1.77亿吨,比基期增长1.4%,年均增速0.1%;其中,油菜籽、花生消费量年均增速分别为3.7%、0.4%。2033年,国产油籽占食用油籽消费总量的比例预计为50.8%(图6-8)。

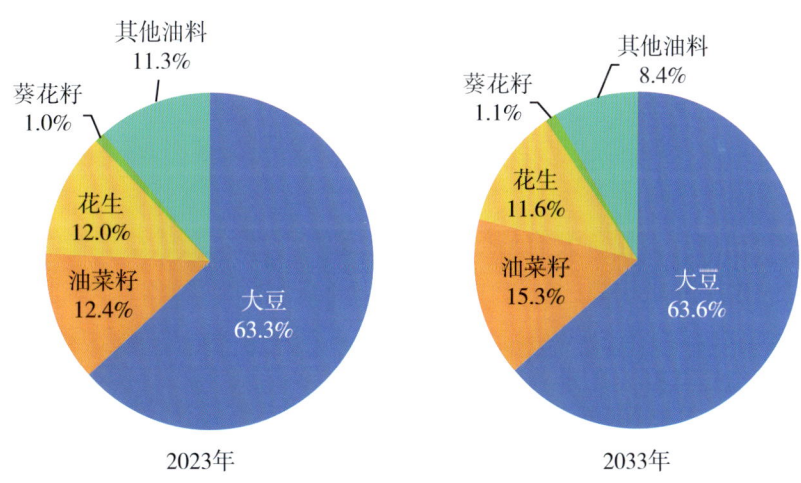

图6-8　2023年和2033年食用油籽消费结构

食用植物油消费增速放缓、结构优化。国家深入实施健康中国战略,出台系列营养健康规划,发布实施《中华人民共和国反食品浪费法》,农业农村部、国家卫生健康委等部门积极推进节粮减损,加大科普宣传力度,引导食用植物油科学消费,有利于促进全社会形成更加崇尚科学合理膳食、绿色低碳消费的良好氛围,预计居民食用植物油人均消费量缓慢下降并逐步趋于稳定,食用植物油消费量增速将进一步放缓,结构逐步优化。预计2024年国内食用植物油消费量3 686万吨,与上年持平;2028年食用植物油消费量3 693万吨,比基期增长0.9%;2033年食用植物油消费量3 702万吨,比基期增长1.1%,年均增长率0.11%。从消费品种看,菜籽油占食用植物油消费比例比基期增加5.1个百分点，豆油、棕榈油、花生油比例分别下降1.9个百分点、1.4个百分点和0.2个百分点，其他小品类植物油减少1.6个百分点。

2.2.4 贸易展望

未来10年，中国将继续利用国际市场资源，满足国内消费升级和差异化消费需求。预计油料进口规模稳中有减，进口来源多元化特征更加明显，产业链、供应链韧性进一步提高，油脂供给保障能力持续增强。2024年，受国内油籽产量增加影响，预计食用油籽进口量10 098万吨，比上年略减。其中，油菜籽进口量500万吨，与上年相比下降8.9%；花生进口量66万吨，与上年相比基本持平；其他特色油籽进口量360万吨。食用植物油进口量850万吨，棕榈油、葵花籽油进口预计恢复性增加。预计2028年食用油籽进口量约9 078万吨，食用植物油进口量降至788万吨；2033年，食用油籽进口量约8 735万吨，食用植物油进口量706万吨。

2.2.5 价格展望

近年来，全球油料油脂持续增产，库存处于高位，供给总体宽松，加之受全球经济增速放缓、消费偏弱以及地缘政治、经济冲突等因素综合影响，2024年国际油料油脂价格仍将面临下行压力，国内外市场仍将保持较强联动性，预计国内油料油脂价格偏弱运行。未来10年，国产油籽和食用植物油自给率稳步提升，期现货市场功能不断完善，供应链韧性和生产效率不断提高，价格受国内成本和供需影响越来越大，预计总体稳中略降。

油菜籽。2024年，加拿大油菜籽产量预计小幅增加，全球油菜籽供给保持宽松格局，且国内生产成本较高，预计国内油菜籽价格保持平稳运行。未来10年，油菜籽种植面积稳步提升，科技进步带动单产稳步提高、全产业链综合开发利用能力不断增强，油菜籽和菜籽油的自给率将大幅提升，同时受生产成本和健康消费需求支撑，国产油菜籽价格预计稳中走高。

花生。花生作为油用食用兼用品种，具有稳定的市场需求和广阔的市场前景。2024年花生播种面积稳中略增，价格预计保持平稳运行。未来10年，中国花生产业将向着高品质、高效率、高附加值的方向发展，预计花生市场价格以稳为主，波动幅度收窄。

特色油料。2024年，芝麻、胡麻籽受国际市场供需形势和价格波动影响较大，预计价格略有下跌。食用葵花籽价格受气候、产量和品质影响较大，预计高位波动；油用葵花籽价格受油脂供给增加影响，弱势运行。未来10年，特色油料价格受国内外供需形势和贸易规模影响，保持小幅波动。

2.3 不确定性分析

未来10年，气候、国际地缘政治和生物质能源政策等因素，将对中国食用油籽和植物油供需及价格走势造成不确定性影响。

2.3.1 极端气候因素

全球极端天气频发对多数油料油脂产品生产具有较大影响。受厄尔尼诺现象影响，2024年全球气候将继续呈现复杂多变的态势。全球气候变暖背景下，近年来，我国极端天气呈发生数量大、影响区域广、极端性强度增大、屡创历史纪录、无前兆突发性事件增多的趋势。据中国气象局预测，2024年我国气候状况总体偏差，极端气候事件偏多，夏季我国东部降水总体偏多，涝重于旱，区域性和阶段性洪涝灾害明显。极端气候的发生频次、影响区域存在较大的不确定性，是影响全球油料生产最重要的不确定因素。

2.3.2 国际环境因素

全球主要国家、区域间地缘政治冲突，如乌克兰危机、红海危机等，对主要油料油脂产品供应链和供需形势、价格走势将产生较大影响。同时，为保障国内农产品供给安全和产业发展，部分主产国频繁调整贸易政策。如印度尼西亚政府2024年继续实施棕榈油出口许可证制度、出口商实施国内市场义务（DMO）规定等政策，将会对全球棕榈油贸易和价格产生较大影响。未来国际环境面临较大的不确定性，将继续对全球油料油脂市场造成影响。

2.3.3 生物柴油产业发展

生物柴油作为典型的"绿色能源"，具有环保性能好、燃料性能好、原料来源广泛、可再生等特点。近年来，全球各国基于本国国情制定生物质能源开发支持政策，助力碳达峰碳中和目标实现，预计生物柴油产业快速发展。植物油是生物柴油最主要的制备原料，欧盟以菜籽油为主，美洲以大豆油为主，东南亚以棕榈油为主。生物柴油发展受生物质能源政策、原油价格、加工技术等多方面因素影响，进而对全球植物油供需形势和价格产生不确定性影响。

参考文献

陈永忠，2023.我国油茶科技进展与未来核心技术［J］.中南林业科技大学学报，43（7）：1-22.

国家统计局.国家统计局关于2023年粮食产量的公告［EB/OL］.（2023-12-11）［2024-03-06］.https://www.stats.gov.cn/sj/zxfb/202312/t20231211_1945417.html.

国家统计局.中华人民共和国2023年国民经济和社会发展统计公报［EB/OL］.（2024-02-29）［2024-03-

06］. https://www.stats.gov.cn/sj/zxfb/202402/t20240228_1947915.html.

农业农村部. 大豆产量连续两年创新高［EB/OL］.（2023-12-15）［2024-01-03］. http://www.moa.gov.cn/xw/zwdt/202312/t20231215_6442903.htm.

农业农村部. 农业农村部部署大豆大面积单产提升工作［EB/OL］.（2023-05-11）［2023-08-10］. http://www.moa.gov.cn/ztzl/ddymdzfhjs/gzbs_29062/202305/t20230511_6430077.htm.

农业农村部. 如何确保今年粮食产量在1.3万亿斤以上［EB/OL］.（2024-01-08）［2024-02-01］. http://www.moa.gov.cn/ztzl/ymksn/rmrbbd/202401/t20240108_6445156.htm.

乔永辉，宋斌，刘鹏，等，2023. 推动我国特色油料油脂产业高质量发展的对策与路径［J］. 中国食物与营养，29（11）：37-40，66.

王柄淇，王永强，2023. 中国油料油脂进口依赖性风险分析及进口多元化策略［J］. 中国油脂，48（10）：101-108，121.

严茂林，施文华，周晓亮，等，2023. 基于进口视角的我国主要植物油料油脂产业安全研究［J］. 中国油料作物学报，45（4）：643-653.

严茂林，施文华，周晓亮，等，2023. 全球棕榈油贸易格局演变及政策启示［J］. 中国油脂，48（10）：93-100.

张兴赢. 预计2024年我国气候状况总体偏差，极端天气偏多［N］. 每日经济新闻，2024-03-02.

中共中央，国务院. 中共中央　国务院关于学习运用"千村示范、万村整治"工程经验有力有效推进乡村全面振兴的意见［R/OL］.（2024-01-01）［2024-02-03］. https://www.gov.cn/zhengce/202402/content_6929934.htm.

中国营养学会，2022. 中国居民膳食指南（2022）［M］. 北京：人民卫生出版社.

周慧秋，肖雪，张雯丽，等，2023. 全球食用油料贸易格局演变及其对中国的启示［J］. 中国油脂，48（12）：1-8.

第七章

棉　花

中国是世界棉花生产、消费和贸易大国，棉花产业在国民经济和社会发展中占有重要地位。2023年，棉花种植面积4 182.2万亩（279万公顷），比上年减少7.1%，产量561.8万吨，比上年减少6.1%，进口195.0万吨，比上年增长1.2%；虽然经济复苏，内需总体呈回暖态势，但受海外需求收缩、纺织品服装出口同比下降的影响，2023年中国棉花消费754万吨，比上年减少0.8%。展望期内，棉花种植面积小幅下降，单产稳步提升，产量小幅增加，消费量先增后降，进口呈下降趋势。预计2024年棉花种植面积4 120.2万亩（275万公顷），比上年减少1.5%，单产135.4千克/亩（2 031千克/公顷），比上年增长0.8%，产量557.9万吨，比上年减少0.7%；进口量205万吨，比上年增长5.1%；消费量769.0万吨，比上年增长2.0%。预计2028年棉花种植面积4 031.9万亩（269万公顷），年均下降1.8%（基期为2021—2023年3年平均值，下同），单产142.3千克/亩（2 135千克/公顷），年均增长1.7%，产量573.8万吨，年均下降0.1%；进口量170.6万吨，年均下降3.2%；消费量748.6万吨，年均下降0.6%。预计2033年棉花种植面积4 000.0万亩（267万公顷），年均下降1.0%，单产146.0千克/亩（2 190千克/公顷），年均增长1.1%，产量584万吨，年均增长0.1%；进口量160万吨，年均下降2.2%；消费量735万吨，年均下降0.5%。

1　2023年市场形势回顾

1.1　产量下降

种植面积减少。2023年，中国棉花种植面积4 182.2万亩（279万公顷），比上年减少7.1%（图7-1）。2022年以来，棉花价格有所下降，比较效益偏低，同时各地调整种植结构，棉花种植面积减少较多。2023年，新疆引导次宜棉区改种玉米、大豆等粮食作物，棉花种植面积3 554.0万亩（237万公顷），比上年减少5.1%，占全国棉花种植面积的85.0%，比上年提高1.8个百分点；长江流域棉区种植面积307.0万亩（20万公顷），比上年减少12.8%；黄河流域棉区种植面积285.0万亩（19万公顷），比上年减少21.9%。

单产小幅提升。2023年，棉花单产134.3千克/亩（2 015千克/公顷），比上年增长1.1%（图7-1）。分区域看，新疆春季大部棉区低温多雨，棉花生育进程比上年推迟，夏季持续高温对棉花生长不利，但秋季气象条件利于棉花采收，加之低产棉田逐步调减，单产略有下降，棉花单产143.9千克/亩（2 159千克/公顷），比上年减少0.1%；长江流域棉区2022年持续高温干旱造成棉花减产，2023年农业气象年景正常，实现恢复性增产，棉花单产71.4千克/亩（1 071千克/公顷），比上年增长5.3%；黄河流域棉区总体天气条件与常年相当，植棉管理水平有所提升，推动单产稳中有增，棉花单产83.8千克/亩（1 257千克/公顷），比上年增长1.5%。

产量下降。2023年，全国棉花产量561.8万吨，比上年减少6.1%（图7-1）。其中，新疆棉花产量511.2万吨，比上年减少5.2%，占全国棉花产量的91.0%，比上年提高0.8个百分点；长江流域棉花产量21.9万吨，比上年减少8.1%；黄河流域棉花产量23.9万吨，比上年减少20.7%。

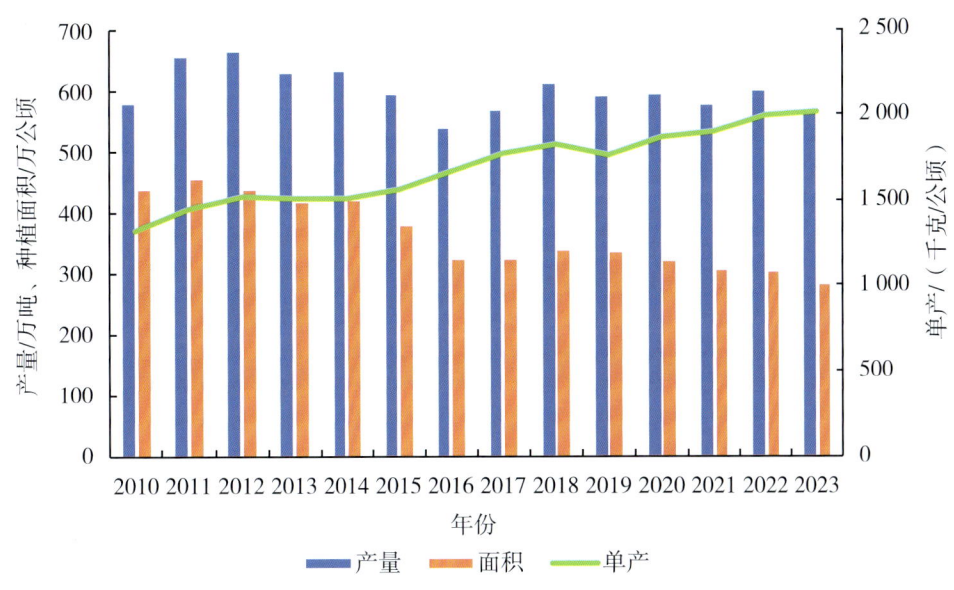

图7-1　2010—2023年中国棉花种植面积、产量和单产

（数据来源：国家统计局）

1.2　消费略有下降

消费总量略有下降。2023年，中国棉花消费754万吨，比上年减少0.8%。年内消费整体呈先增后降态势。上半年由于纱布库存偏低，加之下游消费恢复良好，纺织企业看好后市需求，增加棉花消费量；三季度随着棉花价格上涨及下游陆续进入淡季，棉花消费开始下滑；四季度受下游流通环节高库存压力，纺企被动降负荷生产，带动棉花消费量下降。

内需温和复苏。随着经济复苏和稳增长一揽子政策的出台，内需总体呈回暖态势。据国家统计局数据，2023年，中国社会消费品零售总额47.1万亿元，比上年增长7.2%；全国限额以上单位服装鞋帽、针纺织品零售额1.4万亿元，比上年增长12.9%。纱布产量保持低位，2023年，中国纱产量2 234.2万吨，比上年减少2.2%；布产量294.9亿米，比上年减少4.8%。

外需同比下降。受海外需求收缩影响，2023年，中国纺织品服装行业出口压力明显增大。据海关总署数据，2023年，中国纺织品服装出口2 936.4亿美元，比上年减少8.1%。其中，纺织纱线、织物及其制品出口1 345.0亿美元，比上年减少8.3%；服装及衣着附件出口1 591.4亿美元，比上年减少7.8%。从出口市场看，中国在欧、美、日传统市场仍占据主导地位，对土耳其、俄罗斯等国家出口稳中有升。

1.3 进口小幅增加

进口小幅增加。2023年，中国棉花进口195万吨，比去年增长1.2%（图7-2）。年内呈先减后增态势。1—4月，由于进口棉价格高于国内，优势不足，棉花进口量处在近5年最低水平，5月以后，随着国内棉花减产预期、库存下滑等因素推动，国内棉花价格快速上涨，涨幅明显快于国外，内外棉价格出现倒挂，进口棉优势显现，加之7月国家发放棉花非国营贸易进口滑准税配额75万吨，贸易商、纺织企业进口积极性提高，棉花进口持续增加。

2023年，中国棉花进口来源国中，排名前三的是美国、巴西、澳大利亚，进口量分别为75.2万吨、57.2万吨、27.1万吨，占进口总量的比例分别为38.5%、29.3%、13.9%，比上年分别减少20.2个百分点、0.7个百分点和增加12.9个百分点。2023年，随着中澳关系持续回暖，加之澳棉品质优良、性价比较高，中国对澳棉进口增加明显。

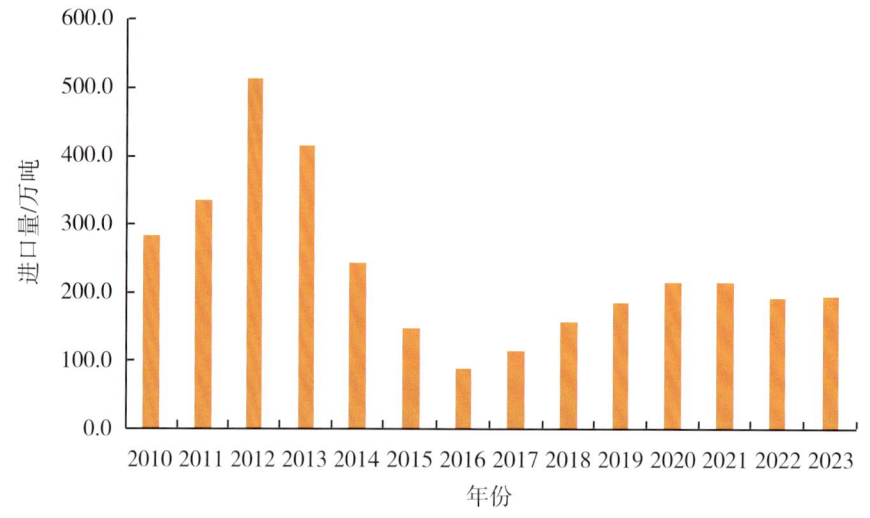

图7-2　2010—2023年中国棉花进口量

（数据来源：海关总署）

1.4 价格先涨后跌

2023年，国内3128B级棉花年均价16 731元/吨，比上年跌11.7%。4月，国家发展改革委发布2023—2025年新疆棉花目标价格水平为18 600元/吨，对保障新疆棉农收益、稳定棉花生产等发挥了积极作用。

年内棉价先涨后跌，价格波动明显。分月看，前三季度总体震荡上行，四季度冲高回落。国内3128B级棉花月均价从1月的15 312元/吨涨至9月的18 243元/吨，后降至12月的16 278元/吨，涨幅和跌幅分别为19.1%和10.8%（图7-3）。1—5月，由于中国新冠疫情政策放开以及过峰，市场需求温和回暖，纺织企业开工率明显提高，虽然3月美国硅谷银行破产引起棉价回调，但受植棉面积下降及种植期低温天气影响，市场减产预期加剧，棉价总体震荡上行；6—9月，受商业库存偏紧以及棉花减产预期和轧花厂抢收预期影响，国内棉价冲高上涨；10—12月，新棉集中上市，加之储备棉投放和进口棉持续到港增加有效供给，而纺织企业产成品库存累至阶段性高位、新接订单数不足，需求端旺季不旺，棉花供需较为宽松，加之减产预期落空、轧花厂收购谨慎，棉价快速下跌，此外，外围金融市场的走弱也对市场情绪产生了负面影响，致使棉价从高位下跌。

内外棉价再度倒挂。1—4月，承接上年走势，国内3128B级棉花月均价低于1%关税下进口棉（FC Index M）折到岸价，价差从1月的1 718元/吨缩小至4月的449元/吨；5—6月，随着国内棉花价格上涨，国际棉价下行，棉花价格出现倒挂，国内3128B级棉花月均价高于1%关税下进口棉（FC Index M）折到岸价，价差扩大至1 504元/吨；7月以后，国内外棉价走势趋于一致，价差逐步缩小至12月的152元/吨。受中国棉花产不足需特征影响，国内外棉花价差多数时间处于倒挂态势。2022年3月至2023年4月出现顺价情况，主要原因是中国市场棉花产量增加而需求不振，价格弱势下滑，但国际棉价因全球棉花减产而上涨，最终导致进口棉价高于国内棉价。2023年5月后随着中国纺织市场复苏、棉花供需关系改善以及新年度棉花减产预期提振，内外棉价再度出现倒挂。

图7-3　2020年以来国内外棉花价格走势

（数据来源：中国棉花信息网）

2 未来10年市场走势判断

2.1 总体判断

棉花产量小幅增加。预计2024年中国棉花产量557.9万吨，比上年减少0.7%；2028年573.8万吨，2033年584.0万吨，年均增长0.1%。展望期内，受劳动力和土地成本持续上升、水土资源条件约束趋紧、植棉效益偏低等因素影响，棉花种植面积小幅下降，单产稳步提升，棉花产量小幅增加，品质持续改善。

棉花消费量先增后降。预计2024年中国棉花消费量769.0万吨，比上年增2.0%；2028年748.6万吨，2033年735.0万吨，年均下降0.5%。展望期内，全球贸易保护主义加剧、产业转移、化纤替代等将挤压中国棉花市场，棉花消费量总体呈下降趋势。

棉花贸易保持净进口格局，进口量呈下降趋势。预计2024年棉花进口量205.0万吨，比上年增加5.1%；2028年170.6万吨，2033年160.0万吨，年均下降2.2%。展望期内，中国棉花产量小幅增加，消费量呈下降趋势，进口量将相应减少，棉花进口将呈多元化格局。

2.2 生产展望

棉花种植面积小幅下降。预计2024年棉花种植面积4 120.2万亩（275万公顷），比上年减少1.5%；2028年4 031.9万亩（269万公顷），2033年4 000.0万亩（267万公顷），年均下降1.0%（图7-4）。近些年来，中国棉花生产核心区不断向新疆集中，内地棉区不断萎缩，至2023年新疆棉花产量占总产量比例达85%。短期看，2023年新疆棉花单产下降、土地租金上涨，加之《新疆维吾尔自治区2023—2025年棉花目标价格政策实施方案》明确2024年以后果棉间作模式种植的棉花不再纳入补贴范围，并积极有序推动次宜棉区退出，将全疆棉花产量稳定在510万吨左右，植棉收益下降叠加政策引导，预计2024年新疆植棉面积继续下降；内地省份2023年籽棉价格上涨且单产增加，但收益与其他经济作物相比仍存在较大差距，预计种植面积难提升。中长期看，受劳动力和土地成本持续上升、水土资源条件约束趋紧、植棉比较效益低等因素影响，棉花种植面积将继续下降，但随着新疆粮棉种植结构调整到位，内地省份种植棉花的土地因盐碱化程度高或土壤贫瘠等不适合种植其他作物，种植面积将趋于稳定。

棉花单产稳步提升，品质持续改善。预计2024年棉花单产135.4千克/亩（2 031千克/公顷），比上年增长0.8%；2028年142.3千克/亩（2 135千克/公顷），2033年146.0千克/亩（2 190千克/公顷），年均增长1.1%（图7-4）。2023年农业农村部办公厅印发《全国粮油等主要作物大面积单产提升行动实施方案（2023—2030年）》，方案要求通过优化品种、免耕机播、水肥一体、机械采收等，巩固提升新疆棉区、着力提升内地棉区，稳高产提中低产，实现整体均衡发展。随着全面落实新疆棉花目标价格补贴与质量挂钩政策，推动棉花生产流通中体现优质优补，引导棉花种植者和加工企业持续提升棉花质量，棉花品质将持续改善。

棉花产量小幅增加。预计2024年中国棉花产量557.9万吨，比上年减少0.7%；2028年573.8万吨，2033年584.0万吨，年均增长0.1%（图7-4）。

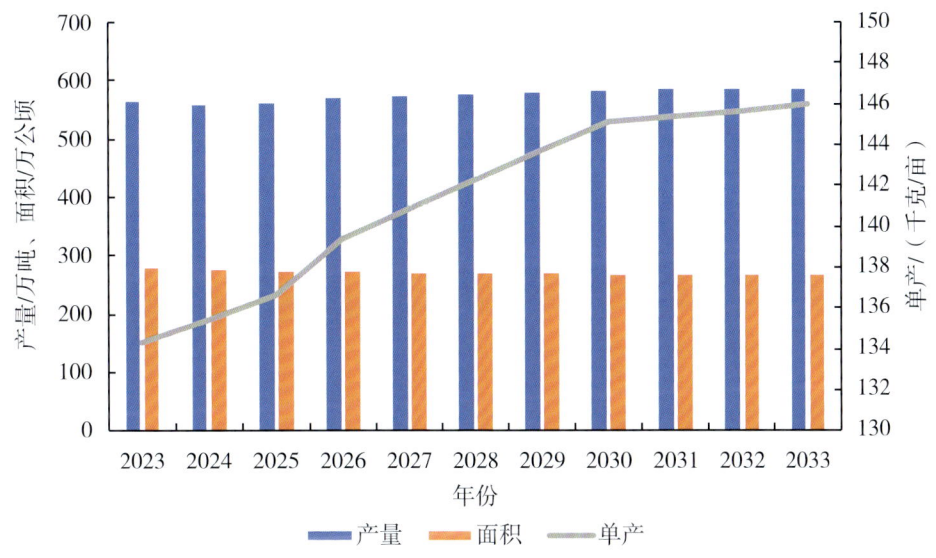

图7-4　2023—2033年中国棉花种植面积、产量和单产

（数据来源：2024—2033年数据为中国农业科学院农业信息研究所CAMES模型系统预测）

2.3　消费展望

棉花消费量先增后降。预计2024年中国棉花消费量769.0万吨，比上年增长2.0%；2028年748.6万吨，2033年735.0万吨，年均下降0.5%（图7-5）。短期看，在经历了新冠疫情冲击带来的经济衰退后，全球经济正在缓慢复苏，国际纺织品服装消费有望恢复正增长。中国促经济促消费政策持续发力，社会生活继续恢复向好，纺织品服装消费将出现明显复苏。中长期看，随着国内劳动力成本上升、国际贸易保护主义加剧等多重因素影响，中国纺织品服装出口压力持续增大；随着纺织技术进步，非棉纤维的低成本优势和功能化特性不断强化，在棉纺织行业的应用数量和种类持续扩大，对原棉消费形成明显替代；进口棉花价格优势明显，替代部分国内棉花需求。上述因素决定了中长期中国棉花消费将呈下降态势。但随着中国新型城镇化和城乡融合进程加快，超大规模、不断升级的内需市场优势更加突显；大健康、绿色生态、智慧生活、国货潮品等消费热点焕发活力；中国不断加强与"一带一路"合作伙伴纺织服装产业链的共建，推动开拓多元化国际市场。这些因素将推动中国纺织业高质量发展。展望期内，中国有望继续保持全球最大棉花消费国地位。

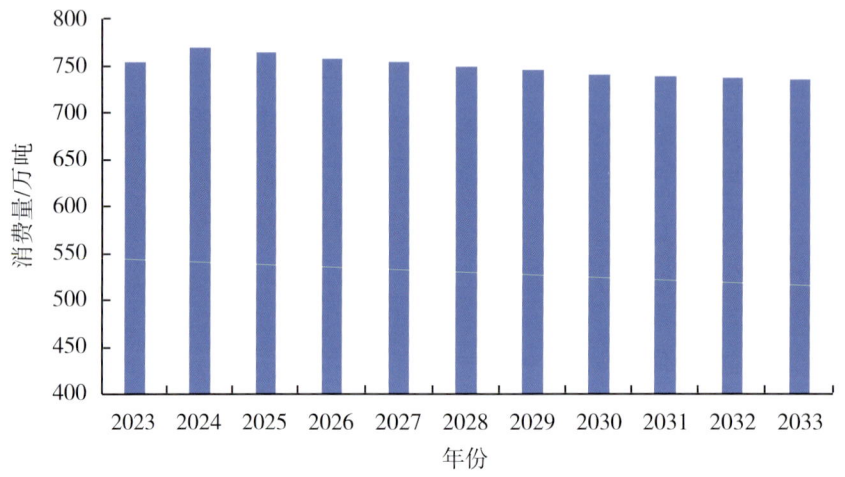

图7-5　2023—2033年中国棉花消费量

（数据来源：2024—2033年数据为中国农业科学院农业信息研究所CAMES模型系统预测）

2.4　贸易展望

棉花贸易保持净进口格局，进口量呈下降趋势。预计2024年棉花进口量205.0万吨，比上年增加5.1%；2028年170.6万吨，2033年160.0万吨，年均下降2.2%（图7-6）。展望期内，中国棉花产量小幅增加，消费量小幅下降，进口量将相应减少。由于中国棉花产不足需状况难以改变，进口棉仍是中国棉花供需缺口的重要补充，其中随着纺织行业转型升级，高等级棉花仍是进口的重点。从进口来源看，短期内美国、巴西、澳大利亚仍是中国最重要的贸易伙伴，但中国持续拓展亚非等国棉花进口渠道，以增强供应链的稳定性及可靠性。棉花出口规模不会有明显变化，出口市场仍以周边国家和地区为主。

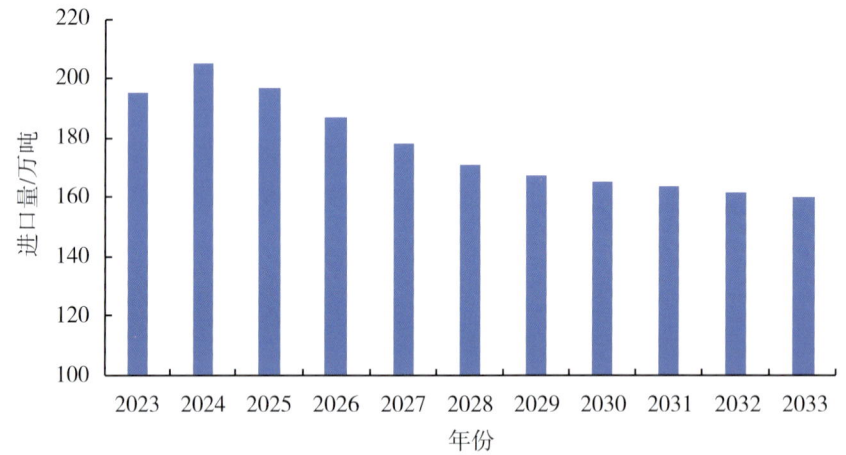

图7-6　2023—2033年中国棉花进口量

（数据来源：2024—2033年数据为中国农业科学院农业信息研究所CAMES模型系统预测）

2.5 价格展望

展望期内棉花市场价格震荡运行。2014年中国实施棉花目标价格补贴政策以来，以供需为基础的棉花市场价格机制迅速形成，国内外棉花市场一体化特征明显。但2022年美所谓"涉疆法案"持续发酵以来，内外棉价格走势出现了分化，国内外棉花市场的联动性有所弱化。2024年，中国棉花产量略有下降，消费需求存在增加预期，棉花市场供需关系再次趋紧，推动棉花价格震荡上涨，预计2024年国内3128B级棉花年均价每吨在16 000～18 000元区间。长期看，土地租金、劳动力成本、生产资料投入、仓储物流等生产、流通成本增加，支撑棉价上涨，但随着涤纶长丝、涤纶短纤以及粘胶短纤等替代纤维产能释放，低价化纤将削弱棉价上涨空间，棉花价格将在自身供需以及宏观经济形势影响下呈震荡走势。此外，由于棉花具有较强的金融属性，国际经济、贸易以及资本炒作可能加大价格的阶段性波动风险。

3 不确定性分析

3.1 新疆气候因素

中国棉花生产核心区集中在新疆，其气候因素将对棉花生产供应和市场稳定产生重要影响。全球气候变暖改变了新疆地区水热循环，研究表明，1985—2021年新疆出现的极端气候正朝"暖湿化"方向发展。棉花生殖生长期遭遇高温天气会降低花粉活力、受精率等，阻碍蒸腾、光合、干物质积累与分配等生理过程，进而影响结铃率、棉铃体积、棉籽数量、纤维发育等，最终导致减产和纤维品质降低。

3.2 非棉纤维替代因素

中国化纤工业在科技创新领域新成果、新技术不断涌现，如将新能源、新材料、高端纺织全产业链一体发展的炼化一体化将进一步释放涤纶、粘胶等化纤产能，功能性、差异化化纤产品持续更新迭代，菌草再生纤维素纤维、海藻纤维、聚乳酸等环境友好与生物纤维材料有望加速成熟，非棉纤维工业持续快速发展，其产品的低成本优势和功能化特性将对棉制品市场带来较大冲击。

3.3 国际贸易环境因素

中国棉花产业外向型特征明显，即大量进口棉花和大量出口纺织品，国际贸易环境的不确定性将是影响中国棉花供求关系和价格走向的重要因素。在经历了新冠疫情冲击后，世界经济差异日益扩大，全球贸易形势改善但风险犹存。随着部分外资企业转移产业链，越南、印度、墨西哥等国纺织品服装出口增加，对国际棉纺织生产和贸易秩序产生了明显影响。与此同时，中国推进共建"一带一路"走过金色十年，高标准自由贸易区网络建设持续推进，与共建国家开展纺织服装产业链的合作基础不断巩固，将为纺织行业进一步开拓多元化国际市场和构建国际化供应链体系提供有利条件。

参考文献

刘云涛，肖文俊，2019.高温胁迫下棉花蕾铃脱落及耐高温育种研究进展[J].分子植物育种，17（15）：5089-5096.

杨扬，常伟，张兴东.新疆极端气候时空变化及其与棉花生产关联研究[J/OL].中国农业资源与区划：1-18[2024-03-31].http://kns.cnki.net/kcms/detail/11.3513.S.20240229.1413.014.html.

赵金媛，胡琦，姜婧妍，等，2024.1961—2020年新疆棉花花铃期高温热害时空变化特征[J].中国农业大学学报，29（3）：1-12.

第八章

糖 料

糖料是中国重要的大宗经济作物，食糖在国计民生中具有突出的战略地位，其产业发展在国民经济运行中发挥着巨大作用。2023年[①]，中国糖料作物种植面积2 180万亩（145.3万公顷），比上年减少0.3%；食糖产量897万吨，比上年减少6.2%；消费量1 535万吨，比上年减少0.3%；进口量388万吨，比上年减少27.2%；国内糖价上涨11.2%，国内外价差保持缩小态势。展望未来10年，中国食糖产量保持增长，消费量稳中有增，增速缓慢，进口量恢复增长趋势。2024年，预计中国食糖产量1 000万吨，比上年增长11.5%；消费量1 570万吨，比上年增长2.3%；进口量500万吨，比上年增长28.9%。2028年，预计中国食糖产量、消费量和进口量分别为1 063万吨、1 617万吨和540万吨，年均增长分别为1.8%、1.0%和0.8%（基期为2021—2023年3年平均值，下同）。2033年，预计中国食糖产量、消费量和进口量分别为1 154万吨、1 644万吨和592万吨，年均增长分别为1.7%、0.6%和1.3%。

1 2023年市场形势回顾

1.1 糖料种植面积、产量减少

2023年，中国糖料作物种植面积为2 180万亩（145.3万公顷），比上年减少0.3%；食糖产量小幅下降，据中国糖业协会统计，中国食糖产量897万吨，比上年减少6.2%。

从甘蔗糖生产情况看，2023年中国甘蔗单产3.76吨/亩（56.4吨/公顷），比上年减少17.7%；平均糖分含量14.4%，比上年增加0.6个百分点；甘蔗糖产量789万吨，比上年减少9.3%，占食糖产量的88.0%。中国甘蔗糖生产主要分布在广西、云南等省份，广西作为甘蔗制糖主产区，2023年甘蔗糖产量527万吨，比上年减少85万吨；累计甘蔗入榨量4 122万吨，比上年减少897万吨；平均甘蔗含糖分和产糖率分别为14.5%和12.8%，均比上年提高了0.6个百分点。产量下降的主要原因有两点。一是不利天气影响。广西连续三年遭遇极端干旱天气，尤其是从2022—2023年跨年度的夏、秋、冬、春四连旱，使甘蔗长势受到严重影响，造成全区大面积严重减产。二是病虫害影响。近几年，由于连续干旱等原因，原料蔗病虫害越来越严重，防治成本越来越高，且局部已开始孕育爆发性增长的趋势，严重影响原料蔗的产量和质量。

从甜菜糖生产情况看，2023年，中国甜菜单产3.1吨/亩（46.9吨/公顷），比上年减少8.0%；平均糖分含量15.4%，比上年增加0.4个百分点；甜菜糖产量108万吨，比上年增长25.6%，占食糖产量的12.0%。中国甜菜生产主要分布在内蒙古、新疆等地，内蒙古作为甜菜制糖主产区，2023年，甜菜糖产量58.3万吨，比上年增

---

① 文中，按市场年度展开分析，2023年指"2022/2023榨季"，即2022年10月至2023年9月；2024年指"2023/2024榨季"，即2023年10月至2024年9月。以此类推。

加了9.3万吨；平均甜菜含糖分和产糖率分别为15.7%和13.0%，比上年提高了0.3个和0.6个百分点。产量增加的原因主要有两点：一是内蒙古甜菜收购价比上年上调了14元/吨，刺激了农民种植积极性，甜菜种植面积恢复性增长；二是天气状况好，甜菜出糖率高。

1.2 食糖消费量持平略减，居民消费占比有所下降

受人口总量减少、人口老龄化趋势影响，同时《国民营养计划（2017—2030年）》《健康中国行动（2019—2030年）》《中国防治慢性病中长期规划（2017—2025年）》等政策文件强调控制每日食糖摄入量，以及代糖消费增加，食糖消费持平略减。从总量看，2023年，中国食糖消费总量1 535万吨，比上年减少0.3%；从结构上看，食糖消费结构基本稳定，工业消费占据主要地位，居民消费占比略有下降。据中国糖业协会数据，食糖消费总量中工业消费量占比54.1%，比上年增加0.7个百分点，居民消费量占比45.9%，比上年减少0.7个百分点。

1.3 食糖进口大幅减少，出口有所增加

2023年，中国食糖进口量388万吨，比上年减少27.2%；进口来源国主要是巴西（占比83.7%）、印度（占比5.0%）、韩国（占比4.0%）、泰国（占比3.4%）、危地马拉（占比1.2%）。食糖进口量大幅减少的主要原因是国际食糖供给偏紧，国际糖价快速上涨使国内外价格倒挂，配额外进口食糖亏损，原糖加工企业采购积极性弱，进口减少。中国食糖出口量18万吨，比上年增长12.5%，主要面向朝鲜（占比54.6%）、蒙古国（占比18.1%）、中国香港（占比14.0%）、美国（占比2.6%）、哈萨克斯坦（占比1.8%）等国家和地区。

1.4 国内糖价大幅上涨

国内糖价大幅上涨。2023年中国食糖年度均价为6 342元/吨，比上年涨11.2%。2022年10—12月，虽然国内糖市处于新旧糖交替阶段，市场供应充足，但随着国际食糖价格上涨，以及新冠疫情防控政策优化，节假日提振消费，国内糖价先跌后涨，波动幅度小，整体处于平稳态势，从10月的5 556元/吨下跌至11月的5 548元/吨，跌幅0.1%，后涨至12月的5 566元/吨，涨幅0.3%。2023年1—9月，国内食糖价格大幅上涨，主要由于广西2022年遭遇秋旱导致2023年食糖产量不及预期，国际糖价大幅上涨致使进口量下降，工业库存偏低，国内食糖供给偏紧，加之食糖消费进入旺季，需求旺盛，推动国内糖价上涨，从1月的5 605元/吨涨至9月的7 376元/吨，涨幅31.6%（图8-1）。

国际糖价大幅上涨，涨幅高于国内。2023年美国洲际交易所原糖期货合约年度均价为22.5美分/磅，比上年涨18.7%。2022年10—12月，由于国际食糖供应偏紧，

推动食糖价格持续上涨，从10月的18.32美分/磅上涨至12月的20.02美分/磅，涨幅9.3%。2023年1—5月，中国、印度和欧盟地区食糖减产，巴西由于降水影响生产进度，泰国食糖产量增幅不及预期，支撑国际糖价上涨，从1月的19.85美分/磅上涨至5月的25.80美分/磅，涨幅30%。2023年6—8月，巴西压榨进度加快，国际供应量增加，国际糖价小幅下跌，从6月的24.91美分/磅下跌至23.95美分/磅，跌幅3.9%。2023年9月，国际糖价回升至26.68美分/磅，涨幅11.4%。2023年，国内外食糖平均价差比上年缩小291元/吨。

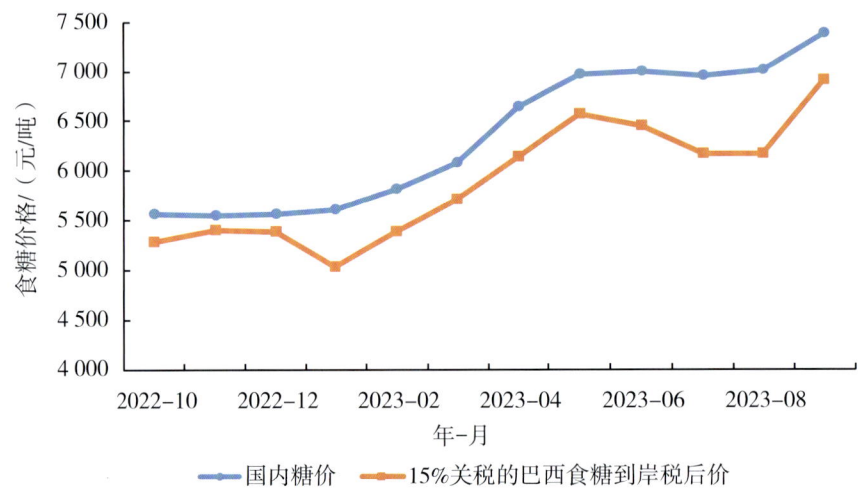

图8-1　2023年（2022/2023榨季）国内外食糖价格走势

（数据来源：农业农村部农产品供需分析系统）

2　未来10年市场走势判断

2.1　总体判断

食糖产量稳中趋增。预计2024年全国食糖产量1 000万吨，比上年增长11.5%；2028年食糖产量1 063万吨，比基期增长9.2%，年均增长率1.8%；2033年食糖产量1 154万吨，比基期增长18.6%，年均增长率1.7%。

食糖消费平稳增长。预计2024年全国食糖消费量1 570万吨，比上年增长2.3%；2028年食糖消费量1 617万吨，比基期增长4.8%，年均增长率1.0%；2033年食糖消费量1 644万吨，比基期增长6.6%，年均增长率0.6%。

食糖进口量缓慢增长。预计2024年全国食糖进口量500万吨，比上年增长28.9%；2028年食糖进口量540万吨，比基期增长4.2%，年均增长率0.8%；2033年食糖进口量592万吨，比基期增长14.3%，年均增长率1.3%。

国内糖价震荡运行。短期看，国内糖料成本及价格不断上涨，助推食糖价格震荡区间上抬。长期看，国内外糖价依旧保持高度正相关关系，受国际食糖供求形势、宏观经济政策、自然天气变动等多种因素影响，国际糖价不确定性较强，国内食糖价格阶段性波动风险上升。

2.2 生产展望

糖料种植面积总体稳定。预计2024年中国糖料种植面积为2 140万亩（142.7万公顷），比上年减少1.8%。国家加大糖料蔗良种良法补贴力度，糖料蔗生产保护区积极承担稳定种植面积、提高生产能力、保障国家食糖供给安全的主体责任，有助于维持糖料蔗面积平稳态势。北方甜菜与玉米、大豆等作物存在争地现象，受比较收益的影响，甜菜种植面积波动较大。展望期内，中国糖料种植面积总体稳定，虽然受种植成本上涨、耕地资源、城镇化建设、天气波动等因素的影响，糖料种植面积扩张难度大；但是良种良法补贴、"桉退蔗进"专项行动等工作的不断推进，有利于糖料种植面积长期保持稳定。

糖料单产稳中有增。预计2024年中国糖料单产达4.0吨/亩（60.1吨/公顷），比上年增长16.5%。其中，甘蔗单产4.4吨/亩（66.4吨/公顷），比上年增长17.7%；甜菜单产3.6吨/亩（53.8吨/公顷），比上年增长14.7%。广西、云南、内蒙古作为糖料主产区高度重视糖料蔗、甜菜生产，在品种推广、生产补贴等方面不断提高力度，加强"双高"基地建设，陆续制定相关政策。例如，《广西进一步深化糖料蔗良种推广工作实施方案》，推广糖料蔗脱毒、健康种苗，力争2024—2025年糖料蔗平均糖分14%以上，平均单产达6吨/亩（90吨/公顷）；《广西糖料蔗生产机械化作业补贴及糖企联合机收奖补实施细则》强调规范补贴范围和标准，设定2米及以上行距的机械化耕作补贴130元/亩，联合机收60元/吨，分步式机收260元/亩；《云南省农业现代化三年行动方案（2022—2024年）》大力推进良种良法推广、全程机械化，明确提出2024年甘蔗产量、蔗糖产量分别达1 700万吨、250万吨；内蒙古发布《关于做好2023年粮油生产保障等项目实施工作的通知》，支持创建甜菜单产提升整建制推进县，每个甜菜基地打造2个万亩片，辐射带动5万亩以上。展望期内，国家为进一步保障糖业安全、促进糖农增收致富，按照高端化、智能化、绿色化要求，加大科技创新力度，积极培育和推广良种、提高机械化作业水平，建设好现代农业产业园，为食糖产业高质量发展提供坚实基础。

食糖产量稳中趋增。2024年，南方糖料蔗主产区广西天气总体好于去年，有利于甘蔗生长发育，甘蔗单产和总产量有所恢复，云南、广东、海南等甘蔗糖主产区产量预计与上年持平；北方甜菜主产区新疆种植面积增长，单产提升，预计全国食糖产量1 000万吨，比上年增长11.5%。展望期内食糖产量稳中趋增，食糖自给率有望达到70%，预计2028年食糖总产量1 063万吨，比基期增长9.2%，年均增长率1.8%；2033年食糖产量1 154万吨，比基期增长18.6%，年均增长率1.7%（图8-2）。

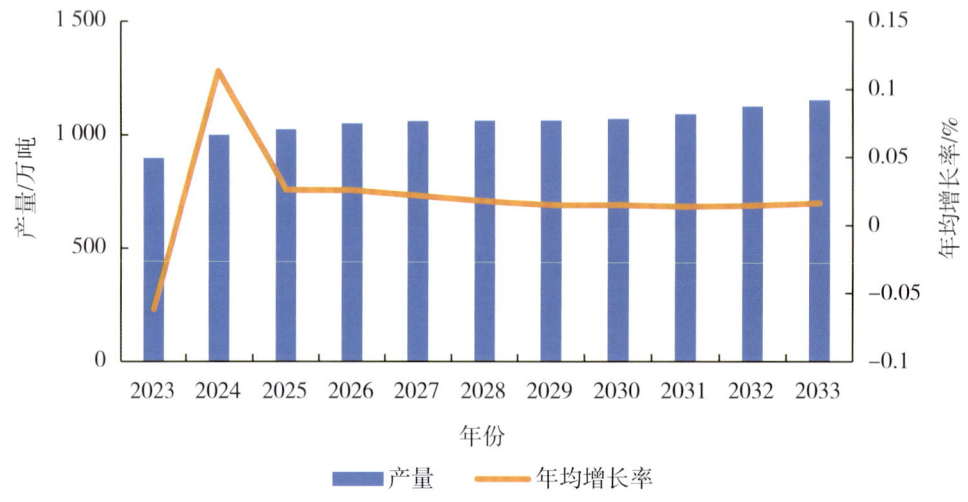

图8-2 2023—2033年中国食糖产量变化趋势

（数据来源：2024—2033年数据为中国农业科学院农业信息研究所CAMES模型系统预测）

2.3 消费展望

食糖消费量平稳增长，增速放缓。预计2024年中国食糖消费量为1 570万吨，比上年增长2.3%。随着中国社会经济发展水平提高，居民人均可支配收入持续增长，中国食糖消费量逐渐增加。展望期内，受居民膳食结构调整、人口老龄化以及代糖消费增加等因素的影响，中国食糖消费继续呈低速增长状态。预计2028年食糖消费总量1 617万吨，比基期增长4.8%，年均增长率1.0%；2033年食糖消费总量1 644万吨，比基期增长6.6%，年均增长率0.6%（图8-3）。

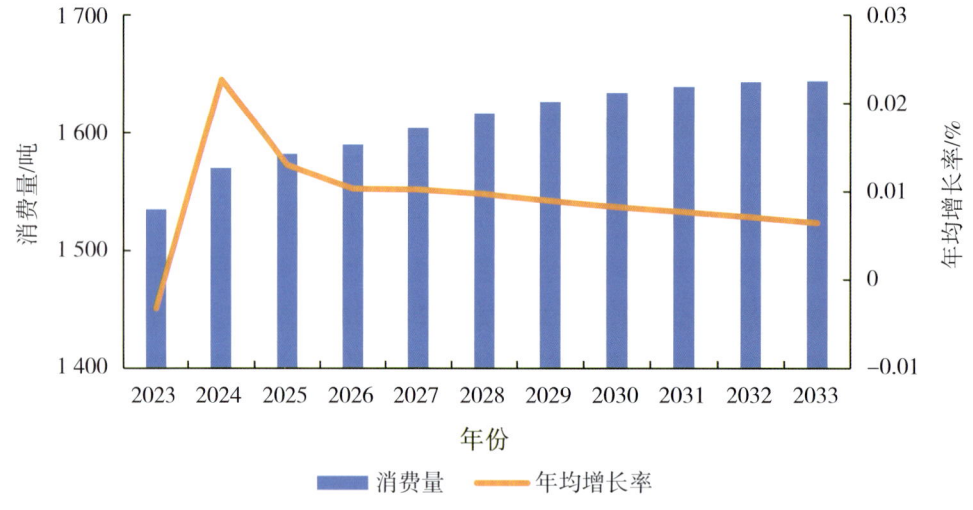

图8-3 2023—2033年中国食糖消费量变化趋势

（数据来源：2024—2033年数据为中国农业科学院农业信息研究所CAMES模型系统预测）

2.4 贸易展望

食糖进口量缓慢增长。预计2024年中国食糖进口量500万吨，比上年增长28.9%。国际糖价不断上涨，2023年中国食糖进口量大幅下降，但由于国内食糖产不足需的基本面继续保持，食糖进口量缓慢恢复。展望期内，中国食糖进口通常考虑政府宏观调控和市场运行情况，一方面采取现行关税配额管理、进口许可证发放等措施调节食糖进口节奏；另一方面依据国内外价差等市场因素控制进口规模。在国内食糖产量稳中趋增和消费低速增长的情况下，食糖进口缓慢增加。预计2028年食糖进口量540万吨，比基期增长4.2%，年均增长率0.8%；2033年食糖进口量592万吨，比基期增长14.3%，年均增长率1.3%（图8-4）。

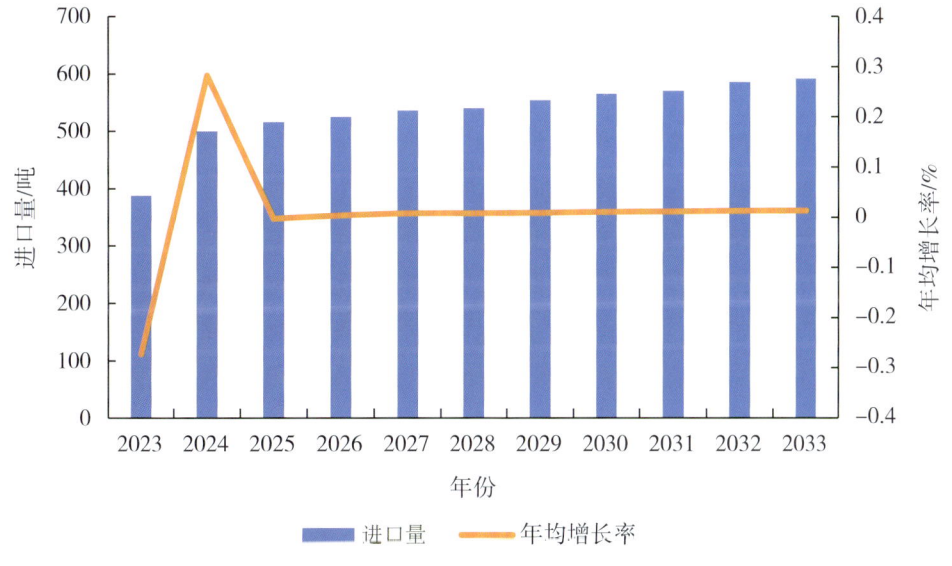

图8-4　2023—2033年中国食糖进口量变化趋势

（数据来源：2024—2033年数据为中国农业科学院农业信息研究所CAMES模型系统预测）

2.5 价格展望

食糖价格与甘蔗、甜菜收购价紧密相连。2024年广西继续执行糖料蔗二次联动政策，糖厂和蔗农建立利益共享机制，广西糖企将甘蔗首付价提高了20元/吨，即全区普通蔗首付价510元/吨，良种加价30元/吨，由于广西良种种植已超过97%，因此，2024年农民进厂甘蔗的首付价，将普遍提高至540元/吨。云南省为保证甘蔗产量，继续实行糖蔗价格联动机制，以英茂糖业版纳公司为例，2024年确定联动基价6 200元/吨，比上年提高了400元/吨，甘蔗一类品种收购价470元/吨，二类品种440元/吨。内蒙古、新疆等甜菜主产区通过参照生产成本、收益等情况，确定甜菜收购价，保障农民和糖企利益。

国内糖价震荡运行。短期内，虽然国内甘蔗、甜菜产量预计有所恢复，但随着宏观经济向好，居民消费需求稳步提升，国内依旧存在供需缺口；同时受天气等因素影响，巴西、印度等主产国产量波动，导致国内糖价震荡运行，预计2024年中国食糖均价在6 600～7 150元/吨区间震荡。展望期内，国内糖料生产成本及价格或将稳中有升，推动国内糖价震荡区间上抬；同时受国际食糖供求形势、宏观经济政策、能源价格以及汇率等诸多因素波动的影响，国际糖价不确定性较强，国内食糖价格阶段性波动风险上升。

3 不确定性分析

3.1 膳食结构调整因素

一方面，食糖具有提供能量、构成人体抗体、提供生物大分子碳骨架等功能，对于维持人体正常生理活动具有重要作用，是人体所需的重要营养素，可以在短时间内提供能量，以维护生理机能、恢复体力、解除疲劳；另一方面，食糖摄入量过多与糖尿病、肥胖、龋齿的发病风险息息相关，中国糖尿病患病人数约1.41亿人，是全球糖尿病患者人数最多的国家，患病率高达11.2%，其中60岁以上老年人患病率最高、增速最快。展望期内，居民对营养健康重视程度不断上升，不同人群、不同年龄段根据自身需求情况将不断调整饮食结构，设置合理的食糖摄入量水平，给食糖消费和市场行情增加了不确定性。

3.2 天气因素

中国糖料以甘蔗为主，其产量、含糖量易受天气因素影响，例如，干旱天气会破坏甘蔗正常代谢过程，使其生长减缓、植株矮小，产量和品质显著下降；低温霜冻会影响甘蔗糖分，降温幅度越大，低温持续时间越长以及冻后持续时间越长对甘蔗原料质量的影响越大。广西作为糖料蔗主产区，2024年初低温阴雨天气，给甘蔗含糖量、砍运入榨造成一定影响。短期内，厄尔尼诺现象发展态势正在逐渐减弱，但仍在持续，预计全球大部分地区温度将高于正常水平，影响糖料生产；中长期，全球气候变化剧烈，厄尔尼诺、拉尼娜等气候现象周期性发生，导致食糖产量出现较大波动，影响全球产业链稳定运行，从而给中国的食糖贸易和价格带来不确定性风险。

3.3 政策因素

巴西、印度、泰国等作为全球食糖主产国和出口国，其生产及贸易政策影响国际食糖贸易形势和价格。受全球宏观经济形势、地缘政治等因素影响，上述国家等可能调整生产策略及政策，如变动糖醇比、调节出口配额等。巴西糖厂均可生产乙醇，生产比例根据食糖产量、价格和乙醇市场判断，当食糖紧缺时通常会下调乙醇生产比例增加食糖产量。印度在甘蔗收购价方面，中央政府制定甘蔗公平性报酬价格、地方政府制定甘蔗指导价格，同时根据市场情况调整出口关税政策，影响全球食糖供求及贸易情况。此外，中国、俄罗斯、澳大利亚等作为食糖主要消费国和进口国，自身的贸易政策、收储政策等也会对国内食糖市场造成影响。

参考文献

陈培彬，周家骏，朱朝枝，2021. 我国食糖产业的发展困境及国际先进经验借鉴[J]. 农业经济（3）：12-14.

蓝艳华，刘晓，苏小洪，等，2023. 印度糖业概况[J]. 甘蔗糖业，52（1）：62-78.

李辉尚，刘芷妍，宋建堂，等，2022. 国际食糖出口限制政策对我国食糖市场影响与启示[J]. 中国食物与营养，28（9）：41-45.

刘晓雪，蒙威宇，李维，2023. 2022/2023年榨季国内外食糖市场回顾与2023/2024年榨季展望[J]. 甘蔗糖业，52（6）：69-83.

刘晓雪，周靖昀，2022. 全球食糖消费时空变化特点与影响因素研究[J]. 甘蔗糖业，51（1）：67-80.

刘泽琦，司伟，2022. 老龄化抑制了中国居民食糖消费吗？[J]. 中国农业大学学报，27（9）：272-282.

陆婉瑶，赵芸，张思聪，等，2021. 食糖与代糖的博弈及发展趋势分析[J]. 甘蔗糖业，50（3）：80-93，3.

农业农村部市场预警专家委员会，2022. 中国农业展望报告（2022—2031）[M]. 北京：中国农业科学技术出版社.

农业农村部市场预警专家委员会，2023. 中国农业展望报告（2023—2032）[M]. 北京：中国农业科学技术出版社.

庞波，2003. 浅谈霜冻对甘蔗的影响及农务的处理措施[J]. 广西蔗糖，32（9）：23-24.

王鑫鑫，蒙威宇，刘晓雪，2023. 印度能源政策变化对食糖市场的影响[J]. 甘蔗糖业，52（3）：71-82.

王艳兰，伍静，唐桥义，等. 2022. 广西长低温雨雪冰冻过程环流特征及低温扰动分析[J]. 气象科技，50（1）：75-84.

魏冰，蓝艳华，王琳，2021. 科学认识食糖、合理消费食糖[J]. 甘蔗糖业（6）：74-79.

杨善，方欣，张倩倩，等，2023. 干旱对甘蔗及其近缘植物蔗糖代谢的影响[J]. 江苏农业科学，51（18）：94-100.

俞华先，田春艳，经艳芬，等，2022. 云南蔗糖产业发展的SWOT分析[J]. 中国糖料，44（4）：81-88.

第九章

蔬 菜

蔬菜是重要的"菜篮子"产品，在城乡居民食物消费中的重要性日益突出。近年来，中国蔬菜产业稳定发展，蔬菜种植面积及产量逐年增加，生产供应充足，消费活跃，长期保持净出口和贸易顺差局面。2023年，蔬菜供需总体平衡，产量80 805万吨，比上年增长2.2%，其中商品产量[①]62 103万吨，比上年增长4.8%；消费量60 615万吨，比上年增长4.3%；出口量1 326.14万吨，进口量35.33万吨，分别比上年增长11.8%、2.9%；价格整体偏高，批发均价5.08元/千克，上涨3.6%。未来10年，蔬菜种子种苗、设施装备、冷链物流体系、信息技术等发展将成为蔬菜产业转型升级的重要推动力。预计2024年蔬菜产量80 850万吨，比上年增长0.1%，其中商品产量62 224万吨，比上年增长0.2%；消费量60 723万吨，比上年增长0.2%；出口量1 396万吨，进口量36万吨，分别增长5.3%、2.9%；价格稳中有降。预计2028年产量80 982万吨，年均增长0.5%（基期为2021—2023年3年平均值，下同），其中商品产量62 955万吨，年均增长0.9%；消费量61 189万吨，年均增长0.8%；出口量1 547万吨，进口量45万吨，年均增长率分别为5.1%、2.7%；价格较基期小幅上涨。预计2033年产量81 045万吨，年均增长0.2%，其中商品产量63 385万吨，年均增长0.5%；消费量61 824万吨，年均增长0.5%；进出口量小幅增加，贸易保持净出口局面，出口量1 647万吨，进口量54万吨，年均增长率均为3.2%；伴随蔬菜生产成本升高，蔬菜价格稳中有涨。

1 蔬菜

1.1 2023年市场形势回顾

1.1.1 面积、产量稳中有升

2023年，蔬菜种植面积略增，为3.42亿亩（2 280万公顷），比上年增长1.6%。产量稳中有增，为80 805万吨，比上年增长2.2%。全年商品产量62 103万吨，比上年增长4.8%，供给呈宽松状态。分季节看，2023年春季整体气温接近或高于常年同期水平，但几次降温对中东部部分地区的蔬菜生长造成了一定的影响，个别蔬菜品种的供应出现断层；夏季蔬菜产地转换顺畅，除马铃薯、生姜、大蒜等跨年销售的耐储蔬菜外，大白菜、番茄、西葫芦等供货量大，蔬菜整体上市量充足；7月暴雨对山东、河北等部分地区的蔬菜生产造成了一定的不利影响，但秋季气象条件良好，非常有利于蔬菜生长，有力保障了秋冬蔬菜供应；入冬后，个别露地蔬菜与大棚菜同时收获，多地出现重叠上市的现象，部分品种蔬菜供给量偏高。因此，2023年蔬菜供应除个别地区存在阶段性偏紧现象外，整体充足。

---

① 商品产量是指经过运输、储藏、批发、零售等诸多环节中的一个或多个环节后，可由消费者购买的蔬菜量。

1.1.2 消费需求继续增加

2023年，蔬菜消费需求量进一步增加。随着健康饮食意识的增强，居民更加愿意从蔬菜、水果中获取营养素，《中国居民膳食指南（2022）》提出要保证每天摄入不少于300克新鲜蔬菜，蔬菜在膳食结构中的比例上升。同时，餐饮、旅游等行业恢复活力，推动蔬菜供应需求量增加。2023年，蔬菜消费量60 615万吨，比上年增长4.3%，其中，鲜食消费26 145万吨，比上年增长6.1%，占蔬菜消费量的43.1%。蔬菜加工行业快速发展，净菜、半成菜等预制菜市场规模稳步增长，干制品蔬菜、脱水蔬菜、速冻蔬菜、调味品蔬菜等加工蔬菜的需求增加，加工消费13 979万吨，比上年增长4.3%，占消费量的23.1%。饲用和损耗等消费共20 491万吨，比上年增长2.2%。

1.1.3 进出口贸易保持增长

2023年，蔬菜进出口量、额与上年相比均有增长，贸易顺差持续扩大。蔬菜出口量1 326.14万吨，比上年增长11.8%，出口额185.43亿美元，比上年增长7.7%。主要出口国家和地区占比为：越南占13.0%，日本占11.0%，韩国占9.5%，马来西亚占8.4%。从具体品种看，出口量最多的是大蒜及制品，占蔬菜出口量的17.0%，其次是番茄及制品，占11.0%，洋葱及制品占8.9%。2023年，大蒜及制品出口量共计226.01万吨，比上年增长1.0%，出口额30.39亿美元，比上年增长26.7%，其中印度尼西亚、越南、马来西亚及美国为主要出口目标国，出口量分别占大蒜出口总量的25.2%、10.1%、9.1%和6.3%。蔬菜进口量35.33万吨，比上年增长2.9%，进口额9.89亿美元，比上年增长3.0%。进口来源地集中度较高，主要进口来源国占比为：印度占41.7%，越南占13.3%。从具体品种看，进口量最多的是辣椒及制品，占蔬菜进口量的49.5%，其中80.7%来自印度，其次是马铃薯及制品，占11.9%，其中43.2%来自美国。贸易顺差175.54亿美元，净出口1 290.81万吨，分别比上年增长8.0%和12.0%（图9-1、图9-2）。

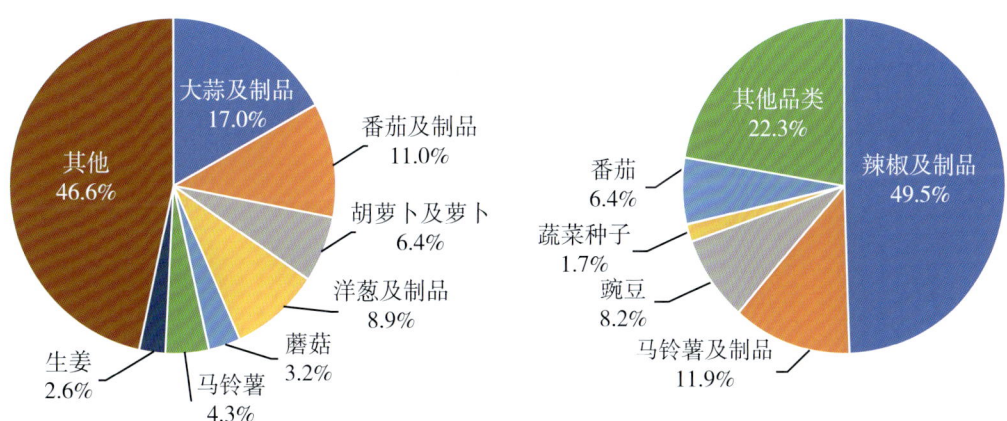

图9-1　2023年中国主要蔬菜分品种出口量占比　　图9-2　2023年中国主要蔬菜分品种进口量占比

（数据来源：海关总署）　　　　　　　　　　　（数据来源：海关总署）

1.1.4 价格高位运行

2023年，农业农村部重点监测的28种蔬菜全国平均批发均价为5.08元/千克，比上年上涨3.4%，比近3年平均水平高4.8%。从价格波动状况来看，基本符合蔬菜季节性波动规律，呈现"W"形波动态势，但波动幅度较小，市场运行总体平稳：2月全国蔬菜批发均价5.83元/千克，为全年最高点，之后转为季节性下行，5月到达较低点后，于6月反季节上涨至4.99元/千克，为近10年同期最高值，此后，蔬菜价格高位运行，9月后基本回到常年同期正常水平（图9-3）。从季度看，第二、第三季度蔬菜价格明显偏高，主要原因：一是春季气温起伏过大，影响部分产区的蔬菜生产，部分蔬菜供应偏紧，价格反季节上行；二是夏季受极端天气影响，黄淮、华北、东北等多地蔬菜生长放缓，上市时间推迟，造成蔬菜价格的区域性、阶段性上涨；三是2022年生姜、大蒜种植面积大幅减少，生姜种植面积比上年减少32.0%，大蒜减少16.6%，且受天气影响严重，产量及品质均有所下降，4月开始生姜、大蒜等品种月均价格上涨，较往年同期偏高并保持高位运行，抬高了蔬菜月均价格。第四季度蔬菜月均价格基本回落至往年同期水平，其中白菜、萝卜、大葱等叶菜类、根类菜价格快速下跌，出现区域性、结构性、阶段性的滞销卖难情况。

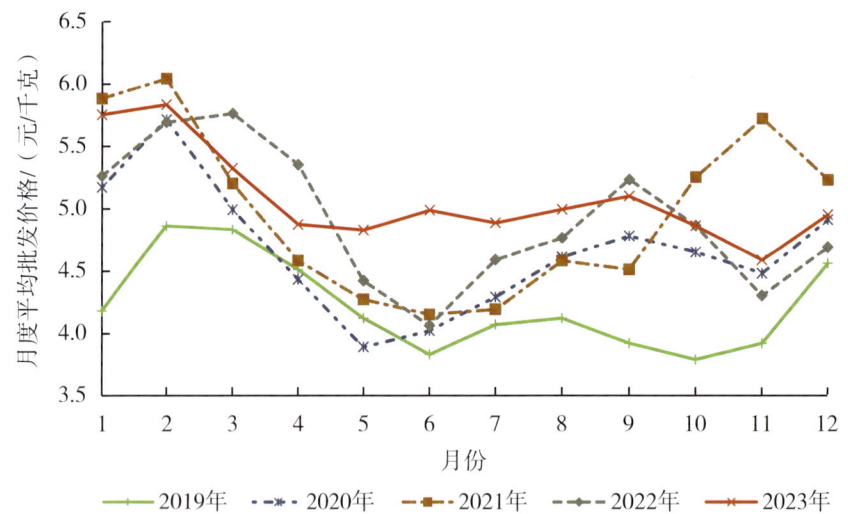

图9-3　2019—2023年农业农村部重点监测的全国28种蔬菜月度平均批发价格

（数据来源：农业农村部农产品批发市场监测信息网）

1.2 未来10年市场走势判断

1.2.1 总体判断

蔬菜产量稳中略增，供应充足。未来10年，蔬菜种植面积基本稳定，单产继续提高，产量增加、增速趋稳，自损率继续下降。随着蔬菜种植布局的优化、优良品种的培育和推广、蔬菜设施化栽培技术的推广应用，蔬菜供给能力将会得到有效保障。预计2024年蔬菜产量80 850万吨，比上年增长0.1%；2028年产量将达80 982万吨，比基期增长2.3%，年均增长0.5%；2033年产量81 045万吨，比基期增长2.4%，年均增长降至0.2%。

蔬菜消费量小幅增长，消费结构改善。未来10年，城乡居民消费升级趋势明显，蔬菜消费更加注重品质，消费品种更加多元化。预计2024年消费量60 723万吨，比上年增长0.2%，2028年消费量61 189万吨，比基期增长3.9%，年均增长0.8%；2033年消费量61 824万吨，比基期增长4.9%，年均增长0.5%。鲜食消费占消费量的比例将从2024年的43.4%增至2033年的45.5%；蔬菜加工规模将逐步扩大，年均增长1.9%；损耗下降。高品质消费、绿色消费、安全消费在居民蔬菜消费意愿中占有重要地位。

蔬菜进、出口量均小幅增加，保持净出口态势。未来10年，蔬菜贸易活跃度提升，贸易规模增加，贸易对象、品类多元化发展，将继续保持贸易顺差格局。预计2024年进口量36万吨，比上年增长2.9%；2028年进口量45万吨，比基期增长14.4%，年均增长2.7%；2033年进口量54万吨，比基期增长37.3%，年均增长3.2%。预计2024年出口量1 396万吨，比上年增长5.3%；2028年出口量1 547万吨，比基期增长28.1%，年均增长5.1%；2033年出口量1 647万吨，比基期增长36.4%，年均与进口量增长相当。

蔬菜价格呈波动上涨趋势。未来10年，科技进步作用明显，蔬菜产业布局将持续优化，蔬菜供给保持宽松局面。价格在季节性、周期性波动基础上，波幅趋缓。但受到居民对优质蔬菜、特色蔬菜的需求增强、物质服务费用（包括土地流转、劳动用工、水肥农资和农用机械等）上涨等因素影响，蔬菜价格将呈现波动上涨的趋势。预计2024年蔬菜价格仍在5.00元/千克左右。

1.2.2 生产展望

蔬菜生产供应充足。近年来，国家和地方各级政府积极鼓励发展蔬菜产业，多地积极开展"菜篮子"产品应急保供基地建设，推进设施农业现代化提升行动，并实施设施农业建设等涉农领域贷款贴息奖补试点。预计2024年蔬菜种植面积为3.42亿亩，与上年持平；蔬菜产量80 850万吨，比上年增长0.1%。

未来10年，受耕地及水资源等的制约，蔬菜生产不再追求单纯扩大规模，预计蔬菜种植面积基本保持稳定。但通过不断优化蔬菜种植布局、加大科技投入、培育和推广优良品种、提档升级设施蔬菜装备及栽培技术，蔬菜产销的防灾抗灾能力将得到提升，蔬菜供给能力将会得到有效保障。预计2028年蔬菜产量将达80 982万吨，比基期增长2.3%，年均增长0.5%；2033年产量81 045万吨，比基期增长2.4%，年均增长降至0.2%，商品率由2024年的77.0%逐渐增至2033年的78.2%（图9-4）。

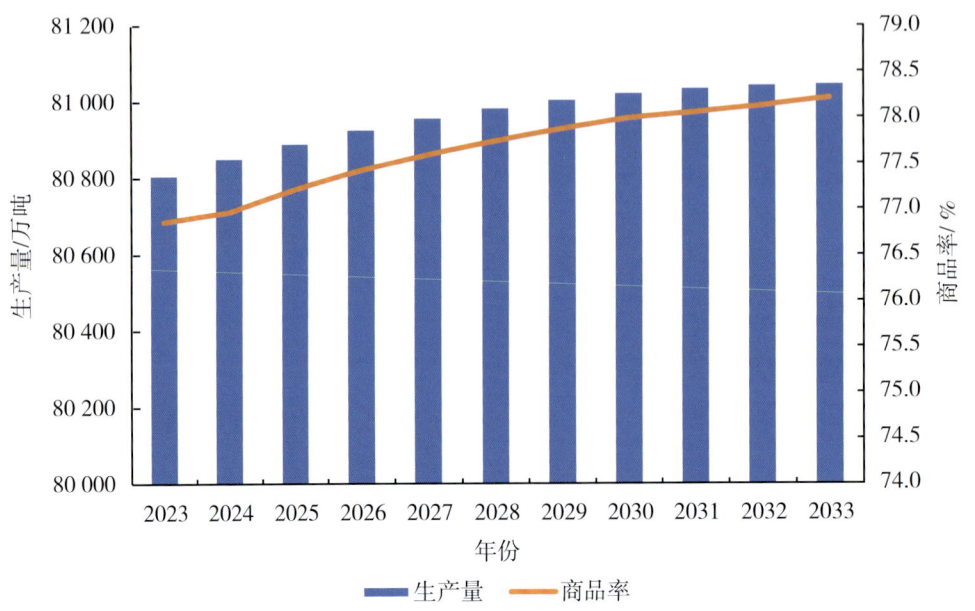

图9-4　2023—2033年中国蔬菜生产量和商品率变化趋势

（数据来源：2024—2033年数据为中国农业科学院农业信息研究所CAMES模型系统预测）

1.2.3　消费展望

蔬菜消费平稳增长。城乡居民食物消费需求快速升级，蔬菜消费量保持稳定，结构进一步优化，消费业态和模式不断创新，预计2024年蔬菜消费量60 723万吨，比上年增长0.2%。

未来10年，预计城乡居民蔬菜消费将进一步升级，高品质消费、绿色消费、安全消费的意识增强，对优质蔬菜的消费需求持续增长，消费水平不断提高，新鲜直达、特色多样等成为重要参考及驱动因素；健康膳食理念将更加深入人心，饮食结构进一步优化，品质化、多元化、个性化、便利化蔬菜消费需求持续增长。预计2028年蔬菜消费量将达61 189万吨，比基期增长3.9%，年均增长0.8%；2033年蔬菜消费量61 824万吨，比基期增长4.9%，年均增长0.5%。具体消费方式上，鲜食消费占消费量的比例将从2024年的43.4%增至2033年的45.5%，年均增长1.1%；蔬菜加工规模将逐步扩大，年均增长1.9%；饲用等其他消费略有增加；损耗下降（图9-5）。

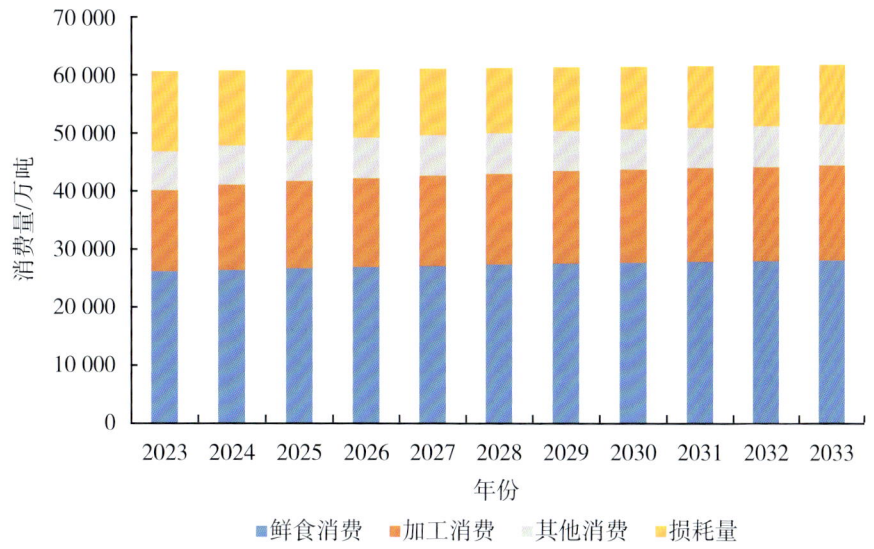

图9-5　2023—2033年中国蔬菜消费量变化趋势

（数据来源：2024—2033年数据为中国农业科学院农业信息研究所CAMES模型系统预测）

1.2.4　贸易展望

蔬菜进、出口量保持增长态势。未来10年，蔬菜贸易活跃度将有所提升，贸易对象、品类呈多元化，继续保持贸易顺差格局。

出口方面，外贸发展环境复杂，受贸易保护主义、地缘政治博弈加剧等因素影响，中国的蔬菜出口将面临更严峻的市场竞争局面。出口呈现区域内集中的趋势，日本、韩国、美国、东盟和欧盟成员国等仍为主要出口国家，优势品种集中在大蒜、蘑菇、番茄、生姜、辣椒等种类上。预计2024年出口量1 396万吨，比上年增长5.3%；2028年出口量1 547万吨，比基期增长28.1%，年均增长5.1%；2033年出口量1 647万吨，比基期增长36.4%，年均增长3.2%（图9-6）。

进口方面，蔬菜进口总体规模相对较小，仍以印度、美国、越南、日本和泰国等为主要进口来源地。进口品种主要包括蔬菜种子、干辣椒、马铃薯和番茄等，多用于种用、加工及调节特色品种。随着中国蔬菜种业的产业化水平不断提升，种苗产业科技创新和体制创新的合力效应显著，蔬菜种子对外依存度逐渐下降，但各国特色高端蔬菜品种进口或将增加，推动蔬菜进口规模扩大。预计2024年进口量36万吨，比上年增长2.9%；2028年进口量45万吨，比基期增长14.4%，年均增长2.7%；2033年进口量54万吨，比基期增长37.3%，年均增长3.2%。

图9-6　2023—2033年中国蔬菜贸易量变化趋势

（数据来源：2024—2033年数据为中国农业科学院农业信息研究所CAMES模型系统预测）

1.2.5　价格展望

蔬菜价格呈波动上涨趋势。2024年春季气象条件与往年相比，属于正常年份，天气条件总体有利于蔬菜生产，供应形势整体较好。2024年是厄尔尼诺次年，据预测后期可能有较为明显的极端天气发生，预计2024年蔬菜价格会出现一定波动，但总体价格稳定，全年价格在5.00元/千克左右。

长期来看，中国蔬菜产业将更加依赖于技术支撑，种子种苗、温室大棚、信息技术、电子商务等设施与技术的改进，将不断推进蔬菜产业高质量发展。蔬菜生产量保持稳定，蔬菜供给整体呈宽松状态，蔬菜价格在季节性、周期性波动基础上，波幅趋缓。同时，随着城乡居民对健康膳食、高品质蔬菜的需求增强，优质蔬菜、特色蔬菜将受到消费者的欢迎，各蔬菜主产区瞄准居民蔬菜消费新需求进行产出结构、模式的优化调整，蔬菜产业绿色化、功能化、多样化发展，将在一定程度上推高蔬菜价格；同时，土地流转、劳动用工、水肥农资和农用机械等物质服务费用的上涨，也成为未来一个时期蔬菜价格上涨的动力。因此，蔬菜价格将呈现波动上涨的趋势。

1.3　不确定性分析
1.3.1　自然灾害因素

自然灾害、极端天气等状况极易影响蔬菜的种植、生产、运输、销售等环节。蔬菜生产具有明显的季节性、区域性特征，产地与销地的相对分离，使蔬菜跨区域运输成为常态，一旦发生极端情况，极易造成蔬菜设施受损、采收困难、运输受阻、供给量不足等问题，严重影响蔬菜市场的供需平衡。2023年发生的厄尔尼诺现象将会在2024年结束，后续影响不容忽视，或将对蔬菜生产带来影响。随着全球气候变化加剧，重大气象灾害的发生概率可能上升，蔬菜产业面临的自然风险依然很大。

1.3.2 国际贸易环境因素

中国蔬菜在国际贸易中具有较强的竞争优势，但是，近年来经济全球化遭遇逆风，保护主义明显上升，蔬菜国际贸易仍然面临关税壁垒和非关税壁垒的严峻考验。一些国家对中国的蔬菜出口设置了较高的关税和严格的进口配额，还有一些国家对中国的蔬菜出口设置了更多的技术贸易壁垒。总的来说，供应链、检验检疫、绿色生产等方面的风险依然存在，给中国蔬菜及其加工制品出口带来很大的不确定性。

1.3.3 蔬菜产业转型因素

随着信息技术的快速发展，社区团购、电商销售等新业态、新模式迅速发展，推动了蔬菜产业转型升级，在促进蔬菜产销对接、保障市场价格平稳运行中起到了积极作用。但是，新兴的蔬菜销售模式存在两方面的问题：一方面，蔬菜的易腐变质、不耐储运等属性，伴随着气候变化、产地转换、运输距离等不确定性的发生，往往引起蔬菜运输保鲜成本的变动，可能会给蔬菜销售带来一定风险；另一方面，线上销售产品质量监管复杂，存在一定的盲区，对蔬菜质量稳定产生不利影响，需要密切关注。

2 马铃薯

马铃薯作为适应性广的作物和市场潜力大的产品，是中国不少地区尤其是西部地区、高原冷凉山区的重要产业，对于保障国家粮食安全、巩固拓展脱贫攻坚成果同乡村振兴有效衔接具有重要意义。2023年，中国马铃薯产量9 516万吨[①]，比上年减少2.3%；消费量10 262万吨，比上年增长0.2%；出口量55.74万吨，比上年减少3.8%，进口量4.20万吨，比上年增长3.7%；贸易顺差4.04亿美元，比上年增长15.4%。马铃薯市场价格处于近10年来最高位，全年批发均价为3.04元/千克，上涨19.0%。预计2024年马铃薯产量和消费量分别为9 944万吨和10 392万吨，分别比上年增长4.5%和1.3%；出口量和进口量分别为62万吨和3万吨，分别增长10.7%和减少25.0%；市场均价将低于上年。预计2028年马铃薯产量11 173万吨，年均增长2.5%

---

① 本报告马铃薯产量数据按鲜品计算，包括所有用途的马铃薯。

（基期为2021—2023年3年平均值，下同），消费量10 984万吨，年均增长1.3%；出口量65万吨，年均增长3.9%，进口量2.88万吨，年均减少7.8%。预计2033年马铃薯产量和消费量分别为11 594万吨和11 664万吨，年均增速分别为1.6%和1.3%；出口量67万吨，年均增长2.2%；进口量2万吨，年均减少7.4%；马铃薯市场价格总体呈现波动性上涨趋势。

2.1 2023年市场形势回顾

2.1.1 产量有所降低

2023年，马铃薯种植面积8 100万亩（540万公顷），比上年减少2.1%；单产1 175千克/亩（17 622千克/公顷），比上年减少0.2%；产量9 516万吨，比上年减少2.3%。从种植面积来看，一方面，春季马铃薯种植面积减少。近几年，受流转地租金、雇工、物质与服务费用等成本快速上涨和市场价格偏低影响，春季马铃薯种植利润偏低，部分产区甚至亏损，薯农生产积极性下降，导致2023年春季马铃薯种植规模缩减。另一方面，秋季马铃薯种植面积增加。由于2022年秋季马铃薯和2023年上半年马铃薯市场行情较好，2023年秋季马铃薯产区生产者扩种意愿强烈，秋季马铃薯种植规模增加。同秋季马铃薯种植面积增加的数量相比，春季马铃薯种植面积减少的数量更大，总的看，2023年中国马铃薯种植面积低于上年。从单产来看，2023年多个马铃薯主产区遭受自然灾害，导致马铃薯单产水平低于上年。5月中下旬，山东和河南等产区在采挖关键期出现连续降雨，造成马铃薯无法顺利采挖；8月上中旬，云南产区遭遇持续寡照多雨天气，晚疫病偏重发生，对马铃薯生长发育造成冲击。

2.1.2 消费小幅增加

马铃薯消费以食用消费为主，其他为加工消费、种用消费、饲用消费和损耗。2023年，马铃薯消费量10 262万吨，比上年增长0.2%。具体来看，食用消费量6 217万吨，增长0.5%。2023年中国消费市场复苏向好，尤其受餐饮消费强劲增长拉动，马铃薯食用消费需求增加。加工消费量974万吨，增长3.8%。2023年，中国马铃薯淀粉、薯条、薯片等加工企业进一步扩大产能，拉高马铃薯加工消费量。种用消费量随着种植面积下降而减少，为1 218万吨，减少2.4%。2023年，中国生猪出栏保持增长，牛羊禽生产稳定发展，带动马铃薯饲用消费增加。饲用消费量556万吨，增长1.4%。马铃薯损耗量随着产量减少而降低，为1 259万吨，减少2.5%。

2.1.3 贸易顺差扩大

中国马铃薯国际贸易的主要类型包括种用马铃薯、鲜或冷藏的马铃薯、制作或保藏的冷冻马铃薯、制作或保藏的未冷冻马铃薯等。据海关总署统计，2023年，中国出口马铃薯55.74万吨，比上年减少3.8%；出口额4.82亿美元，增长14.8%。鲜或冷藏的马铃薯是中国马铃薯出口的主要类型，出口量、出口额分别为39.11万吨、2.30亿美元，分别占马铃薯出口量、出口额的70.2%和47.6%。进口马铃薯4.20万吨，增长3.7%；进口额0.78亿美元，增长12.1%。制作或保藏的冷冻马铃薯是主要进口类型，进口量、进口额分别为3.95万吨、0.56亿美元，分别占马铃薯进口量、进口额的94.2%和71.7%。贸易顺差4.04亿美元，增长15.4%。

从出口目的地来看，中国马铃薯主要出口越南、日本、马来西亚、菲律宾和中国香港等地。对上述5个出口目的地的出口量、出口额分别占马铃薯出口量、出口额的74.0%和71.6%。其中，越南是中国最大的马铃薯出口目的地，对越南的出口量和出口额分别占出口量和出口额的26.6%和27.5%。从进口来源地看，进口主要来自美国、土耳其、比利时、荷兰和韩国等国家。从上述5个进口来源地的进口量、进口额分别占马铃薯进口量、进口额的95.7%和83.7%。其中，美国是中国最大的马铃薯进口来源国，从美国的进口量和进口额占马铃薯进口量和进口额的43.2%和37.9%。

2.1.4 市场价格高位运行

2023年，马铃薯全年批发均价为3.04元/千克，比上年涨19.0%，处于近10年来最高位。分阶段来看，与上年相比，2023年马铃薯市场价格呈现同比先高后低的特点（图9-7）。据农业农村部监测，2023年1—4月马铃薯批发均价为3.20元/千克，比上年同期高31.7%。主要原因：此阶段马铃薯市场供应主体为2022年产季库存薯。2022年马铃薯产量较常年偏低，导致入库数量减少。与往年同期相比，

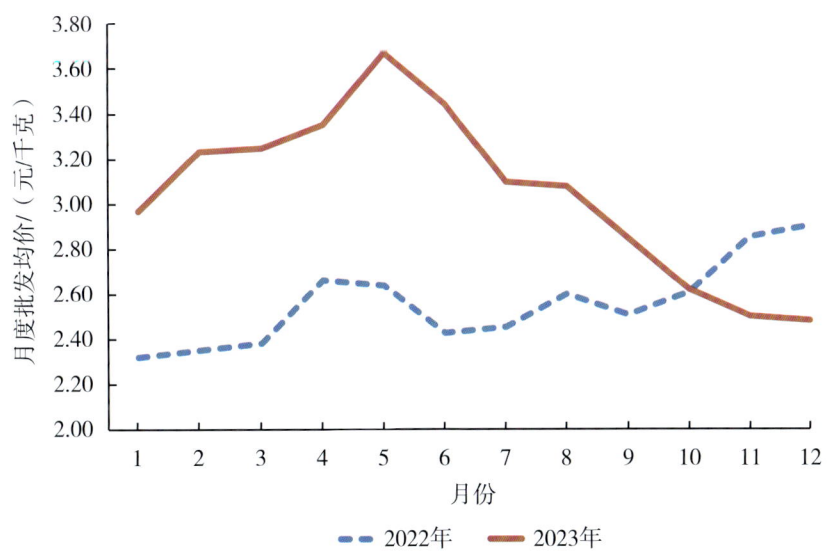

图9-7 2022—2023年中国马铃薯月度批发均价

（数据来源：农业农村部农产品批发市场监测信息网）

2023年初马铃薯市场供给偏紧，推动薯价同比上涨。5—8月马铃薯批发均价为3.32元/千克，比上年同期高31.3%。主要原因：此阶段马铃薯市场供应主体为2023年产季春季马铃薯。受春季马铃薯种植规模缩减和灾害天气影响，春季马铃薯产量处于近年来低位，马铃薯市场供给偏紧，马铃薯市场价格延续高位运行态势。9—12月马铃薯批发均价为2.60元/千克，比上年同期低3.8%。主要原因：此阶段马铃薯市场供应主体为2023年产季秋季马铃薯。受秋季马铃薯增产影响，马铃薯市场供给偏松，推动马铃薯市场价格同比下跌。

2.2 未来10年市场走势判断

2.2.1 总体判断

未来10年，中国马铃薯产量和消费量均呈现增长趋势，出口量增加，进口量减少。预计2024年马铃薯产量9 944万吨，比上年增长4.5%；消费量10 392万吨，比上年增长1.3%；出口量62万吨，比上年增长10.7%；进口量3万吨，比上年减少25.0%；市场均价将低于上年。预计2028年马铃薯产量11 173万吨，比基期年均增长2.5%；消费量10 984万吨，年均增长1.3%；出口量65万吨，年均增长3.9%；进口量2.88万吨，年均减少7.8%。预计2033年马铃薯产量11 594万吨，年均增长1.6%；消费量11 664万吨，年均增长1.3%；出口量67万吨，年均增长2.2%；进口量2万吨，年均减少7.4%；马铃薯市场价格总体呈现波动性上涨趋势。

2.2.2 生产展望

种植面积稳定增加。2023年马铃薯市场行情较好，生产收益可观，2024年薯农种植积极性提高，马铃薯种植面积将增加。预计2024年中国马铃薯种植面积8 397万亩（560万公顷），比上年增长3.7%。从长期来看，同小麦、玉米和水稻等粮食作物相比，马铃薯种植经济效益较好，发展前景广阔，未来种植面积将稳定增加。预计2028年马铃薯种植面积为9 100万亩（607万公顷），比基期增长9.0%，年均增长1.7%；2033年为9 235万亩（616万公顷），比基期增长10.7%，年均增长1.0%（图9-8）。

单产水平不断提高。种薯质量是决定马铃薯单产水平的重要因素。当前中国马铃薯种薯质量不仅同国外先进水平差距较大，而且不同地区之间差异也较大。例如，内蒙古、甘肃、河北和山东等地脱毒种薯普及率已达到90%以上，但湖北、云南和贵州等地脱毒种薯普及率尚不足50%。随着各地深入实施马铃薯种业振兴计划，尤其是加快普及脱毒种薯应用，中国马铃薯单产将呈提高态势。预计2024年为1 184千克/亩（17 764千克/公顷），比上年增长0.8%；2028年为1 228千克/亩（18 417千克/公顷），比基期增长3.6%，年均增长0.7%；2033年为1 255千克/亩（18 832千克/公顷），比基期增长5.9%，年均增长0.6%（图9-8）。

产量稳步增加。未来10年，在种植面积增加和单产水平提高的共同作用下，马铃薯产量将持续增加，预计2024年为9 944万吨，比上年增长4.5%；2028年为11 173万吨，比基期增长12.9%，年均增长2.5%；2033年为11 594万吨，比基期增长17.2%，年均增长1.6%。

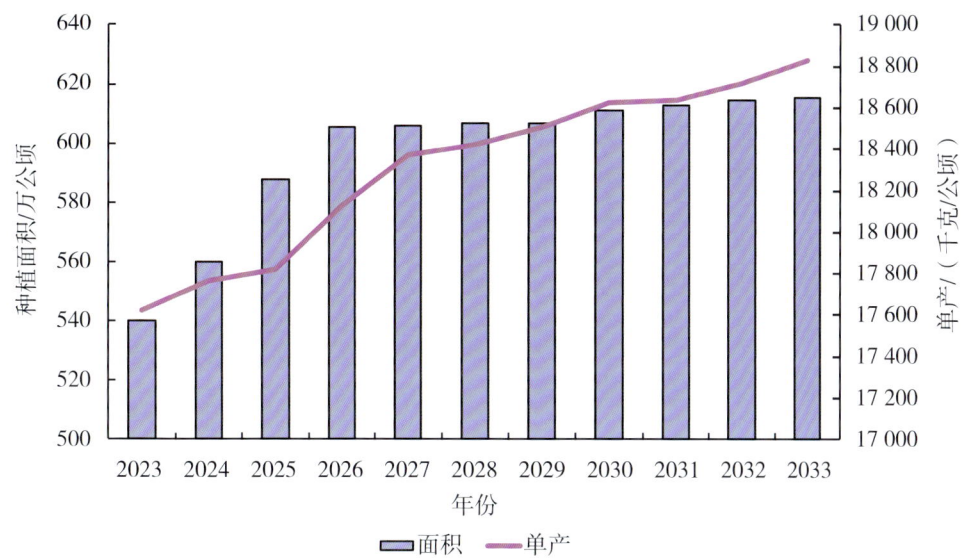

图9-8　2023—2033年中国马铃薯种植面积和单产变化趋势

（数据来源：2024—2033年数据为中国农业科学院农业信息研究所CAMES模型系统预测）

2.2.3　消费展望

消费量总体呈增加态势。预计2024年为10 392万吨，比上年增长1.3%；2028年为10 984万吨，比基期增长6.9%，年均增长1.3%；2033年为11 664万吨，比基期增长13.5%，年均增长1.3%。

食用消费保持增加。按照世界银行划分标准，中国已经迈进中等偏上收入国家行列，也进入了消费结构快速升级的新时期。城乡居民对营养健康农产品的需求快速增长。马铃薯以其营养丰富著称，特别是富含维生素、矿物质、膳食纤维等成分，很好地满足了消费结构升级的需要，马铃薯食用消费量将保持增加态势。预计2024年为6 260万吨，比上年增长0.7%；2028年为6 496万吨，比基期增长5.3%，年均增长1.0%；2033年为6 829万吨，比基期增长10.7%，年均增长1.0%（图9-9）。

加工消费继续增加。马铃薯加工用途广泛，既可开发成馒头、面条、米粉、面包、马铃薯饼、馕、煎饼等主食产品，也可开发成薯条、薯片等休闲产品，还可开发成富含马铃薯膳食纤维、蛋白、多酚及果胶的功能型产品。未来10年，随着中国积极推进马铃薯产业开发，马铃薯加工消费量会继续增加。预计2024年为1 007万吨，比上年增长3.4%；2028年为1 158万吨，比基期增长20.4%，年均增长3.8%；2033年为1 368万吨，比基期增长42.3%，年均增长3.6%（图9-9）。

种用消费和饲用消费均增加。未来10年，马铃薯种用消费随产量增加而增加，预计2024年为1 254万吨，比上年增长2.9%；2028年为1 447万吨，比基期增长15.2%，年均增长2.9%；2033年为1 530万吨，比基期增长21.7%，年均增长2.0%。随着收入水平提高，人们更加注重日常饮食营养结构，对肉蛋奶等动物性食品消费需求增加，马铃薯饲用消费也保持增长，预计2024年为567万吨，比上年增长2.0%；2028年为596万吨，比基期增长7.4%，年均增长1.4%；2033年为632万吨，比基期增长13.9%，年均增长1.3%（图9-9）。

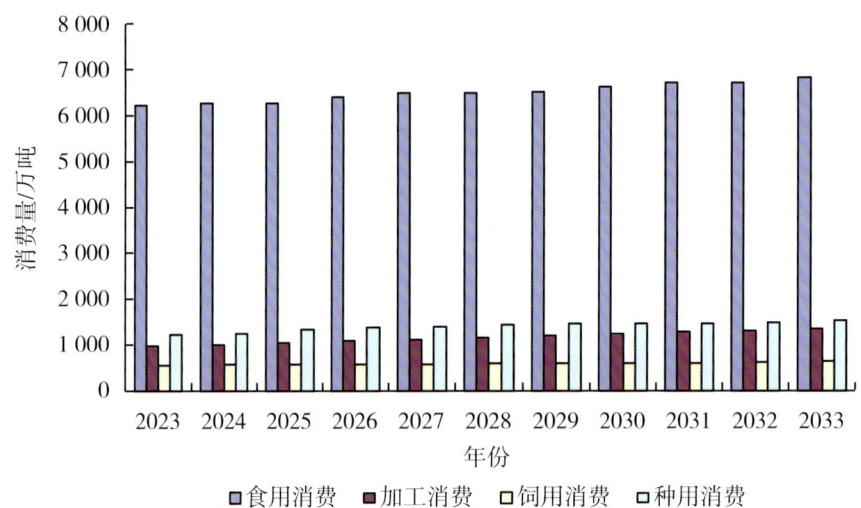

图9-9　2023—2033年中国马铃薯消费量变化趋势

（数据来源：2024—2033年数据为中国农业科学院农业信息研究所CAMES模型系统预测）

2.2.4　贸易展望

出口方面，中国马铃薯主要出口类型是鲜或冷藏的马铃薯。中国马铃薯主要出口至越南、日本、马来西亚、菲律宾以及中国香港等地，同美国、欧洲等马铃薯出口国家和地区相比，中国马铃薯成本优势明显。未来10年，随着中国马铃薯产业转型升级步伐加快，国际竞争力进一步增强，出口规模将继续扩大。预计2024年为62万吨，比上年增长10.7%；2028年为65万吨，比基期增长21.1%，年均增长3.9%；2033年为67万吨，比基期增长24.8%，年均增长2.2%（图9-10）。

进口方面，中国马铃薯主要进口类型是制作或保藏的冷冻马铃薯。进口的冷冻马铃薯主要为加工专用薯。未来10年，随着中国马铃薯生产结构日益优化，加工专用薯品种不断丰富、数量不断增加、品质不断提高，进口替代效应愈发明显，马铃薯进口规模将呈总体缩减态势，预计进口量2万~3万吨，仍以制作或保藏的冷冻马铃薯为主（图9-10）。

第九章 蔬菜

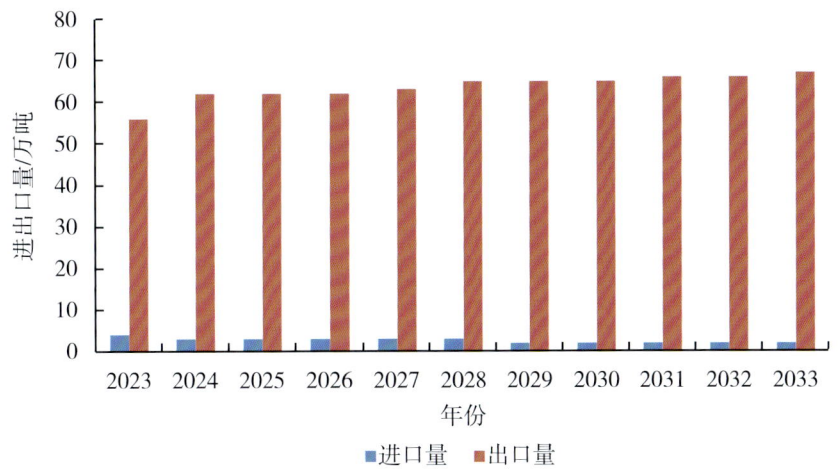

图9-10 2023—2033年中国马铃薯贸易量变化趋势

（数据来源：2024—2033年数据为中国农业科学院农业信息研究所CAMES模型系统预测）

2.2.5 价格展望

近期来看，2024年1—4月，马铃薯市场供应主体为2023年产季库存薯。受秋季马铃薯增产影响，2023年产季库存薯数量高于上年同期水平，待售库存薯货源量充足，预计此阶段马铃薯市场价格低于2023年同期水平。2024年5—12月，马铃薯市场供应主体为2024年产季马铃薯。2023年马铃薯种植收益普遍可观，将提高2024年薯农生产积极性，马铃薯生产数量有望增加，此阶段薯价仍低于2023年同期水平。

长期来看，一方面，随着农业资源和生态环境约束日益趋紧，流转地租金、人工成本、物质与服务费用持续提高，马铃薯生产成本继续上升，将推动马铃薯市场价格上涨。同时，马铃薯优质化、品牌化、绿色化水平进一步提高，品质改善也将提升马铃薯的市场价格。另一方面，受农业气象条件、市场预期以及消费趋势等因素影响，马铃薯市场价格也会发生波动。总的看，未来时期，马铃薯市场价格呈现波动性上涨趋势。

2.3 不确定性分析

2.3.1 气象因素

近年来，虽然各产区加强了农业基础设施建设，但是马铃薯生产抵御自然灾害的能力仍然较弱，没能从根本上摆脱"靠天收"的状况，自然灾害天气会导致马铃薯产量降低和品质下降。甘肃、宁夏等产区易发生干旱天气，云南、贵州等产区常常因降雨过多造成马铃薯大幅减产。中国气象局发布的《中国气候变化蓝皮书（2023）》显示，全球气候变暖趋势仍在持续，中国升温速率高于同期全球平均升温水平，极端高温事件发生频次呈显著增加趋势。未来时期，全球气候变暖，极端

111

气候增多，将会进一步影响中国马铃薯产业发展。

2.3.2 技术因素

同美国、荷兰、法国和德国等国家相比，中国马铃薯生产技术水平仍有不小差距，未来时期，生产技术水平将是中国马铃薯产业发展的重要不确定性因素。一方面，种薯是制约中国马铃薯产业发展的短板，优质种薯研发和脱毒种薯推广情况将会对马铃薯产量和质量产生明显影响；另一方面，晚疫病、早疫病、环腐病、疮痂病、枯萎病等病害是造成中国马铃薯减产的重要原因。未来时期，马铃薯病害发生的范围和强度存在较大不确定性，中国马铃薯病害防治技术水平也会对马铃薯产业发展造成重要影响。

2.3.3 替代品种因素

在消费替代方面，马铃薯用途广泛，是粮经饲兼用作物。鲜食菜用是马铃薯的主要消费方式，马铃薯同其他蔬菜之间的消费替代作用明显，蔬菜市场行情走势将对马铃薯消费产生较大影响。同时，在饲用消费上，玉米、高粱、大豆等饲料作物的供需形势也会对马铃薯消费产生重要影响。在生产替代方面，马铃薯同玉米、小麦和大豆等均是中国不少地区的适种作物，农户会选择种植经济效益高的作物品种。未来时期，玉米、小麦和大豆等作物同马铃薯之间的种植收益对比变化会对马铃薯种植规模产生重要影响。

参考文献

陈萌山，王小虎，2015. 中国马铃薯主食产业化发展与展望[J]. 农业经济问题（12）：4-11.

高琨，田晓红，谭斌，等，2021. 马铃薯食品加工现状及展望[J]. 中国粮油学报，36（8）：161-168.

贺梅英，王维，2023. 中国蔬菜出口贸易潜力及贸易效率研究[J]. 北方园艺（21）：144-150.

黄凤玲，2017. 中国马铃薯贸易及竞争力分析[J]. 中国马铃薯（3）：178-185.

孔森权，周瑛，2022. 国际循环新格局下的蔬菜技术贸易壁垒：程度与影响[J]. 江苏商论（6）：45-48，53.

刘金艳，2023. 大型突发事件背景下蔬菜市场实现供需紧平衡的分析及对策建议[J]. 商业经济（8）：101-103，196.

罗其友，伦闯琪，高明杰，等，2022. 2021—2025年我国马铃薯产业高质量发展战略路径[J]. 中国农业资源与区划，43（3）：37-45.

农业农村部. 农业农村部关于印发《"十四五"全国种植业发展规划》的通知[EB/OL].（2021-12-29）[2022-02-03]. https://www.moa.gov.cn/govpublic/ZZYGLS/202201/t20220113_6386808.htm.

屈冬玉，谢开云，金黎平，2005. 中国马铃薯产业发展与食物安全[J]. 中国农业科学，38（2）：358-362.

沈辰，穆月英，2019. 基于产销关联的北京蔬菜市场流通时空特征分析：以大白菜、黄瓜、番茄为例

［J］.中国蔬菜（11）：10-15.

石鑫岩，2022.我国蔬菜种子国际贸易格局与竞争力评价研究［J］.中国瓜菜，35（4）：112-116.

万多，许月艳，2024.中国蔬菜出口贸易格局演变及其影响因素研究：基于社会网络方法［J］.经济问题（3）：23-29.

王秀丽，陈萌山，2020.马铃薯发展历程的回溯与展望［J］.农业经济问题（5）：123-130.

王秀丽，王小虎，2018.瑞典、挪威与俄罗斯3国马铃薯的生产消费及对中国推进马铃薯主食产业化的启示［J］.世界农业（3）：31-36.

徐建飞，金黎平，2017.马铃薯遗传育种研究：现状与展望［J］.中国农业科学，50（6）：990-1015.

闫豪玮，穆月英，2023.蔬菜产业监测预警体系建设研究 基于蔬菜市场价格监测预警［J］.蔬菜（5）：1-10.

杨亚东，胡韵菲，栗欣如，等，2017.中国马铃薯种植空间格局演变及其驱动因素分析［J］.农业技术经济（8）：39-47.

杨亚东，杜娅婷，杜歆仪，等，2022.中国马铃薯农户种植意愿及其空间差异［J］.中国农业资源与区划，43（2）：220-230.

于丽艳，穆月英，丁建国，等，2022.蔬菜生产的空间集聚对技术效率的影响［J］.中国瓜菜，35（3）：110-114.

曾国军，梁月和，徐雨晨，2022.中国城乡居民食品消费结构变迁研究［J］.数量经济研究，13（1）：54-72.

张小允，鲍洁，许世卫，2023.蔬菜监测预警技术体系 创新发展"谋未来"［J］.蔬菜（7）：1-9.

招洁欣，黄越，贺梅英，等，2023.中国蔬菜出口美国现状和竞争力分析［J］.中国蔬菜（2）：1-6.

中国营养学会，2022.中国居民膳食指南（2022）［M］.北京：人民卫生出版社.

周向阳，沈辰，张晶，等，2022.2021年马铃薯市场形势回顾和2022年展望［J］.中国蔬菜（2）：1-4.

周向阳，沈辰，张晶，等，2023.2022年马铃薯市场形势回顾和2023年展望［J］.中国蔬菜（2）：91-94.

周向阳，张晶，徐美，等，2023.2023年上半年中国马铃薯市场形势回顾和后期展望［J］.农业展望，19（7）：9-12.

第十章

水　果

中国是全球最大的水果生产国和消费国，水果产业是推进乡村振兴、强农增收的重要产业之一。2023年水果供给充足，产量3.22亿吨，比上年增长2.9%；消费量3.13亿吨，比上年增长3.0%；进出口增加，水果及制品进口量839.23万吨，出口量502.51万吨，分别比上年增长5.8%和7.9%，贸易逆差112.78亿美元，比上年扩大25.07亿美元；全国6种水果年平均批发价格为7.41元/千克，比上年涨6.9%。展望期内，水果产业高质量发展进程加快，水果产量和消费量持续增长，进、出口继续扩大。预计2024年，水果产量3.25亿吨，直接消费1.58亿吨，加工消费4 452万吨，分别比上年增长1.0%、0.4%、1.9%；进口量（折鲜）和出口量（折鲜）分别为1 348万吨和827万吨，分别比上年增长10.5%和3.5%。预计2028年，水果产量3.33亿吨，年均增长1.3%（基期为2021—2023年3年平均值，下同）；直接消费1.60亿吨，加工消费5 232万吨，年均增速分别为0.8%、4.6%；进口量（折鲜）和出口量（折鲜）分别为1 972万吨和1 104万吨，年均增速分别为12.0%和5.5%；预计2033年，水果产量3.40亿吨，直接消费1.61亿吨，加工消费6 541万吨，年均增速分别为0.9%、0.5%、4.6%；进口量（折鲜）和出口量（折鲜）分别为2 646万吨和2 083万吨，年均增速分别为9.0%和9.5%。

1 2023年市场形势回顾

1.1 产量小幅增加，供给总体充足

2023年我国水果产量3.22亿吨，比上年增长2.9%，供给总体充足，部分品种局地小幅减产。果园面积为1.97亿亩（1 314万公顷），瓜果类面积为3 203万亩（214万公顷），均比上年略有增加。水果主产区气象条件基本适宜，园林水果产量为2.36亿吨，比上年增长3.6%；瓜果类产量为8 572万吨，比上年增长1.1%。分品种看，苹果产量4 800万吨，比上年增长约1%，其中陕西种植区因果园优化和挂果面积增加，苹果产量1 351万吨，比上年增长4.2%；甘肃部分种植区因天气影响略有减产。梨的主产区极端性灾害天气较少，整体丰产且品质较好，其中山东秋月梨核心产区约增产20%，新疆库尔勒香梨产量达90万吨。柑橘园的挂果面积和单株挂果数量同比普遍增加，柑橘类水果产量显著增加，其中广西柑橘产量为2 011.4万吨，比去年增长13.6%，湖南、四川等主要种植区的产量均有所增加。

1.2 消费需求旺盛，消费量持续增加

2023年中国水果消费量3.13亿吨，比上年增长3.0%。人们对健康科学饮食和提升免疫力愈加重视，加上后疫情时代经济恢复向好、旅游业复苏，在外就餐明显增加，也带动了水果消费。2023年水果直接消费量1.57亿吨，比上年增长1.5%，占水果产量的48.8%。新兴业态崛起也进一步拓展了水果消费空间，果切、果茶、水

果类零食等创新的产品形态和消费场景成为新的消费热点。2023年水果加工消费量4 370万吨，比上年增长5.0%，占水果产量的13.6%。水果供给充足的基本面为消费者提供了丰富而多元的选择，从品种、品质、供应时间、购买渠道等多个方面保障了水果消费，生产供给与消费市场形成了良性循环。

1.3 进出口均增加，贸易逆差扩大

2023年中国水果及制品进口量839.23万吨，进口额183.37亿美元，分别比上年增长5.8%和16.3%；水果及制品出口量502.51万吨，出口额70.59亿美元，分别比上年增长7.9%和2.2%（表10-1）。水果及制品贸易逆差112.78亿美元，比上年扩大25.07亿美元。

表10-1 2023年中国水果及制品进出口数量、金额及同比变化

类别	进口量		进口额		出口量		出口额	
	万吨	同比/%	亿美元	同比/%	万吨	同比/%	亿美元	同比/%
水果及制品	839.23	5.8	183.37	16.3	502.51	7.9	70.59	2.2
鲜、冷冻水果	730.70	3.4	165.09	15.5	376.29	18.3	45.87	7.3
果汁	61.90	44.3	9.27	39.0	33.48	−27.1	5.71	0.9
水果罐头	4.50	21.5	0.57	9.9	47.74	−11.1	6.30	−12.2

数据来源：据海关总署数据整理。

中国水果贸易以鲜、冷冻水果为主，2023年进口和出口均不同程度增加。2023年鲜、冷冻水果进口量和进口额分别是730.70万吨和165.09亿美元，分别比上年增长3.4%和15.5%。进口额最大的3类鲜果依次是榴莲、樱桃和香蕉，进口额分别是67.16亿美元、26.52亿美元和10.82亿美元，加上山竹、椰子、猕猴桃、葡萄、龙眼、柑橘、火龙果这前10类鲜果，共占鲜果进口额的85%。其中，榴莲和山竹的进口额涨幅较大，同比分别增长65.6%和16.2%，椰子和猕猴桃持平略增，其余6种水果的进口额不同程度地减少（图10-1）。2023年鲜果出口量和出口额分别是376.29万吨和45.87亿美元，分别比上年增长18.3%和7.3%。出口额最大的鲜果依次是柑橘、苹果、葡萄、梨、甜瓜等，共占鲜果出口额的81%，其中柑橘出口额12.49亿美元，苹果出口额9.70亿美元，葡萄出口额8.14亿美元。与上年相比，除苹果出口额减少6.7%外，其他4种水果的出口额均不同程度地增加，其中柑橘增长20.7%，葡萄增长12.2%。

中国水果制品贸易以果汁为主，近年来进口量和进口额持续高速增长，2023年首次超过出口。2023年果汁进口量和进口额分别是61.90万吨和9.27亿美元，分别比上年增长44.3%和39.0%。进口规模最大的柑橘汁进口量和进口额分别是16.73万吨

和2.96亿美元，分别比上年增长10.3%和35.0%。椰子汁进口量和进口额分别是12.05万吨和1.58亿美元，分别比上年增长40.1%和26.9%。果汁出口量和出口额分别是33.48万吨和5.71亿美元，分别比上年减少27.1%和增长0.9%，果汁出口平均价格提高。出口规模最大的苹果汁出口量和出口额分别是26.88万吨和4.44亿美元，分别比上年减少32.8%和4.1%。梨汁出口量和出口额分别是2.86万吨和0.45亿美元，分别比上年减少7.3%和增长13.7%。

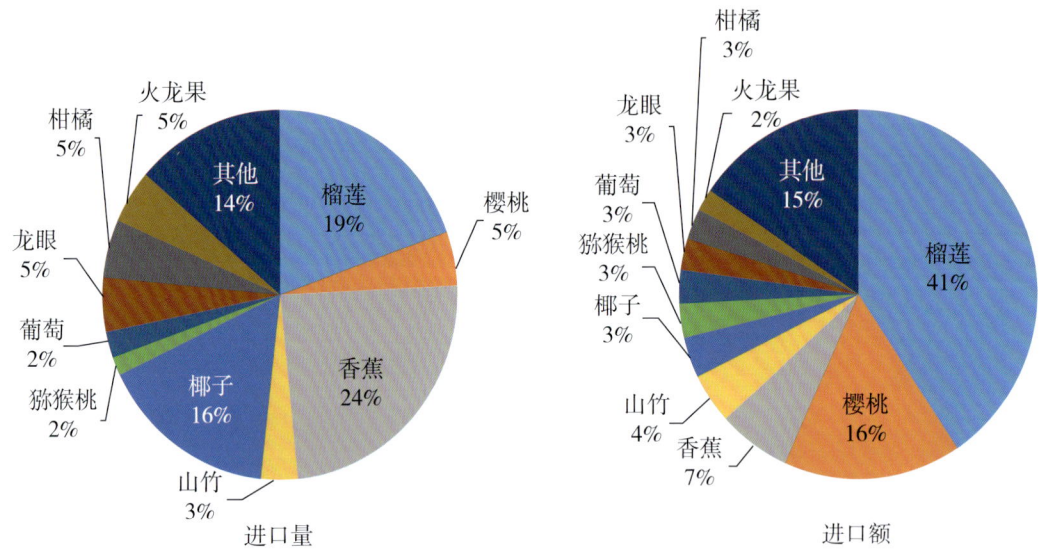

图10-1　2023年中国鲜、冷冻水果进口品种结构

（数据来源：据海关总署数据整理）

2023年中国水果罐头进口扩大，出口缩减。进口量和进口额分别是4.50万吨和0.57亿美元，分别比上年增长21.5%和9.9%，其中进口规模最大的是菠萝罐头，进口量和进口额分别是3.78万吨和0.41亿美元，同比分别增长了35.7%和26.6%。水果罐头出口量和出口额分别是47.74万吨和6.30亿美元，分别比上年减少11.1%和12.2%，其中柑橘罐头、桃罐头、梨罐头等出口均比上年明显减少。

1.4　价格同比上涨，相对高位运行

根据农业农村部农产品批发市场监测统计数据，2023年全国6种水果（富士苹果、巨峰葡萄、西瓜、鸭梨、菠萝、香蕉）年平均批发价格为7.41元/千克，与上年相比涨6.9%，为近10年新高（图10-2）。

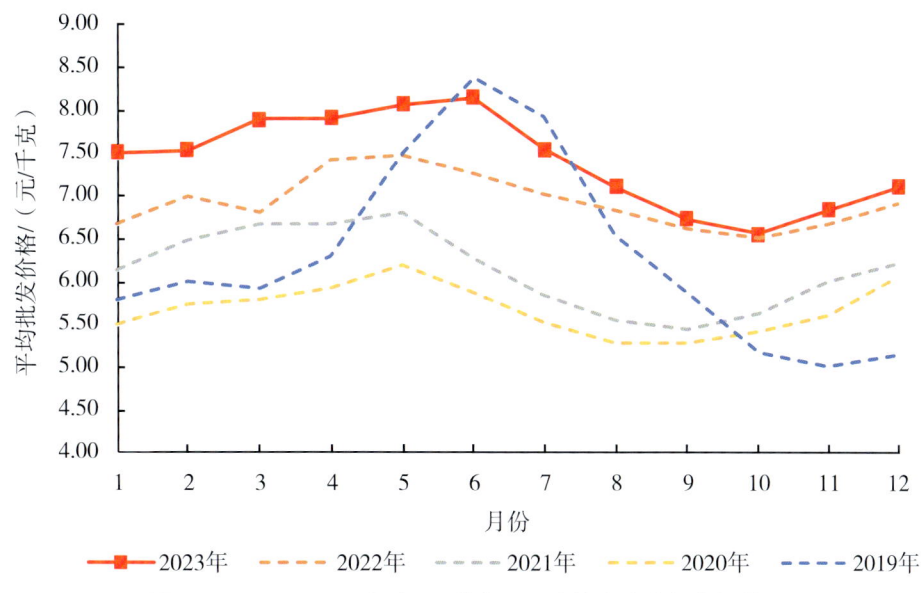

图10-2　2019—2023年全国6种水果平均批发价格与变化情况

（数据来源：农业农村部农产品批发市场监测统计数据）

2023年水果批发月均价在6.56~8.14元/千克区间，处于历史高位，年内环比涨跌幅在-7.3%~8.7%区间。上半年，受冬、春应季水果供给相对偏紧、成本较高以及清明、五一等节假日消费拉动，1—6月价格季节性上涨，由7.51元/千克缓慢上涨至年度最高价8.14元/千克，涨幅8.4%；7月之后夏、秋应季水果大量上市，价格逐步下跌，10月跌至年度最低价6.56元/千克；11月、12月冬季水果供给量和供给品类减少，消费需求旺盛，价格呈现季节性翘尾（图10-3）。同比来看，截至2023年12月，水果月均价连续39个月同比正增长，下半年同比涨幅比上半年收窄。

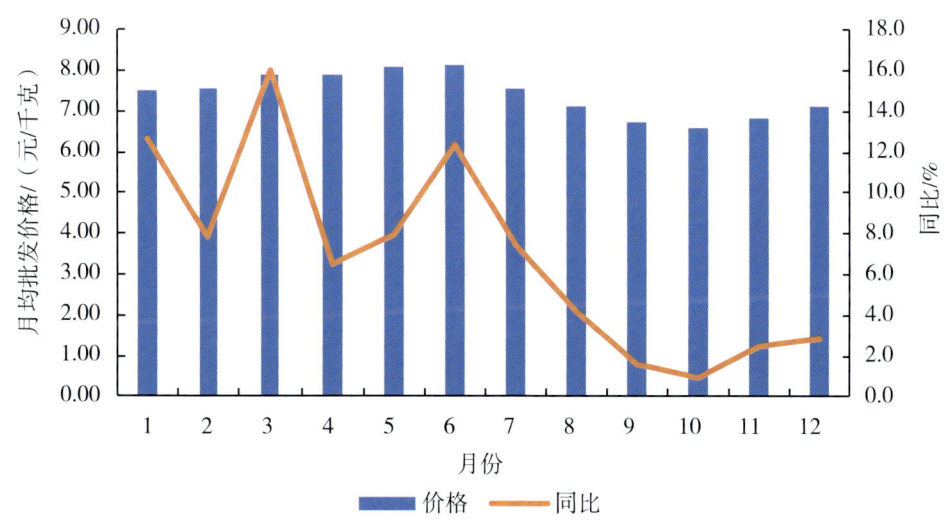

图10-3　2023年全国6种水果月平均批发价格与同比变化情况

（数据来源：农业农村部农产品批发市场监测统计数据）

2 未来10年市场走势判断

2.1 总体判断

未来10年，中国水果产量稳中有增，消费持续增长，进出口扩大，价格波动上涨。产量增速放缓，供给结构优化。预计2024年中国水果产量3.25亿吨，比上年增长1.0%，2028年和2033年分别达3.33亿吨和3.40亿吨，与基期相比分别年均增长1.3%和0.9%。品种结构将持续调整优化，特色果品占比增长，提质增效加速。消费持续增长，加工消费占比提高。预计2024年中国水果消费量3.16亿吨，比上年增长0.8%，2028年和2033年水果消费量分别达3.21亿吨和3.29亿吨，与基期相比分别年均增长1.2%和0.8%。进出口规模[①]显著扩大。预计2024年中国水果进口量（折鲜）1 348万吨，与上年相比增长10.5%，2028年和2033年进口量（折鲜）分别达1 972万吨和2 646万吨，与基期相比年均分别增长12.0%和9.0%。预计2024年中国水果出口量（折鲜）827万吨，与上年相比增长3.5%；2028年和2033年出口量（折鲜）分别达1 104万吨和2 083万吨，与基期相比分别年均增长5.5%和9.5%。价格波动上涨，分化趋势明显。预计展望期间水果平均批发价格波动上涨。"优质优价"趋势明显，同质化的低端果品价格趋于下跌。

2.2 生产展望

未来10年，中国水果种植面积将保持相对稳定，单产适度提升，产量稳步增长，但增速放缓。水果是地方促进农民增收的重要依托产业，随着乡村振兴战略的全面推进和乡村特色产业的大力发展，水果产业加快提档升级和高质量发展的步伐，品种结构、区域结构继续调整优化，水果生产标准化、规模化、数字化、品牌化水平得到显著提升，为差异化、多元化、高品质的水果供给提供有效保障。

种植面积相对稳定。受较高比较效益拉动，市场主体种植水果的积极性仍较高，但受水土资源的刚性约束，水果种植面积继续扩大的空间有限。广西、山东等部分水果大省（区），以市场需求为导向优化产业结构，适度调减过时过剩产能，推进水果产业高质量发展。预计展望期间水果面积保持相对稳定，产业结构进一步优化，特色果品占比将持续提升。预计2024年中国果园面积和瓜果类面积分别为197 134万亩（1 314万公顷）和3 187万亩（213万公顷），分别比上年增长0.02%和减少0.5%，2028年分别为197 311万亩（1 315万公顷）和3 215万亩（214万公顷），2033年分别为196 917万亩（1 313万公顷）和3 210万亩（214万公顷），与基期基本持平。

单产水平提高，品质提升。过去10年中国水果单产水平显著提高，2014—2023

---

① 水果进出口量数据包含水果制品，将果汁、水果罐头等水果制品按照一定比例折算为鲜果量。

年园林水果单产由871千克/亩（13 070千克/公顷）提升至1 200千克/亩（17 993千克/公顷），年均增长3.6%。未来果业发展继续强化创新驱动，科技水平进一步提升，在品种、砧木、种苗繁育、机械装备、果园管理等多方面推进科技创新，支撑单产水平继续提高。在市场引导下，生产端将愈加注重提质增效，单产增速较过去10年略有降低。预计2028年园林水果单产1 238千克/亩（18 576千克/公顷），2033年园林水果单产1 273千克/亩（19 102千克/公顷），与基期相比年均增长0.9%。为满足市场消费需求升级，水果产业逐步提档升级，优势果业愈加向优势产区集聚，老旧果园改造加快，标准化绿色生产体系逐渐完善，新"三品一标"提升行动深入落实，优质、品牌、特色果品占比提升，为水果全产业链协同发展提供保障。

产量增速放缓。基于单产水平的小幅提高，展望期间水果产量持续增加，增速较过去10年有所减缓。预计2024年水果产量3.25亿吨，比上年增长1.0%，2028年和2033年分别达3.33亿吨和3.40亿吨，与基期相比分别年均增长1.3%和0.9%（图10-4）。水果设施生产比例上升，水果产业加快向规模化、标准化、品牌化、优质化方向发展。

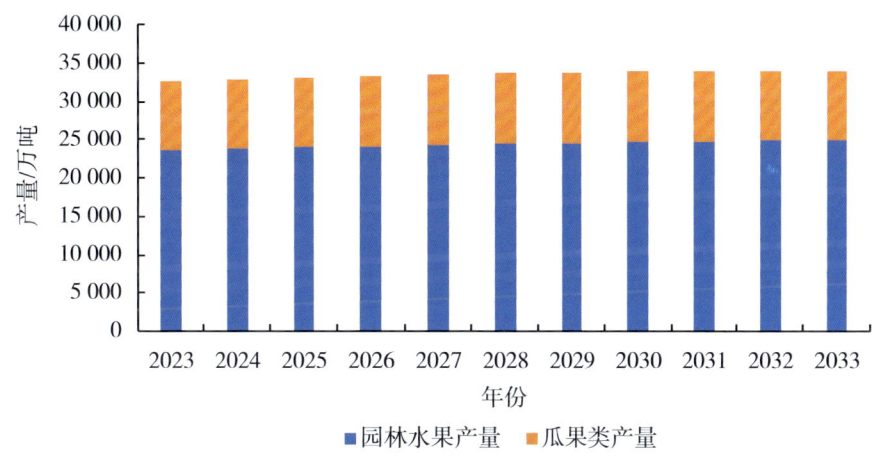

图10-4　2023—2033年中国水果产量展望

（数据来源：2024—2033年数据为中国农业科学院农业信息研究所CAMES模型系统预测）

2.3 消费展望

未来10年，中国水果消费量持续增长，加工消费占比提高，产后损耗率降低。随收入水平提高，水果消费需求已经从"吃得起、买得到"，逐渐迈向"好吃""健康""绿色"等更高层次，从原来营养补充的功能性消费，走向追求产地、品种、品牌等品质消费。预计2024年中国水果消费量3.16亿吨，比上年增长0.8%，2028年水果消费量3.21亿吨，与基期相比年均增长1.2%，2033年水果消费量

3.29亿吨，与基期相比年均增长0.8%。

人均消费水平提高，带动直接消费量增长。近年来，我国水果城乡消费差距显著缩小，但不同地区、不同年龄阶段、不同收入群体、不同消费习惯的消费者消费量差异较大，水果消费增长还存在一定潜力。展望期间，城乡居民可支配收入增长、城镇化水平提高和食物结构优化都有助于提高人均水果消费。国家骨干冷链物流基地建设、县乡村寄递物流配送体系进一步完善等将助推农村消费潜力释放，线上线下渠道为进口和国产特色水果流通提供了便利，中高端、优质品牌果品消费需求提升，特色小品类水果的市场份额不断扩大。预计2033年水果人均直接消费量达115.7千克，与基期相比年均增长0.6%。受人口规模减小和老龄化加剧影响，水果直接消费增速放缓。预计2024年水果直接消费1.58亿吨，比上年增长0.4%，2028年和2033年分别达1.60亿吨和1.61亿吨，与基期相比分别年均增长0.8%和0.5%（图10-5）。

多元化需求促进水果加工消费增长。从消费结构来看，水果鲜食消费占据主流，但果干、果汁、果酱等加工制成品需求进一步提升，加工消费成为水果消费的重要增长点。从消费端来看，果干、果泥、冻干果片等适合零食化、便捷化消费场景，果茶、水果酸奶、水果捞等外卖消费增长迅速，带动了冷冻水果、果汁、果酱等的消费；从供给侧来看，水果精深加工提高产业链附加值，有助于应对市场价格波动，缓解滞销卖难问题，提高水果产业的整体竞争力，展望期间水果加工产业将加快发展。预计2024年中国水果加工消费4 452万吨，比上年增长1.9%，占水果产量的13.7%；2028年达5 232万吨，与基期相比年均增长4.6%，占水果产量比例为15.7%；2033年达6 541万吨，与基期相比年均增长4.6%，占水果产量比例为19.2%（图10-5）。

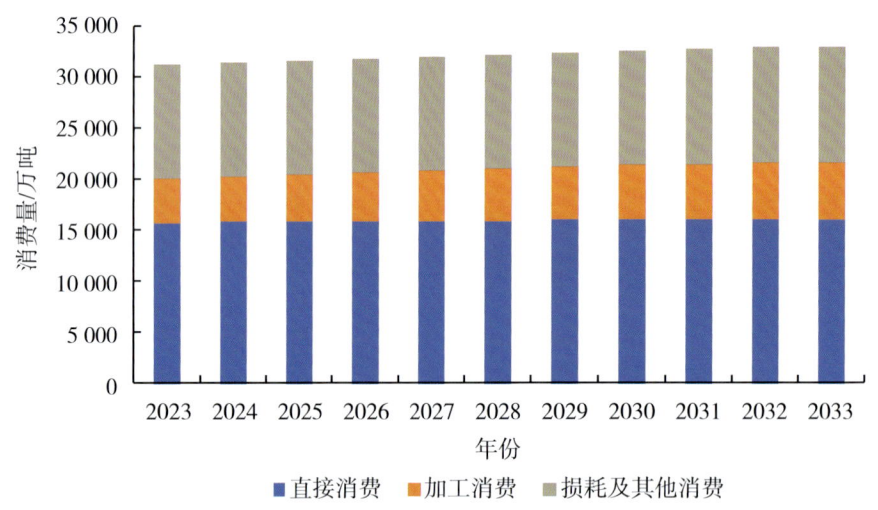

图10-5 2023—2033年中国水果消费展望

（数据来源：2024—2033年数据为中国农业科学院农业信息研究所CAMES模型系统预测）

损耗及其他消费量占水果产量的比例逐渐降低。未来10年，冷链物流不断完善，产后储藏保鲜技术水平提高，使水果从产地到终端市场的流通环节更加稳定可控，有效降低水果损耗。预计损耗及其他消费量占产量的比例由基期的34.5%降至2033年的30.2%（图10-5）。

2.4 贸易展望

未来10年，水果对外贸易规模呈现显著扩大趋势，逆差格局长期存在。预计2024年水果进出口总量（折鲜）2 175万吨，比上年增长7.7%；2028年3 076万吨，与基期相比年均增长9.4%；预计到2033年水果进出口总量（折鲜）4 729万吨，与基期相比年均增长9.2%。

进口增长。2023年共有来自19个国家的十余类新鲜水果列入《获得我国检验检疫准入的新鲜水果种类及输出国家/地区名录》，获得了准入资格，更多来源地和品类的水果得以进入中国市场。随着《区域全面经济伙伴关系协定》（RCEP）深入实施，低关税、快速检验检疫等政策出台，东盟水果进口更加便捷，进口规模仍将继续扩大。预计2024年中国水果进口量（折鲜）1 348万吨，比上年增长10.5%；2028年1 972万吨，与基期相比年均增长12.0%；2033年2 646万吨，与基期相比年均增长9.0%。展望期内，鲜、冷冻水果仍是进口果品的主体，受国内消费者消费偏好影响，高品质果汁、果泥、水果罐头等制品进口预计有较快增长。2023年，中国陆续与厄瓜多尔、塞尔维亚等国家签署自由贸易协定，至此，中国已与相关国家和地区签署22个自贸协定，拥有29个自贸伙伴，未来将扩展和吸纳更多自贸伙伴，进一步激发双边贸易投资合作潜力，促进水果贸易的开展。

出口增长。中国有品种丰富、规模庞大的温带水果，随着水果产业加快高质量发展，中国果品的标准化、优质化和品牌化水平较快提升，加之健全的仓储冷链物流体系，中国水果在国际市场上将更具竞争力，出口规模预计较快增长，在国际市场将占据更大份额。预计2024年中国水果出口量（折鲜）827万吨，比上年增长3.5%；2028年1 104万吨，与基期相比年均增长5.5%；2033年2 083万吨，与基期相比年均增长9.5%。

2.5 价格展望

随着经济恢复和消费温和反弹，预计2024年水果市场产销两旺，水果价格较上年回落，年内维持先涨后跌的季节性波动走势。预计全国6种水果（富士苹果、巨峰葡萄、西瓜、鸭梨、菠萝、香蕉）平均批发价格在6~8元/千克区间波动。1—5月水果上市量较少，以库存水果供应为主，价格季节性上涨；6—10月，随着瓜类水果大量上市和新产季大宗苹果、梨成熟上市，水果价格下降；11—12月供应量和品类逐步下降，在年底节假日消费拉动下，价格回升。

展望期间，水果市场价格整体呈现波动上涨趋势。要素投入增长、生产成本上涨、果品品质整体提升等因素将推动水果价格上涨，但水果总体供大于求的供需关系仍将持续，水果价格大幅度上涨可能性不大。随着水果品种结构优化，熟期搭配更加合理，以及冷储保鲜水平提高和设施果业的发展，使更多水果实现周年供应或供应期延长，有助于市场平稳运行，减缓水果季节性价格波动。随着居民水果消费需求愈加差异化、多样化和个性化，水果市场将在渠道、品类和品牌等方面进一步细分，价格分化趋势将更加明显。

3 不确定性分析

3.1 自然灾害因素

气象灾害对水果产业带来的不确定性一直存在。极端天气事件的频繁发生，将直接影响水果生产和采运，寒潮和"倒春寒"会导致南方和北方果树花芽冻害，春夏干旱影响果实发育、生长，连续雨雪则增加水果采收运输的难度、提高成本，并导致病害发生。2024年1月中下旬中东部地区出现大范围寒潮雨雪天气，2月底全国大部分地区出现低温雨雪，影响正在生长期的云南、海南、广东香蕉的生长，使其成熟期推迟，春季"倒春寒"发生的概率较大，影响多种果树的花芽分化。病虫害也是影响水果生产和消费的潜在威胁。2023年末，香蕉枯萎病热带4号（TR4）在菲律宾蔓延，约1.5万个香蕉种植园受到影响，香蕉出口量持续下滑。菲律宾是亚洲地区最大香蕉出口国，也是中国香蕉进口最大来源国，TR4病害传播将影响亚洲地区的香蕉供给。据国家气候中心预测，2024年4月前后强厄尔尼诺事件将会结束，但2024年气温可能更高，同时极端天气也更加频繁和强大。展望期间，全球气候变化的复杂性越来越大，出现极端灾害性天气的不确定性强，增大了水果产业和市场的风险。

3.2 国际贸易环境因素

中美贸易摩擦、绿色贸易壁垒等贸易保护主义的抬头可能导致水果进出口贸易规模和贸易结构的变化。为了适应部分国家的绿色环保标准，中国水果出口需要更多有关环境保护的检验、测试、认证和鉴定，导致出口中间费用和附加费用大幅度增长，出口成本提升，给水果出口企业开拓国际市场带来了更多不确定性。贸易摩擦、关税调整等国际贸易环境变动的不确定性，也可能导致全球水果贸易格局的改变。

3.3 产业转型升级进程因素

近几年，水果结构性供大于求的情况一直存在，是水果转型升级的背景和基础，未来10年，水果产业高质量发展进入关键阶段，但面临一系列不确定性。随果农老龄化加剧和小农户逐渐退出，水果生产经营的规模化和集约化水平提高，新品种育成和推广、老果园更新改造、供应链管理水平、数字技术采纳等成为未来10年水果产业发展的关键因素。但不同产区、不同果品、不同环节的产业升级进程存在一定的不确定性，步伐难以一致，影响水果的生产、加工、流通和消费。水果转型升级过程中，结构性供大于求的供需关系仍会带来较大的市场风险，即使是市场认可度高的优质爆品果品，大规模盲目扩种，也会导致供给过剩价格下跌，引发水果产业和市场的波动。

参考文献

侯明慧，白晋睿，李夏清，等，2023. 1980—2021年中国居民食物消费结构变化趋势及优化建议[J]. 中国食物与营养，29（3）：36-40. DOI：10.19870/j.cnki.11-3716/ts.20230207.001.

侯煜庐，赵俊晔，2023. 中国居民水果线上线下消费倾向和行为及影响因素的实证分析：基于2 972份微观调查数据[J]. 农业展望，19（11）：95-101.

康晓茹，赵俊晔，张咏华，2023. 水果贸易网络演变特征与影响机制：对《区域全面经济伙伴关系协定》自由贸易区的实证研究[J]. 林业经济，45（9）：5-22. DOI:10.13843/j.cnki.lyjj.20231205.001.

农业农村部市场预警专家委员会，2023. 中国农业展望报告（2023—2032）[M]. 北京：中国农业科学技术出版社.

新华社. 中央农村工作会议在京召开 习近平对"三农"工作作出重要指示[EB/OL].[2023-12-24]. https://www.gov.cn/yaowen/liebao/202312/content_6921467.htm.

新华社. 中共中央 国务院关于做好2023年全面推进乡村振兴重点工作的意见.[2023-03-04]. https://www.gov.cn/zhengce/2023-02/13/content_5741370.htm.

第十一章

肉 类

1 肉类

肉类是中国居民重要的动物蛋白来源，对保障食物安全和居民生活具有重要意义。2023年肉类产量保持增长，市场供应有保障，消费稳步增长。2023年肉类产量9 748万吨，消费量10 268万吨，比上年分别增长4.5%、4.1%。肉类进口量总体减少，进口量603万吨，出口量83万吨，比上年分别减少1.6%、增长6.4%。在猪肉价格明显下跌的带动下，肉类加权均价①（集市价格，下同）持续下跌，CAMES价格指数②比上年下降13.33个百分点。未来10年，肉类生产量总体保持增长态势，其中猪肉产量稳中有降，但禽肉、牛羊肉增长速度较快，消费量大致保持增长，肉类产品进口先增后减，出口总体增长。预计2024年肉类产量、消费量分别为9 676万吨、10 199万吨，比上年均略减0.7%。2028年，产量9 702万吨，年均增长0.7%（基期为2021—2023年3年平均值，下同），消费量10 207万吨，年均增长0.5%，进口量592万吨，年均减少2.5%，出口量87万吨，年均增长3.1%。2033年，产量9 764万吨，年均增长0.4%，消费量10 253万吨，年均增长0.3%，进口量584万吨，年均减少1.4%，出口量95万吨，年均增长2.5%。

1.1 2023年市场形势回顾

1.1.1 肉类生产平稳发展

畜禽出栏量小幅增加。2023年肉类产能优化，生猪出栏保持增长，生猪出栏72 662万头，比上年增加2 668万头；肉牛羊生产稳定发展，肉牛出栏5 023万头，比上年增加184万头，羊出栏33 864万只，比上年增加240万只；家禽生产加快发展，家禽出栏168.2亿只，比上年增加6.9亿只。

肉类产量保持增长。2023年，随着数字技术在畜禽养殖和管理中的推广应用，畜牧业信息化和智能化程度提高，加之非洲猪瘟等重大动物疫病防控工作的加强，肉类生产提质增效，猪肉、禽肉、牛羊肉等肉类产品供给能力稳步提升，产量达到9 748万吨，比上年增长4.5%。2023年猪肉市场供应充足，产量5 794万吨，比上年增加253万吨，对肉类产量增长的贡献率为60.2%；禽肉产量加速增长，产量2 563万吨，比上年增加120万吨，对肉类产量增长的贡献率为28.6%；牛肉产量753万吨，增加34万吨；羊肉产量531万吨，增加7万吨（图11-1）。

---

① 肉类加权均价根据猪肉、禽肉、牛肉、羊肉集贸市场价格按产量加权平均计算。
② 肉类CAMES价格指数根据猪肉、禽肉、牛肉、羊肉集贸市场名义价格计算，以猪肉、禽肉、牛肉、羊肉产量为权重，以2011—2013年为基期。

图11-1 2014—2023年中国肉类产量和增长率

（数据来源：国家统计局）

1.1.2 肉类消费小幅增长

肉类消费稳步增长。2023年，各项促消费政策举措持续发力、成效显现，肉类消费潜力稳步释放，肉类消费增速有所提高，仍低于产量增速。2023年肉类消费量10 268万吨，比上年增长4.1%，肉类人均消费量72.84千克，比上年增长4.3%。其中，肉类加工消费量大幅增加，加工消费量1 631万吨，比上年增长16.3%；直接消费量稳中有增，直接消费量8 177万吨，仅比上年增长1.6%。

肉类消费升级优化。各品种肉类产品消费均有所增长，增速差距缩小，主要表现为猪肉、禽肉、羊肉消费增速均有所提高，牛肉消费增速放缓。2023年猪肉消费量5 934万吨，比上年增长4.0%，增速提高3.2个百分点；禽肉消费量2 628万吨，比上年增长4.6%，增速提高3.1个百分点；羊肉消费量574万吨，比上年增长2.3%，增速提高1.2个百分点；在消费者购买能力有限和消费行为更趋理性等因素影响下，牛肉消费量1 027万吨，比上年增长4.0%，增幅比上年回落1.8个百分点。肉类消费持续向发展型、品质型方向升级。随着消费者消费观念的转变，消费者对高蛋白、低脂肪、高品质的肉类产品需求增加，禽肉、牛羊肉的消费占比稳中有升。此外，仓库食品折扣店等新的商业配送模式不断涌现，肉类新兴消费模式和消费场景为肉类市场注入新活力。

1.1.3 肉类进口量有所减少

肉类进口总体减少。2023年，国内肉类产品稳定安全供给能力稳步提升，肉类进口总体呈减少态势，进口量603万吨，比上年减少1.6%。猪肉产品进口持续减少，进口量155万吨，比上年减少11.7%；禽肉产品进口稳中略降，进口量131万吨，比上年减少0.6%；在全球牛羊肉供应偏宽松、国际价格低位运行等因素影响下，牛羊肉产品进口有所增加，其中羊肉进口大幅增长，进口量43万吨，比上年增长21.1%，牛肉进口量274万吨，比上年增长1.8%。从进口结构看，最主要的肉类进口产品是牛肉产品，占比为45.4%，其次是猪肉、禽肉产品，占比分别为25.7%、21.7%，羊肉产品占比最小，为7.1%（图11-2）。

肉类出口增幅收窄。2023年肉类出口83万吨，比上年增长6.4%，增幅为2021年以来的最低水平。肉类出口产品仍以禽肉、猪肉产品为主，其中禽肉产品出口66万吨，比上年增加3万吨，猪肉产品出口16万吨，比上年增加4万吨（图11-2）。

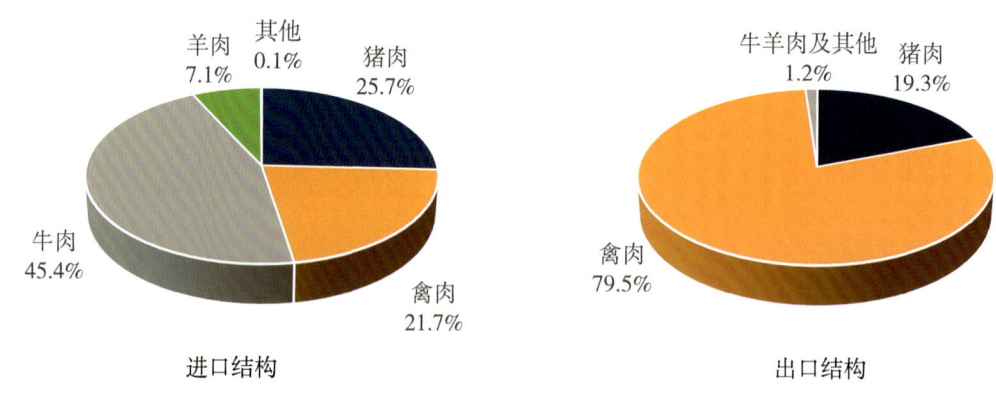

图11-2　2023年中国肉类进出口结构

（数据来源：海关总署）

1.1.4　肉类价格持续下跌

肉类价格下跌明显。2023年肉类市场供需仍呈宽松格局，价格连续3年下跌（图11-3）。2023年肉类加权均价32.87元/千克，比上年下跌9.2%；CAMES价格指数为119.2点，比上年下降13.33个百分点。**分品种价格以跌为主**。猪肉、牛肉、羊肉价格均有所下降，其中猪肉价格跌幅最为明显，2023年猪肉均价25.79元/千克，比上年下跌16.1%；在国内市场供应增加、消费增长趋缓，以及国际市场价格下跌等因素影响下，牛羊肉价格均有所下跌，牛肉均价84.23元/千克，比上年下跌3.8%，羊肉均价79.53元/千克，比上年下跌4.0%；禽肉价格有所上涨，禽肉均价24.13元/千克，比上年上涨1.1%。

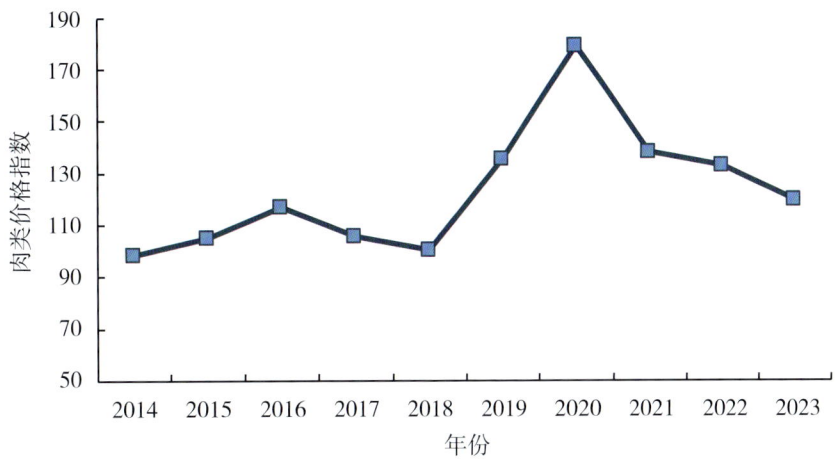

图11-3 2014—2023年中国肉类CAMES价格指数情况

（数据来源：根据国家统计局、农业农村部畜牧兽医局监测数据测算）

1.2 未来10年市场走势判断

1.2.1 总体判断

展望期内，随着生猪产能的优化调整，牛羊肉基础生产能力的稳定，肉类生产实现稳定发展，肉类产品供给保障能力增强，肉类产量总体将呈增长态势。预计2024年肉类产量9 676万吨，比上年略减0.7%；2028年为9 702万吨，比基期增长3.7%，年均增长0.7%；2033年为9 764万吨，比基期增长4.4%，年均增长0.4%。肉类市场需求稳步释放，肉制品的多样化满足消费者多元化需求，肉类消费量大致保持增长。预计2024年肉类消费量10 199万吨，比上年略减0.7%；2028年为10 207万吨，比基期增长2.6%，年均增长0.5%；2033年为10 253万吨，比基期增长3.0%，年均增长0.3%。随着国内肉类生产增量提质，肉类产品自给率提高，肉类产品国际市场竞争力增强，国际市场份额占有率将提高。预计2024年肉类进口量606万吨，比上年增长0.5%，2028年为592万吨，2033年为584万吨；2033年出口95万吨，年均增长2.5%。

1.2.2 生产展望

肉类产量总体呈增长态势。2024年，肉类产量将稳中略减，产量9 676万吨，比上年略减0.7%，主要是由于猪肉产量的减幅略大于其他肉类产量的增幅。具体来看，由于2023年末能繁母猪存栏4 142万头，比上年下降5.7%，生猪存栏43 422万头，比上年下降4.1%，2024年生猪基础产能将合理调减，猪肉产量将小幅下降至合理水平；随着草食畜牧业转型升级的稳步推进，牛羊肉基础生产能力稳定，牛羊肉产量将继续增长，肉鸡产能充足，禽肉产量稳中略涨。长期来看，随着畜禽养殖规模化、标准化、绿色化、设施化水平稳步提升，畜牧业质量效益和竞争力增强，肉类产品供给保障能力提高，畜牧业将实现高质量发展，肉类产量将总体呈增长态势，预计2028年肉类产量9 702万吨，比基期增长3.7%，年均增长0.7%；2033年为9 764万吨，比基期增长4.4%，年均增长0.4%（图11-4）。

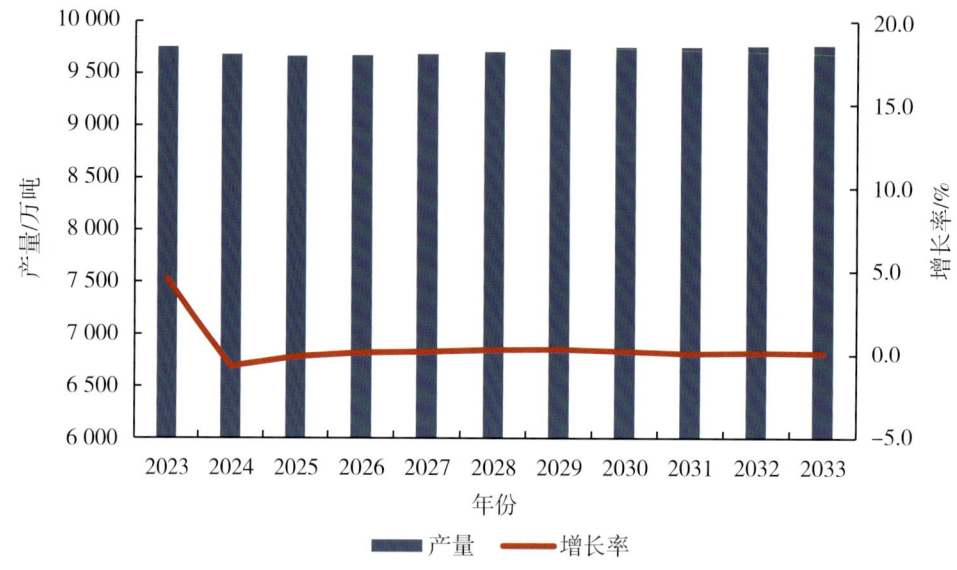

图11-4　2023—2033年中国肉类产量变化趋势

（数据来源：2024—2033年数据为中国农业科学院农业信息研究所CAMES模型系统预测）

1.2.3　消费展望

肉类消费量大致保持增长。2024年，在猪肉消费量小幅下跌的带动下，预计肉类消费量稳中略降，消费量10 199万吨，比上年下降0.7%。长期来看，随着居民收入及生活水平的提高，膳食结构逐步优化，肉类消费量将呈稳步恢复态势。同时，消费者更趋向于健康饮食，对高品质、营养丰富的肉类产品需求也将增加。预计2028年肉类消费量为10 207万吨，比基期增长2.6%，年均增长0.5%；2033年为10 253万吨，比基期增长3.0%，年均增长0.3%（图11-5）。从消费结构看，猪肉占比将下降，禽肉、牛羊肉占比将提高。禽肉占比提升的主要原因是肉禽养殖饲料转化率高且受资源环境约束小，禽肉产量保持稳步增长，供给结构的变化将带动消费结构的变化，加之禽肉脂肪含量低、蛋白质含量高，能更好地满足居民营养健康的需求。

加工消费快速增长。2024年，肉类加工制品市场规模整体呈现稳定增长态势，肉类加工消费量小幅增长。预计2024年肉类加工消费量1 833万吨，比上年增长12.4%。长期来看，肉类加工技术的进步将使肉制品品类更加丰富，更好地满足消费者多元化需求。未来10年，肉类加工消费量将以年均4.9%的速度增长至2033年的2 344万吨。

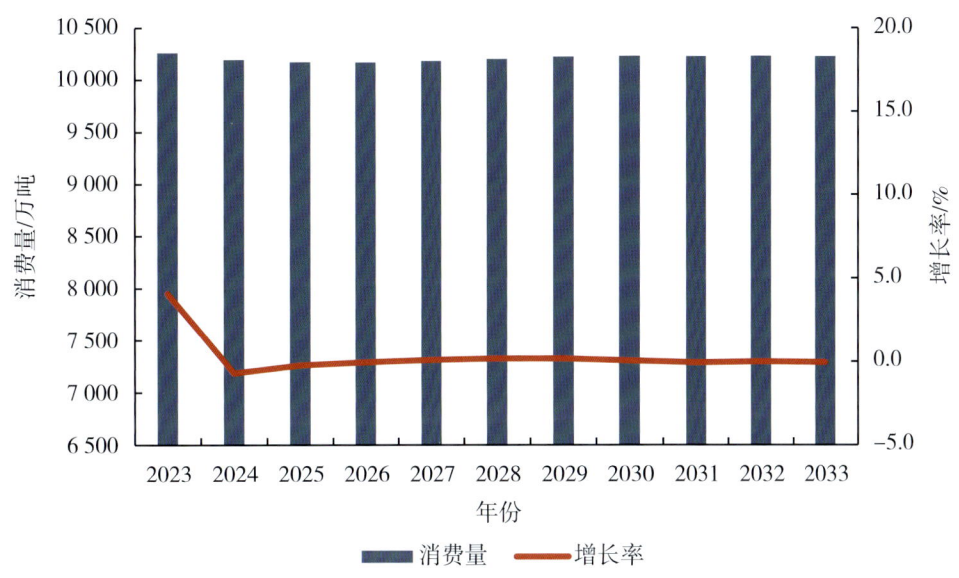

图11-5　2023—2033年中国肉类消费量变化趋势

（数据来源：2024—2033年数据为中国农业科学院农业信息研究所CAMES模型系统预测）

1.2.4　贸易展望

进口量先增后减。2024年，考虑到牛羊肉国内外价差依然明显，牛羊肉进口小幅增长，预计肉类产品进口606万吨，比上年略增0.5%。长期来看，随着国内肉类产品供给保障水平的逐步提升，肉类产品自给率将稳步提高，进口量将呈稳中略减态势。预计2028年肉类进口592万吨，比基期减少11.7%，年均减少2.5%；2033年为584万吨，比基期减少12.8%，年均减少1.4%。出口量总体呈增长态势。在肉类生产高质高效发展的有力支撑下，肉类产品国际竞争力将逐步提高，肉类产品占国际市场份额将实现提升，出口量将总体保持增长。预计2024年肉类出口83万吨，与上年持平；2028年出口87万吨，年均增长3.1%；2033年出口95万吨，年均增长2.5%。

1.2.5　价格展望

肉类价格波动幅度收窄。在无重大疫情等突发事件影响下，短期来看，2024年肉类市场供给有保障，消费需求稳步释放，预计肉类市场价格波动趋稳，品种间价格走势分化，不排除个别时段可能会出现阶段性大幅波动。其中，生猪产能合理调减，猪肉价格有望回升至合理区间；禽肉市场供需宽松，价格将偏弱运行；牛羊肉市场供给持续增加以及消费增长趋缓，价格将稳中略跌。长期来看，随着肉类生产健康稳定发展，肉类产品全产业链监测预警机制逐步健全，肉类产品应急保障能力不断增强，市场价格波动幅度将趋缓，预计肉类CAMES价格指数与上年相比波动幅度在8个百分点以内。

2 猪肉

猪肉是中国居民最重要的动物性食物，对稳定物价水平和保障经济平稳运行具有重要意义。2023年全国生猪出栏量和猪肉产量稳步增长，猪肉供给充足，消费量稳中有增。全年出栏生猪7.27亿头，猪肉产量5 794万吨，消费量5 934万吨，比上年分别增长3.8%、4.6%和4.0%，进口量155.10万吨，比上年减少11.7%。年末能繁母猪存栏量4 142万头，比上年减少5.7%，基础产能呈合理调减趋势。猪肉年度均价25.79元/千克，比上年下跌16.1%，猪粮比价继续下降，生猪养殖亏损持续时间为近几轮猪周期中最长。未来10年，猪肉产量稳中略降，消费增速逐渐放缓趋稳。预计2024年，猪肉产量5 694万吨，消费量5 833万吨，产销均比上年减少1.7%；猪肉价格恢复至27~28元/千克的正常水平。2028年，产量5 528万吨，年均减少0.1%（基期为2021—2023年3年平均值，下同），消费量5 632万吨，年均减少0.1%，进口量119万吨，年均减少12.7%。2033年，产量5 386万吨，年均减少0.3%，消费量5 479万吨，年均减少0.5%，进口量107万吨，年均减少7.5%。

2.1 2023年市场形势回顾

2.1.1 猪肉产量稳步增长

2023年猪肉产量5 794万吨，比上年增长4.6%。其中，一至四季度猪肉产量分别为1 590万吨、1 442万吨、1 269万吨和1 493万吨，同比增幅持续上涨，分别增长1.9%、4.6%、4.8%和7.3%。生猪出栏量7.27亿头，比上年增长3.8%；分季度看，一至四季度生猪出栏量分别为19 899万头、17 649万头、16 175万头和18 939万头，同比增幅逐季扩大，分别增长1.7%、3.7%、4.7%和5.4%。年末生猪存栏量43 422万头，同比减少4.1%。其中，能繁母猪存栏量4 142万头，同比减少5.7%，基础产能合理调减。

2.1.2 消费需求稳中有增

在猪肉价格整体偏低的影响下，猪肉消费稳中有增。2023年猪肉消费量5 934万吨，比上年增长4.0%，人均猪肉消费量42.09千克，比上年增长4.2%。分季度来看，一季度受元旦、春节提振，猪肉消费量1 640.28万吨，同比增长2.5%；二、三季度猪肉消费量略增，分别为1 478.80万吨和1 298.64万吨，同比分别增长4.7%和4.0%；四季度进入传统消费旺季，灌肠、腌腊等消费支撑鲜销增加，猪肉消费量达1 515.78万吨，同比增长5.2%。由于2023年冻猪肉库存较高，叠加预制菜行业快速发展，猪肉加工比例增加，加工消费量约为1 127万吨，同比增长17.7%。

2.1.3 猪肉进口小幅减少

受国内猪肉价格低迷影响，全年猪肉进口量小幅下降，出口量增加。在国内生猪产能提高和猪肉市场供应阶段性供大于求的共同作用下，全年猪肉进口逐季减少。全年猪肉进口量155.10万吨，比上年减少11.7%，进口额35亿美元，比上年减少10.3%。一、二季度猪肉进口数量分别为53.04万吨和40.67万吨，同比分别增长27.6%和4.6%；三季度和四季度猪肉进口量分别为33.67万吨和27.72万吨，同比分别减少18.9%和48.5%。进口猪肉主要来自巴西、西班牙、丹麦、荷兰、加拿大、美国等16个国家。其中，从巴西、西班牙和丹麦进口的猪肉分别占进口总量的28.3%、25.7%和8.2%。全年猪肉出口总量（含活猪折算猪肉）15.83万吨，比上年增长37.3%；其中，活猪出口量111.96万头，比上年增长5.0%，猪肉出口量2.68万吨，比上年减少2.2%。

2.1.4 猪肉价格总体下跌

2023年全年猪肉均价为25.79元/千克，比上年下跌16.1%。据国家统计局统计，全年猪价下跌带动CPI下降约0.2个百分点。从月度走势来看，1—7月，猪肉价格处于持续下跌趋势，其中1月和2月猪肉价格跌幅较大，环比分别下跌17.0%和9.0%，7月跌至全年最低价23.38元/千克。8月，在冻猪肉收储提振和高温多雨天气影响调运等因素的综合作用下，生猪市场供应整体偏紧，猪肉价格环比上涨14.0%。9月，猪肉价格环比涨速放缓，每千克猪肉为26.88元，环比上涨0.8%。10月以后，生猪产能释放，出栏量充足，叠加节假日需求不及预期，猪肉价格持续下跌至12月的24.69元/千克（图11-6）。

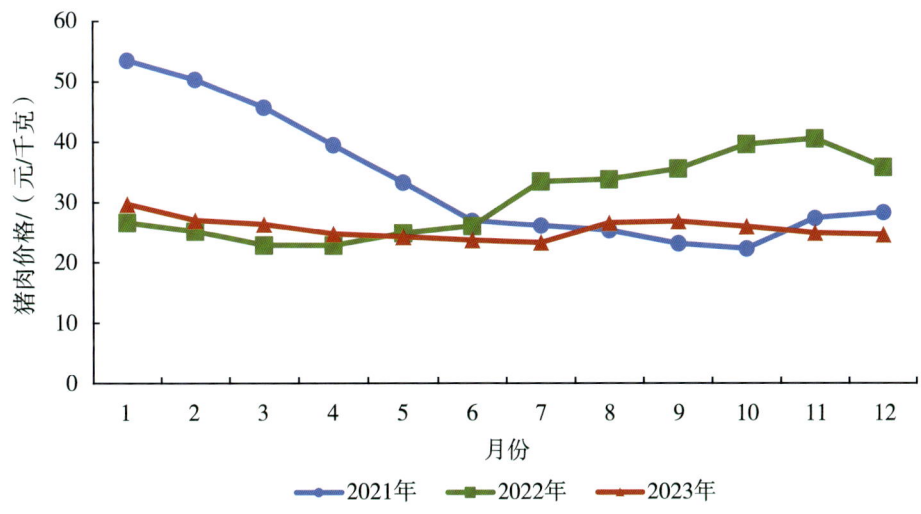

图11-6　2021—2023年集贸市场猪肉月度价格

（数据来源：农业农村部统计调查监测数据）

2.1.5 猪粮比价继续下降

生猪价格下跌带动猪粮比价继续下降，生猪养殖亏损持续时间为监测以来最长。据国家发展改革委数据，2023年猪粮比价平均为5.40∶1，比上年下降1.37个点。1—2月，生猪价格和玉米价格同时下跌，但生猪价格跌幅较大，带动猪粮比价下降至2月的5.07∶1，接近5∶1的一级预警线。3月生猪价格上涨，玉米价格下跌，猪粮比价小幅增长至5.33∶1。4—7月，猪粮比价总体呈下降趋势，7月跌破一级预警线，处于全年最低水平4.96∶1。随着猪肉收储政策启动，市场信心提振，8月生猪价格止跌回升，猪粮比价环比增长0.91个点，达到全年最高水平5.87∶1。9—11月猪粮比价稳中略降，12月猪粮比价小幅增长至5.58∶1。2023年生猪散养成本2 258元/头，比上年上涨121元；规模养殖成本2 060元/头，比上年上涨114元。

2.2 未来10年市场走势判断

2.2.1 总体判断

猪肉产量稳中有降，生猪规模化养殖比例逐步上升，产业结构不断优化。短期内，受2023年产能去化影响，预计猪肉产量略有下降。长期来看，在消费需求减少等因素作用下，产量仍有进一步下降趋势。预计2024年猪肉产量5 694万吨，比上年减少1.7%；2028年猪肉产量5 528万吨，与基期基本持平；2033年猪肉产量5 386万吨，比基期下降2.8%，年均减少0.3%。

猪肉消费总量与人均猪肉消费量稳中有降。2024年猪肉消费量预计为5 833万吨，比上年下降1.7%。受人口老龄化、人口数量减少以及居民肉类消费升级等因素影响，展望期内猪肉消费量有所下降。预计2028年，猪肉消费量下降至5 632万吨，比基期减少2.3%；2033年5 479万吨，比基期减少5.0%，年均减少0.5%。

进口量持续减少。2024年，猪肉产量虽有所减少，但受2023年冷冻猪肉高库存影响，预计猪肉进口量与上年基本持平，约为155万吨。长期来看，国内猪肉消费需求下降促使猪肉进口需求减少，但带骨猪肉仍然存在刚性市场需求，猪肉进口仍将保持一定规模。预计2028年猪肉进口量119万吨左右，比基期减少49.2%，年均减少12.7%。2033年进口量107万吨，比基期减少54.3%，年均减少7.5%。

猪价波动幅度收窄，波动周期拉长。2024年猪肉供给有望小幅回落，消费需求稳中有降，预计短期内猪肉价格恢复至27～30元/千克，随着猪肉供需逐步趋稳，生猪产能等相关政策日趋完善，预计展望期内猪肉价格波动幅度较上两轮周期将有所减弱。

2.2.2 生产展望

生猪生产进一步提质增效，养殖布局日趋合理，生猪养殖规模化提升，高科技创新应用步伐加快。2023年生猪规模化养殖比例达到68%，比上年提高约3个百分点。生猪疫病风险总体可控，定点屠宰场的规范性不断提升，猪肉产品安全质量得到有力保障。短期内,受上年生猪产能去化等因素影响,2024年猪肉产量将下降至合理水平。2023年中国生猪市场仍处于猪周期摸底阶段,前三季度呈现缓慢去产能趋势,第四季度养殖端看涨预期落空,行业进入产能加速去化阶段。预计2024年猪肉产量将达到5 694万吨,比上年下降1.7%。

长期来看,未来10年,生猪出栏量和猪肉产量的年均减速度均为0.3%。生猪生产提质增效,随着肉类消费结构变化,生猪产业逐步由追求数量型增长向追求质量效益型增长转变,猪肉产量稳中略降。为保障养殖效益,满足居民多元化肉类需求,营养强化型猪肉、优质加工猪肉产品等优质猪肉产品市场进一步发展,带动生猪产业高质量转型升级。生猪产业集中度将进一步提升,并向规模化、专业化、智能化、生态化和营养导向迈进。预计2028年生猪出栏量6.99亿头,猪肉产量5 528万吨,均与基期数量基本持平。2033年生猪存栏量6.81亿头,猪肉产量5 386万吨,比基期分别下降2.6%和2.8%,年均减少0.3%(图11-7、表11-1)。

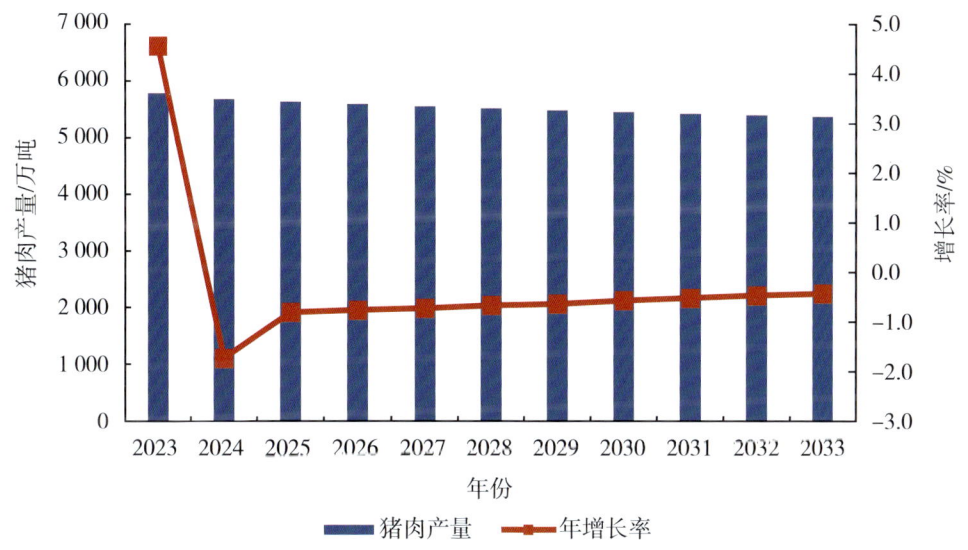

图11-7　2023—2033年猪肉产量及年均增长率

(数据来源:2024—2033年猪肉产量数据为中国农业科学院农业信息研究所CAMES模型系统预测)

表11-1　中国猪肉产量及年均增长率

项目	基期(2021—2023年)	2028年*	2033年*
产量/万吨	5 544	5 528	5 386
比基期年均增长率/%	—	−0.1	−0.3

数据来源:*为预测值,其余数据来自国家统计局。

2.2.3　消费展望

从短期来看,2024年猪肉消费量和猪肉人均消费量均呈现出稳中有降的趋势。

预计2024年猪肉消费量比上年下降1.7%，为5 833万吨。猪肉人均消费量比上年下降1.6%，达到41.43千克。

从长期来看，在人口老龄化、人口数量减少以及居民消费升级等因素影响下，猪肉消费量将小幅下降并趋于稳定，优质猪肉产品需求增长。预计展望期末人均猪肉消费量基本稳定在39千克左右。整体判断，消费升级、居民收入、产品价格、消费习惯、突发事件和偏好的改变等因素对猪肉消费的影响会更加突出，猪肉消费的核心驱动归结于"人均消费"变化和人口的数量。随着国民营养健康需求的不断上升，猪肉消费分层逐步形成，展望期内猪肉消费升级趋势明显，地方特色黑猪及营养强化猪肉市场快速发展。预计2028年猪肉消费总量5 632万吨，比基期减少2.3%，年均减少0.5%，人均猪肉消费量40.22千克，比基期减少1.6%；2033年猪肉消费总量5 479万吨，比基期减少5.0%，年均减少0.5%，人均猪肉消费量39.36千克，比基期减少4.0%（图11-8、表11-2）。

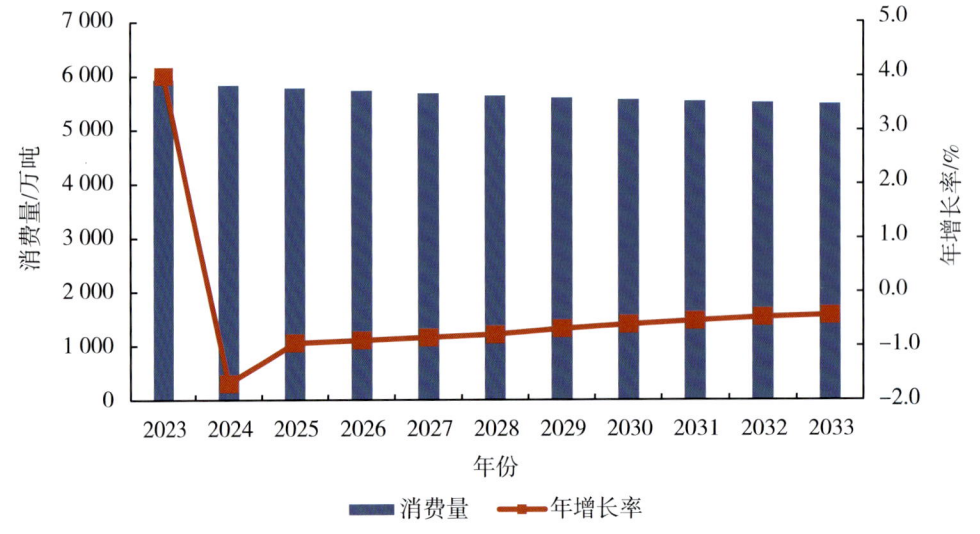

图11-8　2023—2033年猪肉消费量及年均增长率

（数据来源：2024—2033年消费量数据为中国农业科学院农业信息研究所CAMES模型系统预测）

表11-2　中国猪肉消费量及年均增长率

项目	基期（2021—2023年）	2028年*	2033年*
消费量/万吨	5 766	5 632	5 479
比基期年均增长率/%	—	−0.5	−0.5
人均消费量/千克	40.85	40.22	39.36
比基期年均增长率%	—	−0.3	−0.4

数据来源：*为预测值，其余数据来自国家统计局。

2.2.4 贸易展望

进口量有所减少。展望初期，预计2024年猪肉进口量与上年基本持平，仍为155万吨。长期来看，国内猪肉产能稳步提升，消费需求有所下降，冷鲜肉市场占有率加速提升，猪肉进口需求将逐步下降，但国内居民对带骨猪肉消费仍存在刚性需求。预计2028年猪肉进口量将达到119万吨左右，比基期减少49.2%；2033年进口量107万吨，比基期减少54.3%，年均减少7.5%（图11-9）。

出口数量基本保持稳定。展望期内，猪肉产量和消费量稳中有降，猪肉出口数量将较为稳定。预计2028年猪肉出口量（包括活猪）为15万吨，较2023年减少6.25%，2033年下降至14万吨，较2023年减少12.5%（图11-9）。

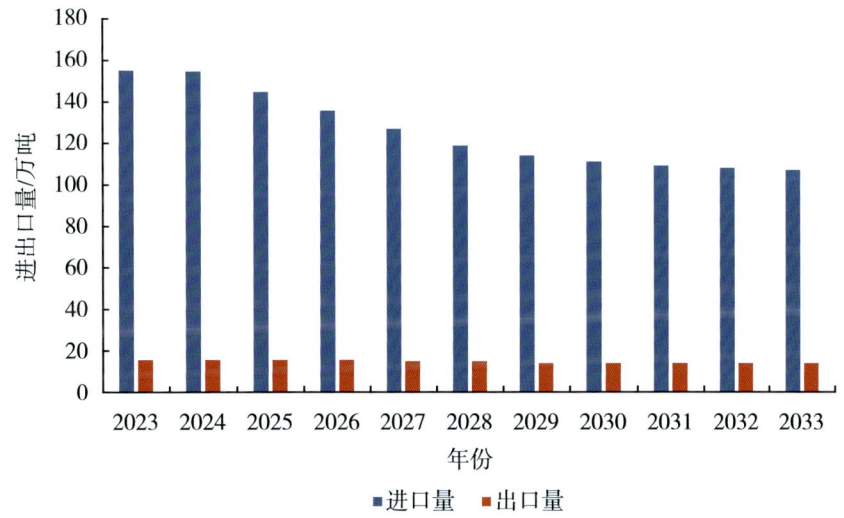

图11-9　2023—2033年中国猪肉进口量和出口量

（数据来源：2024—2033年数据为中国农业科学院农业信息研究所CAMES模型系统预测）

2.2.5 价格展望

2024年猪肉价格有望回到27～30元/千克的合理区间。2023年末至2024年初，生猪和能繁母猪存栏均存在小幅下降趋势，猪肉产能合理调减。预计2024年全年猪肉供给小幅回落，生猪生产成本下降，养殖微幅盈利，猪肉价格进入新一轮周期。长期来看，受规模化程度逐步提高、能繁母猪产能有保障、养殖技术水平提升以及生猪保险等风险管理工具不断完善等因素影响，猪肉价格波动幅度将明显收窄。

2.3 不确定性分析

2.3.1 非洲猪瘟等重大动物疫病

从全球来看，非洲猪瘟已经有100余年历史，到目前为止尚未研发出有效的防治疫苗和药物。非洲猪瘟已在我国定殖，各省份均报告发生过疫情，养殖、调运、屠宰、无害化处理等环节均检出过阳性。我国生猪养殖主体众多，生物安全防护意识和能力参差不齐，非洲猪瘟疫情发生和扩散的风险隐患长期存在。加上猪价持续低迷，部分养殖场户为降低生产成本减少了防疫投入，加大了疫情发生风险。目前仍要将非洲猪瘟等重大动物疫病防控作为稳定生猪产业发展的重要任务之一，持之以恒落实好各项常态化防控措施，加强重点环节的监督管理，确保不发生区域性重大动物疫情。

2.3.2 国际贸易环境

饲料成本占生猪养殖成本的50%~70%，其供给和价格波动会显著影响生猪养殖利润，并最终对猪肉的产量和价格造成影响。当前，全球经济偏弱运行、单边主义和贸易保护主义抬头，饲料粮进口来源高度集中，贸易风险不断加剧。复杂的地缘政治格局和全球供需版图的变化会造成玉米、大豆等饲料原料价格的波动，进而带动生猪养殖成本波动，影响企业收益。2021—2023年我国进口大豆（除种用）的价格分别为3.58元/千克、4.49元/千克和4.22元/千克，同比分别上涨31.0%、25.4%和下跌6.0%；玉米进口价格（除种用）分别为1.83元/千克、2.27元/千克和2.34元/千克，同比分别上涨20.1%、23.7%和3.0%。

2.3.3 居民肉类消费结构

畜牧业、餐饮业以及预制菜等行业快速发展，为消费者带来了丰富的产品选择，也潜移默化影响了居民肉类消费偏好，对生猪产业带来不确定性影响。未来猪肉消费将呈现如下变化：一是我国老龄化程度不断加深，青壮年人口占比减少，肉类消费增长动力有所下降；二是随着居民人均收入水平的不断增长和国民营养健康需求的不断上升，人们对营养导向的优质肉类产品需求增加，对高脂、高热量肉类的需求逐步下降；三是预制菜和快餐行业的发展带动禽肉消费增长，进一步挤占了猪肉消费的市场空间。

2.3.4 生猪养殖环保要求

2020年，国家出台的《关于促进畜牧业高质量发展的意见》提出，到2025年畜禽养殖规模化率达到70%以上，到2030年畜禽养殖规模化率达到75%以上。随着生猪养殖从农户散养向规模化、集约化发展，环保问题特别是臭气问题越来越突出，给产业发展带来诸多不确定性。粪便管理过程的温室气体排放占农业源碳排放的16.7%，在"双碳"目标约束下，解决生猪粪污粪便管理环节的污染问题尤为重要。现阶段，猪场废弃物处理成本仍然较高且很难达标，实现生猪产业的高质量发展必然更加依赖废弃物处理技术向污染减排协同和智能化方向发展，应合理规划养殖粪便产生量与周边耕地比例，将养殖粪便消纳作为养殖场建设的先决条件。

3　禽肉

禽肉是中国生产和消费的第二大肉类品种，生产连续6年保持增长态势。2023年中国禽肉产量2 563万吨，比上年增长4.9%；消费量2 628万吨，比上年增长4.6%；进口量131.42万吨，比上年减少0.6%；出口量66.49万吨，比上年增长5.8%。展望期内，预计禽肉产量和消费量持续增加，增速总体放缓，进口量趋于下降，出口量稳步增加。预计2024年，禽肉产量2 580万吨，比上年增长0.7%；消费量2 638万吨，比上年增长0.4%；进口量125万吨，比上年减少4.6%；出口量67万吨，比上年增长1.5%。预计2028年，禽肉产量2 746万吨，年均增长2.2%（基期为2021—2023年3年平均值，下同）；消费量2 796万吨，年均增长2.0%；进口量121万吨，年均减少2.4%，出口量71万吨，年均增长3.1%。预计2033年，禽肉产量2 905万吨，年均增长1.7%；消费量2 932万吨，年均增长1.5%；进口量105万吨，年均减少2.6%；出口量78万吨，年均增长2.5%。

3.1　2023年市场形势回顾

3.1.1　产量明显增加，产业内不同品种增减呈现差异化

产量增幅明显扩大。2023年中国禽肉生产势头良好，新增产能释放加快，产量显著增加。据国家统计局数据，2023年家禽出栏量168.2亿只，比上年增长4.2%，禽肉产量2 563万吨，比上年增长4.9%，增幅比上年扩大2.3个百分点（图11-10）。禽肉产量增加主要来自白羽肉鸡和白羽肉鸭生产的增量，817小白鸡产量也有较为明显的增加，黄羽肉鸡产量下降。肉鸡出栏中，白羽肉鸡、黄羽肉鸡和小白鸡的占比分别为55.3%、27.6%、17.1%。

白羽肉鸡方面，产能处于高位，产量显著增加。据中国畜牧业协会监测，白羽肉鸡祖代种鸡更新量达到127.99万套，比上年的96.34万套增长32.9%，其中68%的更新量源自国内自繁。祖代种鸡存栏量174.65万套，比上年减少2.1%；父母代种鸡存栏量8 056.12万套，比上年增长16.1%，父母代雏鸡供应连续5年增加，商品代鸡苗销量79.43亿只，比上年增长11.7%。全年白羽肉鸡出栏71.95亿只，比上年增长18.1%；鸡肉产量1 429.37万吨，比上年增长20.0%。

黄羽肉鸡方面，产业处于产能调减期，产能维持相对低位，养殖补栏持续下滑，鸡肉产量小幅下降。据中国畜牧业协会监测，黄羽肉鸡在产祖代种鸡存栏量151.35万套，比上年增长0.4%，在产父母代种鸡存栏量3 704.20万套，比上年减少5.0%，商品代鸡苗销量36.73亿只，比上年减少6.8%。全年黄羽肉鸡出栏35.95亿只，比上年减少3.5%；鸡肉产量467.31万吨，比上年减少0.8%。

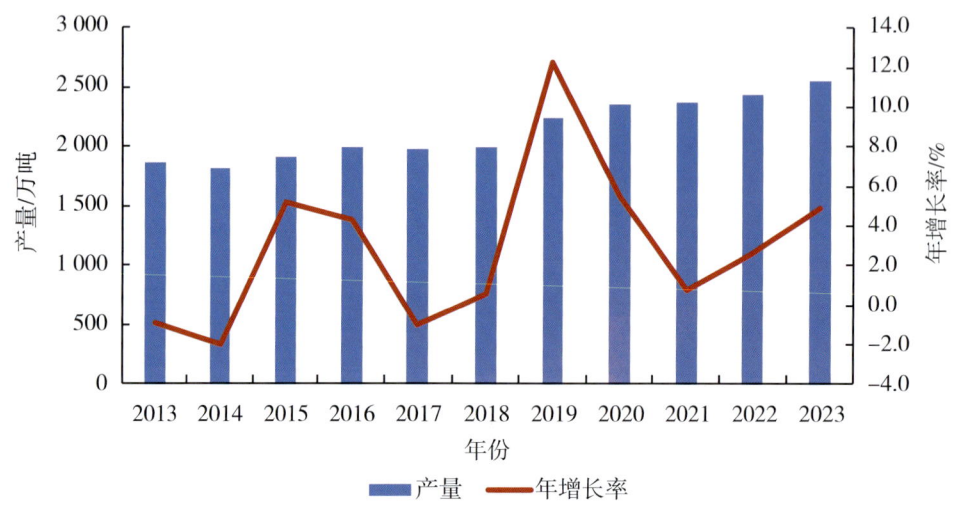

图11-10 2013—2023年中国禽肉产量及增长率变动情况

（数据来源：国家统计局）

3.1.2 消费量较快增长，白羽肉鸡消费占据绝对主导地位

消费增速略低于产量增速。2023年，中国经济处于新冠疫情后的恢复期，持续向好，居民收入增长带动消费需求整体增加。据国家统计局数据，全国居民人均可支配收入39 218元，比上年增长6.1%，其中城镇居民人均可支配收入增长4.8%，农村居民人均可支配收入增长7.6%；全国居民人均消费支出26 796元，比上年增长9.0%，其中城镇居民人均消费支出增长8.3%，农村居民人均消费支出增长9.2%。在经济恢复和收入增长的带动下，禽肉消费量2 628万吨，比上年增长4.6%，人均禽肉消费量18.64千克，比上年增长4.8%（图11-11）。禽肉消费达到近10年来的最高水平，但增速低于产量增速。

禽肉消费快速增长还源自其他因素的驱动。一是国家出台多项促消费政策，各地推出多批次优惠券，餐饮消费优惠力度进一步加大，提高了消费者就餐意愿。国内旅游市场和节日消费恢复升温等因素也对餐饮消费提供了支持。据国家统计局数据，2023年全国餐饮收入52 890亿元，比上年增长20.4%。二是功能食品、预制菜等新的消费场景出现，禽肉消费模式更加多样化，带动了整体消费需求的增加。根据《2023年中国预制菜产业发展白皮书》，2023年中国肉禽预制菜行业规模为1 544亿元，比上年增长26.1%，市场规模持续扩大。

从禽肉消费的产品结构来看，随着国产白羽肉鸡品种商业化速度的加快，市场占有率提升至25.1%，小型白羽肉鸡的消费份额增大。黄羽肉鸡因多地禁止活禽销售，消费占比继续呈下降态势。鸡肉在禽肉消费中的占比总体上升，水禽肉消费份额下降。

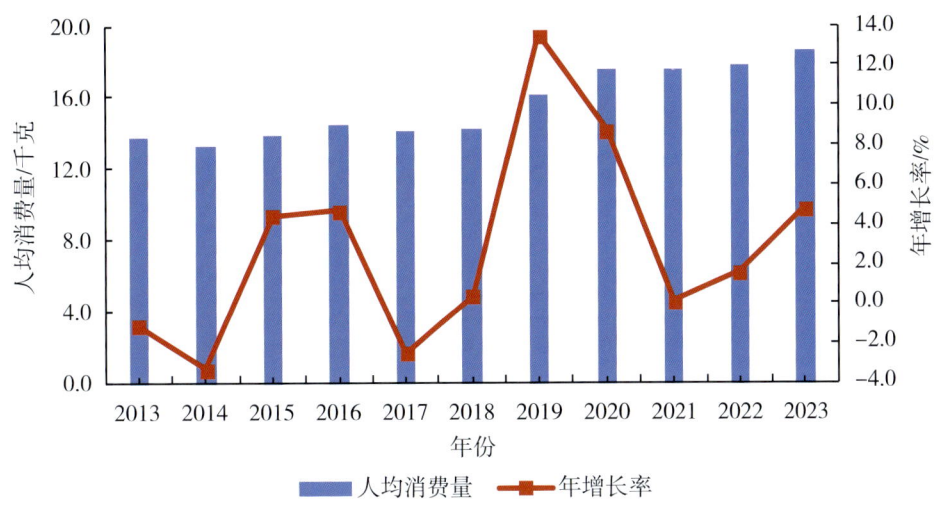

图11-11 2013—2023年中国人均禽肉消费量①及增长率变动情况
（数据来源：国家统计局、海关总署）

3.1.3 净进口减少，进口市场集中度提高

禽肉进口量稳中略减，出口量增加。由于国际禽肉价格具有竞争优势，中国禽肉进口继续保持高位。据海关总署统计，2023年禽肉（包含杂碎和加工产品）进口量131.42万吨，比上年减少0.6%，进口额42.31亿美元，比上年增长1.2%。禽肉出口量66.49万吨，比上年增长5.8%，出口额21.86亿美元，比上年减少1.2%（图11-12）。禽肉净进口量64.93万吨，比上年减少6.4%，比2020年的最高纪录109.54万吨减少40.7%。从进口产品看，主要是鲜冷冻禽肉及杂碎，占比高达99.2%，加工禽肉仅占0.8%。进口产品主要为冻鸡爪、冻鸡翅、带骨冻鸡块，分别占进口总量的40.6%、27.3%、23.8%，这3类产品合计占91.7%。从进口国别结构看，进口主要来自巴西、美国、俄罗斯、泰国、白俄罗斯，分别占进口总量的52.1%、18.7%、10.5%、9.3%、5.3%，合计占95.9%。受国际禽流感频发影响，从阿根廷、智利、土耳其的禽肉进口减少，进口市场集中度提升。自7月起，中国禽肉进口仅来自巴西、美国、俄罗斯、泰国、白俄罗斯5国，10—12月新增进口来源国吉尔吉斯斯坦。

鲜冷冻禽肉及杂碎出口明显增加，出口量31.66万吨，比上年增长13.5%，出口额7.95亿美元，比上年增长3.7%。由于对周边市场开拓力度加大，鲜冷冻禽肉及杂碎出口量增加明显，占禽肉产品出口总量的比例达到47.6%，比上年提高3.2个百分点。鲜冷冻禽肉及杂碎主要出口到中国香港和澳门地区、蒙古国、俄罗斯、柬埔寨、吉尔吉斯斯坦、马来西亚、巴林、格鲁吉亚等，上述9地合计占出口总量的91.7%。

---

① 人均禽肉消费量=（产量+进口量-出口量）/人口。

受国际禽肉价格走低影响，鲜冷冻禽肉及杂碎平均出口价格为2 510.85美元/吨，比上年下跌8.7%。

加工禽肉出口略有下降，出口量34.84万吨，比上年减少0.4%，出口额13.91亿美元，比上年减少3.8%。主要出口市场为日本、中国香港、荷兰、英国、韩国、菲律宾、德国、爱尔兰，分别占出口总量的52.0%、11.7%、8.6%、8.5%、5.0%、3.4%、2.6%、2.4%，合计占94.2%。由于国际贸易形势严峻，加工禽肉平均出口价格为3 992美元/吨，比上年下跌3.4%。

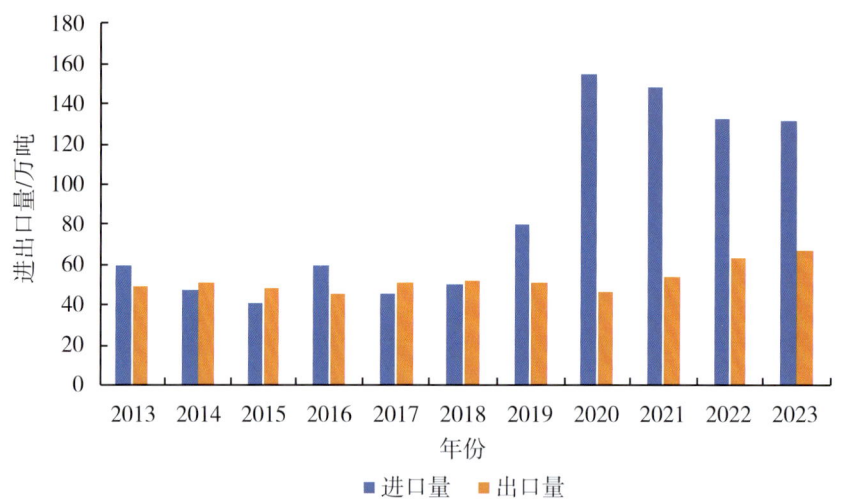

图11-12　2013—2023年中国禽肉产品进口量和出口量变化

（数据来源：海关总署）

3.1.4　价格高开低走，全年均价高于上年水平

价格保持相对高位，窄幅波动。2023年禽肉价格高开低走，在高饲料成本的支撑下，全年均价高于上年水平。据农业农村部畜牧兽医局监测数据，2023年鸡肉集市平均价格为24.13元/千克，比上年上涨1.1%。从年内月度价格变动看，总体以跌势为主，除8月、9月价格环比上涨外，其余月份环比均下跌。从周价看，全年仅15周价格环比上涨，其余各周均下跌或持平。7月，鸡肉价格为年内最低点23.57元/千克，比年内最高价1月的25.02元/千克下跌5.8%。8月在国内暑假旅游旺盛的带动下，消费需求显著回升，叠加猪肉价格短期反弹的关联效应，鸡肉价格明显上涨，在连涨两个月后，因供给增速较快，价格开始回落。12月，鸡肉价格跌至23.90元/千克，比年内最低价高1.4%，比年内最高价低4.5%（图11-13）。总体来看，鸡肉价格月度间波动幅度不大，波幅在1.9%以内，运行较为平稳。

从白羽肉鸡分割品批发市场价格走势来看，先涨后跌，全年均价10.73元/千克，略高于上年水平，涨0.3%。4月价格由1月的10.91元/千克上涨至11.72

元/千克，为年内最高点，此后价格持续下滑，12月跌至9.36元/千克。黄羽肉鸡活鸡批发市场价格呈倒"W"形波动，1—4月价格持续上涨，5—6月下跌，7—9月反弹回升，10—11月下跌，12月止跌回升。全年均价16.10元/千克，比上年跌7.5%，但仍高于2021年、2020年的价格水平。

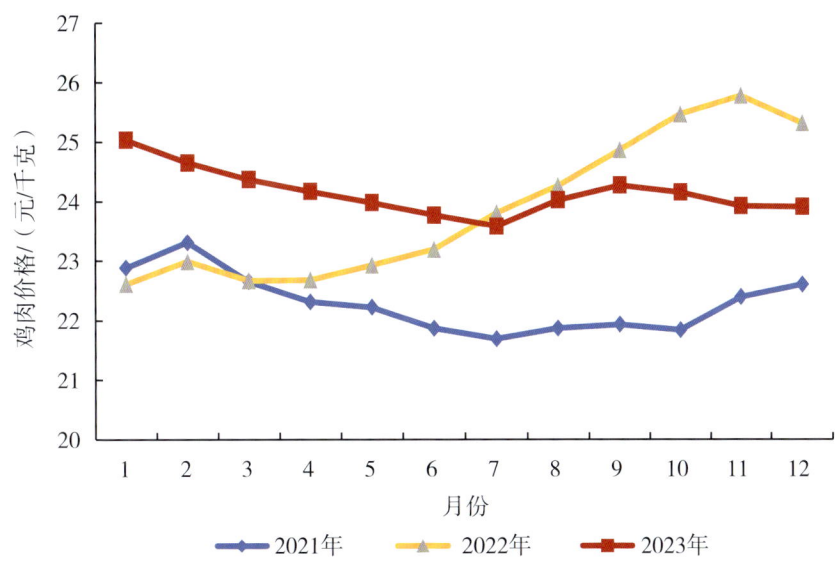

图11-13　2021—2023年鸡肉集市月度价格变动情况

（数据来源：农业农村部畜牧兽医局）

3.1.5　雏鸡和饲料成本上升，养殖效益收窄

肉禽养殖成本上升，产业总体保持盈利水平。2023年，肉雏鸡成本和饲料成本均有所上升，推高肉禽养殖成本，致使养殖效益明显收窄。肉雏鸡平均价格为3.48元/只，比上年上涨5.4%；肉鸡饲料平均价格为3.99元/千克，比上年上涨2.5%。产业链条间持续博弈，行业利润集中在产业链前端，不同品种收益有所分化。据国家发展改革委价格监测中心数据，白羽肉鸡全年养殖户平均每只鸡盈利0.61元，比上年减少10.4%。从各月的养殖效益情况来看，2月、3月、4月、6月、7月、8月盈利，其他月份亏损，其中1月、9月亏损最为严重，每只鸡亏损超过1.5元。从全产业链收益看，12个月均维持盈利水平，肉鸡全产业链平均收益为2.02元/只，比上年减少1.66元，减幅45.1%。黄羽肉鸡全年基本处于亏损状态，随着产能去化，仅有8月、9月明显扭亏为盈，10—12月为微利或微亏。黄羽肉鸡中，慢速型的效益要好于快速型和中速型。据中国畜牧业协会监测数据，商品代黄羽肉鸡养殖成本为16.00元/千克，比上年提高0.9%，平均每只鸡盈利0.10元，比上年收缩93.2%。其中，快速型黄羽肉鸡每只亏损0.78元，中速型黄羽肉鸡每只亏损0.59元，慢速型黄羽肉鸡每只盈利0.98元。

3.2 未来10年市场走势判断

3.2.1 总体判断

肉禽产能充足，产量保持增加态势。随着国内肉鸡品种自主培育能力的提升，肉禽种源依赖进口的局面持续缓解，国内产能稳步增加。受经济增速放缓和人口下降影响，消费需求牵引生产供给的导向更加突出。预计2024年禽肉产量为2 580万吨，比上年增长0.7%。展望中后期，禽肉产量增速逐步加快后再放缓。预计2028年产量将达到2 746万吨，与基期相比年均增长2.2%；2033年增至2 905万吨，年均增长1.7%。

禽肉消费总体增长，增速趋缓。随着科学膳食、健康营养饮食知识的普及，禽肉作为健康的白肉消费将长期呈增加趋势。预计2024年消费量为2 638万吨，比上年增长0.4%。展望中后期，随着功能食品、预制菜、体验式消费等更多消费场景的拓展与重构，消费增速将加快，但因人口负增长加深和城镇化进程达到一定阶段后变缓，后期消费增速又呈放缓态势。预计2028年禽肉消费量将达到2 796万吨，与基期相比年均增长2.0%；2033年增至2 932万吨，年均增长1.5%。

禽肉进口稳步下降，出口持续增长。从进口看，受国内生产供应充足、需求提升速度较缓慢、市场价格偏弱的影响，进口呈下降趋势。预计2024年禽肉进口量125万吨，比上年减少4.6%。展望中后期，随着禽肉产量的增长，进口稳步下降，预计2028年进口量为121万吨，与基期相比年均下降2.4%；预计2033年为105万吨，年均下降2.6%。从出口看，随着农业对外开放程度的扩大，与周边国家的贸易往来加深，出口量持续增加。预计2024年禽肉出口量67万吨，比上年增长1.5%。展望中后期，出口产品多元化将促使禽肉出口增速加快，预计2028年出口量71万吨，与基期相比年均增长3.1%；2033年出口量增至78万吨，年均增长2.5%。

禽肉价格总体呈现上涨趋势。由于禽肉供给宽松，2024年上半年禽肉价格偏弱运行，年中后随着产能去化，叠加季节性消费因素，价格止跌回升。预计全年鸡肉集市价格在23～24元/千克，比上年略有下跌。展望中后期，在养殖成本不断攀升的支撑下，禽肉价格仍有上涨空间。在不受禽流感等重大疫病冲击的情况下，预计饲料、人工、环保等养殖成本增加将推动禽肉价格震荡上行。预计2033年禽肉价格将达到28～30元/千克。

3.2.2 生产展望

短期看，禽肉产量增速明显放缓。随着国内自主培育肉鸡品种市场占有率的扩大，国际禽流感疫情对国内引种的影响逐步减小。2023年白羽肉鸡祖代种鸡更新量再次达到较高水平，国内自繁占比接近70%，肉鸡产能充足，产量增速较快。受经济增速放缓、需求总体偏弱影响，市场价格相对低迷，叠加养殖成本持续上涨，养殖生产效益受到压制,已连续4年收缩。为确保行业效益,产业处于去产能的调整期,在市场自我调节的作用下,生产将根据消费需求适度调整。白羽肉鸡产能去化,黄羽肉鸡、817小白鸡产能维持2023年末的偏低水平。预计2024禽肉产量2 580万吨,比上年增长0.7%,增速比上年放缓4.2个百分点。

长期看,未来10年禽肉产量保持稳步增长趋势。随着"十四五"期间,国家重点研发计划"畜禽新品种培育与现代牧场科技创新"重点专项的实施,肉禽种业创新持续推进,白羽肉鸡、肉鸭种业"卡脖子"问题将得到极大缓解。肉禽养殖智慧化、营养精准化、疫病防控高效化、畜禽粪污资源化等产业技术不断提升,肉禽产业从品种多样化、文化多元化、消费多层化、技术多种化、生产多式化等层面实现高质量发展。展望中期,新生代崛起,健身人群扩大,高蛋白、低脂肪的健康饮食方式将得到极大认同,加之食品加工工艺的迭代升级,预制菜等新型加工类食品层出不穷,将持续拉动禽肉产品消费增长,进而带动生产增加。预计2028年禽肉产量达到2 746万吨,比基期增长11.5%,年均增长2.2%。展望后期,居民科学膳食理念提升使动物性蛋白摄入趋于减少,肉类消费结构优化,禽肉消费占比持续提升,但人口负增长和老龄化加深,消费增速放缓将导致产量增速逐步放缓,预计2033年禽肉产量达到2 905万吨,比基期增长18.0%,年均增长1.7%(图11-14)。

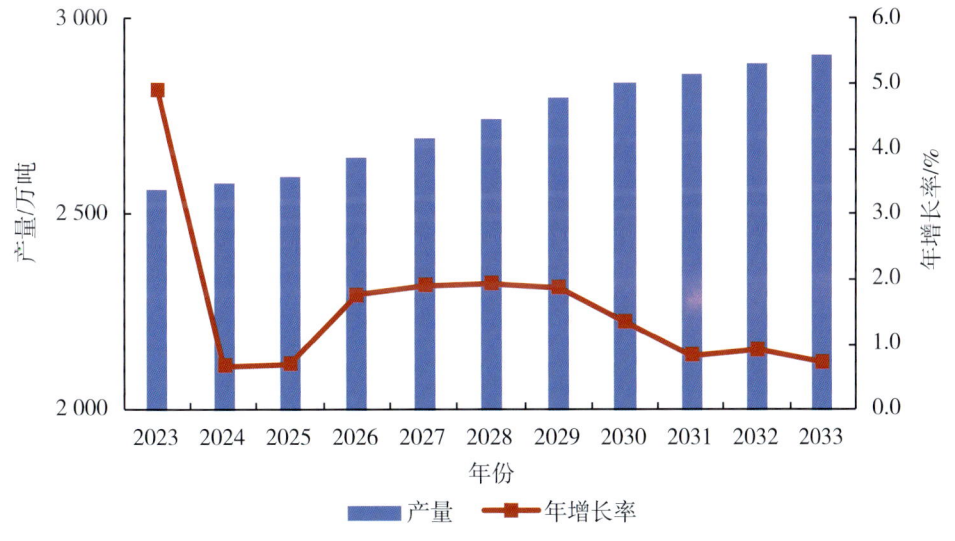

图11-14 2023—2033年中国禽肉产量变动趋势

(数据来源:2024—2033年数据为中国农业科学院农业信息研究所CAMES模型系统预测)

3.2.3 消费展望

短期看,禽肉消费增长速度放慢。虽然2023年禽肉消费实现了较高速度的增长,但新冠疫情后经济恢复比较缓慢,居民收入增速放缓,整体消费略显不振,禽肉消费很大程度上发挥了作为廉价肉类产品的优势。受猪肉、禽肉价差持续缩小的影响，预计禽肉的替代消费进一步减弱。禽肉消费增加的动力来自消费结构转变，绿色低碳、健康消费和数字消费增加。在国内外经济不确定、不稳定因素增多的影响下，禽肉消费增速将显著下降。预计2024年禽肉消费量为2 638万吨，比上年增长0.4%。

长期看，禽肉消费持续增加。禽肉已成为全球第一大肉类消费品种，是肉类消费中增长潜力最大的产品。禽肉是中低收入人群的重要动物蛋白来源，随着城镇化进一步发展，新一代消费习惯改变，肉禽预制菜市场规模扩大，环境可持续发展要求人类改善肉类饮食，消费将持续增加，但受人口下降和老龄化加深影响，增速会逐步放缓。预计未来10年，禽肉在肉类消费中的占比将提升至30%以上。展望中期，禽肉产品开发更加丰富，禽肉消费形式更加多样，新兴技术带来更多消费场景，共同推动禽肉消费增长，预计2028年禽肉消费量2 796万吨，比基期增长10.2%，年均增长2.0%；人均禽肉消费量19.97千克，比基期增长11.0%，年均增长2.1%。展望后期，禽肉消费增速有所放缓，预计2033年禽肉消费量达到2 932万吨，比基期增长15.5%，年均增长1.5%；人均禽肉消费量21.06千克，比基期增长17.1%，年均增长1.6%（图11-15）。

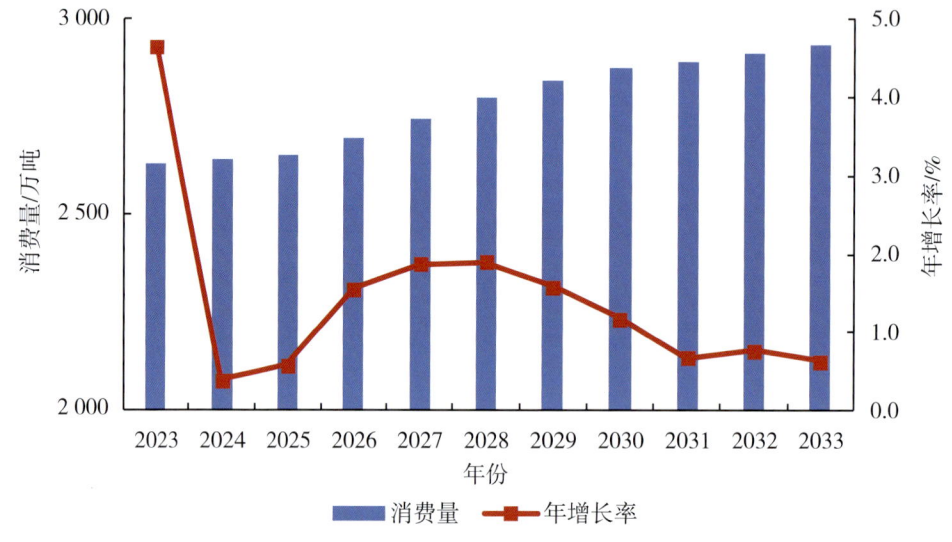

图11-15　2023—2033年中国禽肉消费变动趋势

（数据来源：2024—2033年数据为中国农业科学院农业信息研究所CAMES模型系统预测）

3.2.4　贸易展望

出口方面，禽肉出口稳步增长。受全球经济恢复缓慢、国际需求萎缩影响，传统优势出口产品加工禽肉的出口增长乏力，鲜冷冻禽肉对周边国家出口的潜力不断释放，特别是地缘政治影响下与俄罗斯的贸易进一步扩大。2023年中国自主培育白羽肉鸡品种首次实现出口，种禽出口非洲市场的局面将进一步打开。预计2024年禽肉出口67万吨，比上年增长1.5%。展望中后期，随着科技进步速度的加快，中国肉禽生产效率提升，产品国际竞争力增强，对中亚、东南亚、非洲等市场的开发将加深。同时，肉禽产业走出去步伐加快，贸易投资一体化发展，给出口带来正向刺激，出口持续上升。预计2028年禽肉出口量将达到71万吨，比基期增长16.4%，年均增长3.1%；2033年禽肉出口量将增至78万吨，比基期增长27.9%，年均增长2.5%（图11-16）。

进口方面，禽肉进口呈下降趋势。中国禽肉进口以鸡爪、鸡翅等副产品为主，进口产品主要是调节消费品种结构，此格局短期内不会发生改变。由于中国禽肉产量持续较快增长，国内供给相对宽松，进口需求将减弱。自2024年2月17日起对巴西进口鸡肉产品的反倾销措施终止，来自巴西的进口份额将有所扩大。预计2024年禽肉进口量125万吨，比上年减少4.6%。展望中后期，中国禽肉产量增速将快于消费增速，禽肉进口将缓步减少。受禽流感疫情发生的不确定性影响，禽肉进口来源国动态调整，但仍主要集中在美洲国家。预计2028年禽肉进口量121万吨，比基期减少11.7%，年均下降2.4%；2033年进口量105万吨，比基期减少23.4%，年均下降2.6%（图11-16）。

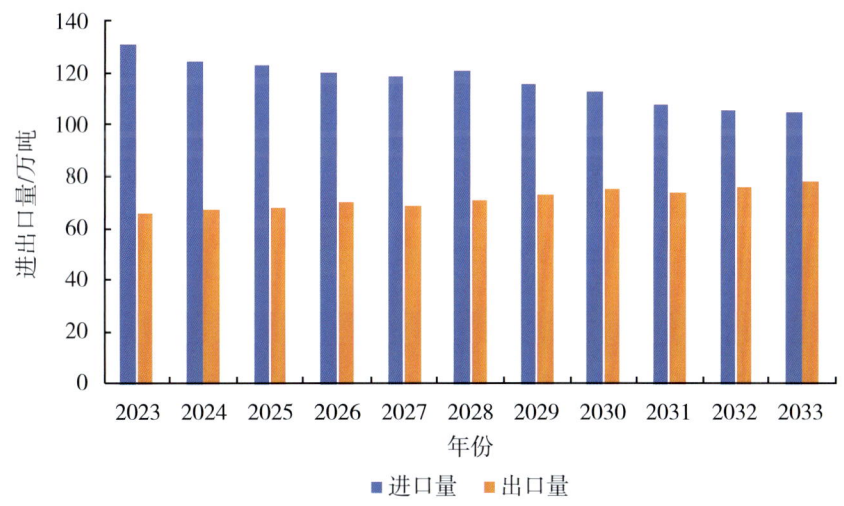

图11-16　2023—2033年中国禽肉贸易变动趋势

（数据来源：2024—2033年数据为中国农业科学院农业信息研究所CAMES模型系统预测）

3.2.5　价格展望

短期看，禽肉供应充足，消费增长有限，饲料价格弱势运行，2024年禽肉价格整体呈偏弱态势。预计2024年禽肉价格继续呈先低后高的走势，季节性波动特征明显。上半年鸡肉集市价格呈下跌走势，下半年随着产能去化，生产供应调减，在各项促消费政策的作用下，餐饮和旅游消费增加将拉动价格上行。预计2024年鸡肉集市价格在23~24元/千克范围内波动，与上年相比小幅下跌。随着饲料价格的持续下滑，肉禽养殖效益将有所好转，但年内波动性仍然较大。

中长期看，禽肉价格将波动上涨。由于气候等不确定因素对饲料原料玉米、豆粕市场价格的影响较大，饲料价格具有波动性，受此影响，禽肉价格波动运行。随着肉禽产业转型升级绿色发展，兽药减量使用和养殖粪污资源化利用、生物安全水平提高，人工、防疫、环保等成本不断上升，整体上肉禽养殖成本呈上升趋势，将拉动价格上涨。随着工商资本进入产业，禽肉生产的规模化、集约化、智能化水平不断提升，一体化企业降本增效的手段更加丰富，禽肉价格在未来10年的波动更加平缓，预计中长期内上涨幅度不大。

3.3 不确定性分析

3.3.1 疫病风险

2022—2023年，禽流感疫情在全球范围内发生频繁，对国际禽肉市场带来影响。尽管国内养殖场的生物安全措施相对到位，未发生大规模疫情，但禽流感疫情的风险长期存在。随着国际贸易流动的增多，病毒传播和变异的风险加大。一旦发生疫情，必将对禽肉生产、消费、贸易带来影响，进而引发市场价格的剧烈波动。不确定的动物疫病将会影响未来10年的预测结果。此外，其他动物疫病也可能对肉禽业带来关联影响。肉类产品具有较强的替代性，如果猪肉、牛羊肉等其他肉类产业因动物疫病出现供给方面的挑战，可能会引发肉禽生产和消费的异质性变化，进而影响预测结果。

3.3.2 国际环境

当今国际政治经济形势复杂多变，乌克兰危机、中东战争等对全球能源安全、粮食安全带来巨大挑战。全球粮食产业链、供应链、价值链不断发生变化，国际贸易的脆弱性导致全球粮食价格波动存在很大不确定性，进而传导至国内饲料价格，引发养殖成本的波动。受此影响，对未来贸易、市场价格的预判存在不确定性和变数。另外，国际禽流感疫情会导致贸易国出台相应的限制政策，2023年阿根廷因禽流感被排除在国际贸易之外，巴西也首次发生禽流感，商业养殖场的风险增加。一些国家会为保护本国产业出台严格的检验检疫标准，进而影响中国禽肉贸易的规模和结构。"一带一路"倡议深化，将推动商签更多的高标准自由贸易协定和区域贸易协定，对中国企业积极开拓海外市场带来利好，但技术性贸易壁垒对禽肉出口贸易扩张具有不确定性的影响。

3.3.3 科技进步

尽管现代科学技术不断进步，中国肉禽产业依然面临核心种源对外依存度高、生物安全防控形势严峻、产业竞争力不强的问题。种业创新将持续提升国内自主培育肉禽品种的生产性能，提高种源竞争力和市场占有率。然而，国内新品种的技术成熟度、生产性能优化、免疫耐受力提升所需要的时间存在不确定性。如果科技攻关的时间比较短，现代新品种又能满足多元化的消费需求，禽肉生产消费增长的速度将加快。若豆粕减量替代技术、无抗日粮饲养技术快速进步，将会减少肉禽饲料对豆粕的依赖度，随着饲料品质和精准营养水平提高，新型饲料替代品将降低养殖成本，平抑价格的上涨。细胞培养肉等新型肉类替代品研发技术的升级，可能会减缓禽肉消费的增速。利用现代信息技术打造智能化体验式消费场景，数字化消费或将极大地提升禽肉消费。综上，科技进步对未来10年禽肉市场带来的改变不可准确预测。

4 牛羊肉

牛羊肉是中国居民肉类消费的重要部分，对促进消费结构升级和保障动物蛋白来源具有重要作用。2023年，牛羊生产继续保持增长，中国牛肉和羊肉产量分别为753万吨和531万吨，比上年分别增长4.8%和1.3%。牛羊肉消费量分别为1027万吨和574万吨，比上年分别增长4.0%和2.3%。全年牛肉进口274万吨，比上年增长1.8%；羊肉进口43万吨，比上年增长21.1%。全年牛肉平均价格84.23元/千克，比上年下跌3.8%，为7年来的首次下跌；羊肉平均价格79.53元/千克，比上年下跌4.0%，连续两年下跌。展望期内，随着产业素质提升，技术支撑逐步增强，牛羊生产保持稳定发展。预计2024年牛羊肉产量分别达到761万吨和535万吨，比上年分别增长1.1%和0.8%；消费稳步增长，牛羊肉消费量分别达到1040万吨和582万吨，比上年分别增长1.3%和1.4%；牛肉进口小幅增加，羊肉进口相对稳定，价格居于高位。预计2028年牛羊肉产量分别为786万吨和555万吨，年均增长率分别为1.7%和1.2%（基期为2021—2023年3年平均值，下同）；在消费结构升级、城镇化的拉动下，牛羊肉消费需求增加，牛羊肉消费量分别达到1082万吨和610万吨，年均增长率分别为2.0%和1.6%。预计2033年牛羊肉产量分别为798万吨和587万吨，年均增长率分别为1.0%和1.2%。展望后期人口数量减少，需求增速逐步放缓，进口增速也将减缓。牛羊肉消费量分别为1110万吨和646万吨，年均增长率分别为1.2%和1.4%。牛羊肉价格在短期内有所波动，长期来看，高位小幅上涨。

4.1 2023年市场形势回顾

4.1.1 产量保持增加

在肉牛肉羊增量提质行动、粮改饲等国家及地方支持政策的带动下，牛羊产出继续保持增长。2023年，中国肉牛出栏5023万头，羊出栏3.4亿只，比上年分别增长3.8%和0.7%；牛羊肉产量分别为753万吨和531万吨，比上年分别增长4.8%和1.3%，产量增长主要集中在西北等区域；牛羊单产水平持续提升，肉牛和肉羊胴体重分别为149.91千克、15.68千克，比上年分别增长1.1%和0.5%。受价格下跌、效益下降等因素影响，牛存栏增幅收窄，羊存栏出现近5年来的首次下降，全国年末牛存栏1.1亿头，比上年增长2.9%，羊存栏3.2亿只，比上年减少1.2%。2022年，全国肉牛肉羊养殖规模化率分别为34.8%、46.7%。

4.1.2 消费增长趋缓

2023年中国经济运行呈恢复性好转，居民消费处于逐步恢复态势，虽然牛羊肉消费需求继续保持增长，但不可避免受到消费习惯改变、消费意愿约束等因素的阶段性影响，牛羊肉消费增长阶段性放缓。2023年，中国牛肉消费量为1 027万吨，比上年增长4.0%，增幅为2017年以来的低位水平；羊肉消费量为574万吨，比上年增长2.3%，增幅为2016年以来的较低水平；人均牛羊肉消费量为7.29千克和4.07千克。牛羊肉产品细分化程度提升，热鲜肉、冷冻肉、冷鲜肉、谷饲肉、草饲肉、卤烤涮制品、预制调理肉等多元化发展；后疫情时代，牛羊肉线下消费明显恢复增长，线上线下消费呈同步发展态势。

4.1.3 进口量增价跌

国际市场仍有较强价格优势，牛羊肉进口量保持增长，贸易顺差扩大。2023年，中国牛肉进口274万吨，比上年增长1.8%（图11-17），牛肉出口92.74吨，增长2.4倍。牛肉进口主要来自巴西、阿根廷、乌拉圭、澳大利亚及新西兰，进口量占比分别为43.0%、19.2%、10.0%、8.2%、7.4%。中国羊肉进口43万吨，比上年增长21.1%（图11-17），羊肉出口1 624.74吨，比上年增长1.7%。羊肉进口主要来自新西

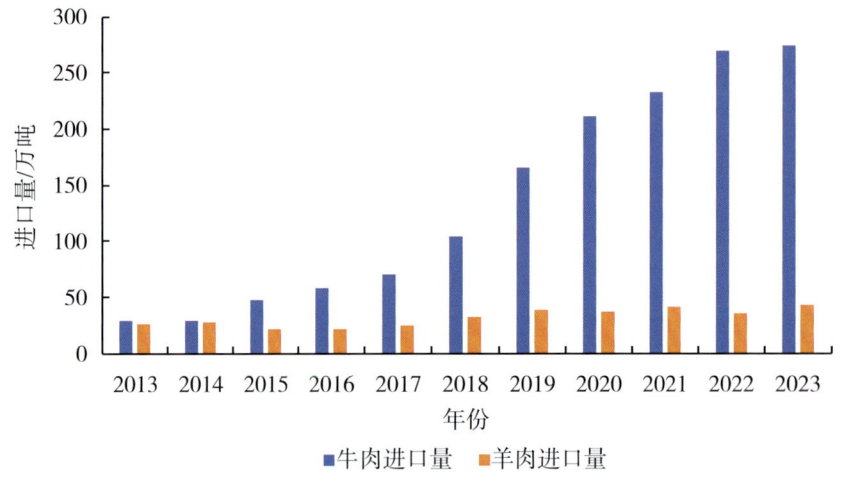

图11-17　2013—2023年中国牛羊肉进口情况

（数据来源：海关总署）

兰、澳大利亚，进口量占比分别为50.3%和44.8%。受全球供应略显宽松、部分主产国价格下跌的影响，进口牛羊肉价格下跌。2023年，中国牛肉平均到岸价格37.26元/千克，比上年下跌21.3%；羊肉平均到岸价格29.4元/千克，比上年下跌23.8%。

4.1.4 价格小幅下跌

受市场供应量连年增长、消费增长趋缓、进口价格下跌等多方面因素影响，牛羊肉价格下跌。据农业农村部监测，2023年全国牛肉均价84.23元/千克，比上年下跌3.8%，牛肉价格为7年来的首次下跌，为2020年以来新低；羊肉均价79.53元/千克，比上年下跌4.0%，羊肉价格继2018—2021年持续上涨后近两年呈下跌态势，为2020年以来新低（图11-18）。从月度走势看，2023年，除了在国庆、中秋双节拉动下价格阶段性上涨外，牛羊肉价格均以下跌为主。牛肉价格在1月基本与上月持平，2—7月持续下跌，跌幅逐步拉大，8—10月小幅上涨，之后连续2个月下跌。羊肉价格在1—7月持续下跌，跌幅略有增加，8—9月持平小幅上涨，10—11月小幅下跌，12月与上月持平。

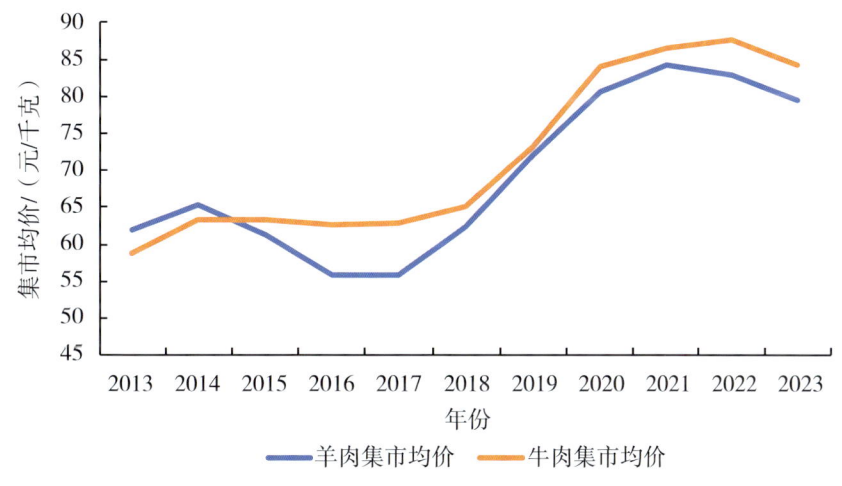

图11-18　2013—2023年牛羊肉集市均价

（数据来源：农业农村部畜牧兽医局）

4.2 未来10年市场走势判断

4.2.1 总体判断

产能基本稳定，生产供给保持增长。在政策支持、消费升级发展、生产效率提升的拉动下，牛羊肉生产供给逐步提升。预计2024年中国牛羊肉产量分别为761万吨和535万吨，比上年分别增长1.1%和0.8%；预计2028年牛羊肉产量分别为786万吨和555万吨，与基期相比，年均增长率分别为1.7%和1.2%；长期来看，牛羊养殖发展面临资源环境约束逐步趋紧的状况，未来牛羊肉产量增速有所放缓。预计2033年牛羊肉产量分别为798万吨和587万吨，年均增长率分别为1.0%和1.2%。

消费结构优化升级，需求继续增加。在居民消费结构升级、城镇化进程加快的带动下，牛羊肉消费需求保持增长。预计2024年，中国牛羊肉消费量分别达到1 040万吨和582万吨，比上年分别增长1.3%和1.4%；预计2028年，牛羊肉消费量分别达到1 082万吨和610万吨，年均增长率分别为2.0%和1.6%；预计2033年牛羊肉消费量分别为1 110万吨和646万吨，年均增长率分别为1.2%和1.4%。

国外价格优势依然显著，牛羊肉进口小幅增长。短期看，国内外价差依然存在，进口量仍将保持增长。预计2024年牛肉进口量将达到279万吨，比上年增长1.8%，羊肉进口量47万吨，比上年增长9.1%。长期看，国内牛羊肉供给能力逐步提升，进口增幅收窄。预计2028年牛羊肉进口量分别为296万吨和55万吨，年均增长率分别为2.7%和6.5%。预计2033年牛羊肉进口量312万吨和59万吨，年均增长率分别为1.9%和4.0%。

价格在展望前期呈现高位震荡，展望后期小幅上涨。短期看，受市场供应量增加、消费增长不及预期、进口价格下跌等因素影响，牛羊肉价格有所波动，考虑到养殖成本仍居于高位，总体波动幅度不会太大，季节性波动特征明显。长期看，牛羊养殖发展面临资源环境等多重约束，生产增长放缓，消费需求趋缓，供应呈略偏紧格局，同时养殖成本将保持高位，预计牛羊肉价格将小幅上涨。

4.2.2 生产展望

产能基本稳定，产量保持增长。肉牛肉羊增量提质行动项目、粮改饲、牧区良种繁育工程等长期性政策持续推动肉牛肉羊产业发展。2024年中央一号文件提出要稳定牛羊肉基础生产能力。由此看出，虽然牛羊价格下跌、养殖效益有所下滑，但是中国牛羊肉总体自给水平仍比较低，2023年牛羊肉自给率为80.3%，对于未来实现85.0%的自给率目标仍有一定差距，降本增效、提升竞争力是发展牛羊产业的重要路径。预计2024年牛羊肉产量继续增长，分别达到761万吨和535万吨，比上年分别增长1.1%和0.8%（图11-19、图11-20）。

从长期看，牛羊生产供应继续增长。牛羊肉产量增加主要受良种化和规模化程度提高、技术进步、生产效率提升等因素影响。随着对品种改良的持续推进以及生产技术的提升，牛羊养殖生产效率逐步提高，肉牛方面，华西牛新品种及地方优质品种的推广范围扩大，良种化程度提升；肉羊方面，羊品种改良逐步优化，多羔品种加大推广力度，有力提升产能。当前全国肉牛肉羊养殖规模化程度分别为34.8%、46.7%，未来规模化程度将持续提高。展望后期，资源环境约束日趋趋紧，国内国际市场竞争趋严，未来牛羊产业发展逐渐趋稳，生产增速保持稳定或有所放缓。预计2028年，牛羊肉产量分别为786万吨和555万吨，年均增长率分别为1.7%和

1.2%；2033年，牛羊肉产量分别为798万吨和587万吨，年均增长率分别为1.0%和1.2%（图11-19、图11-20）。

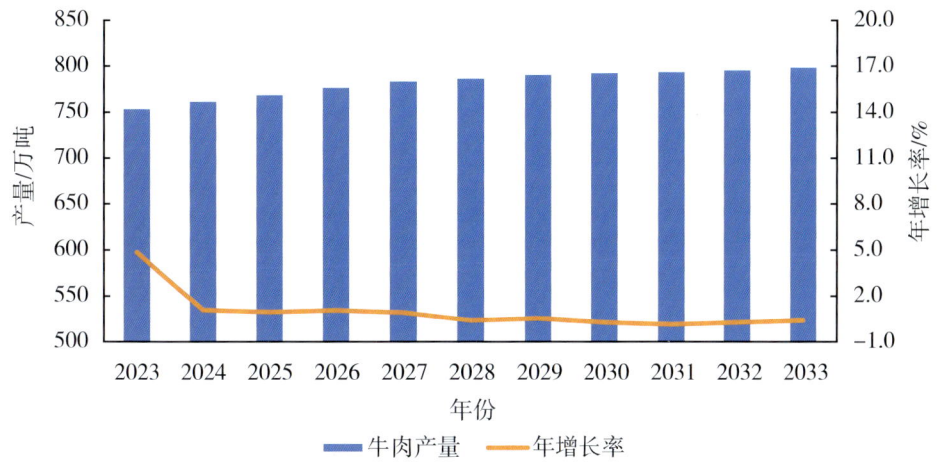

图11-19　2023—2033年中国牛肉产量及年增长率

（数据来源：2024—2033年数据为中国农业科学院农业信息研究所CAMES模型系统预测）

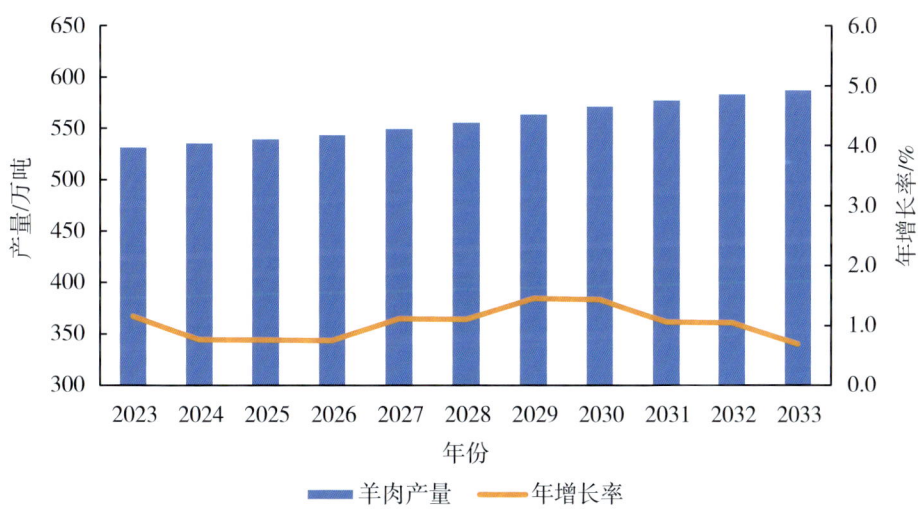

图11-20　2023—2033年中国羊肉产量及年增长率

（数据来源：2024—2033年数据为中国农业科学院农业信息研究所CAMES模型系统预测）

4.2.3　消费展望

短期看，随着国家逐步加大宏观政策支持，经济运行将持续向好，一系列促销政策逐步落地见效，消费者购买能力逐步提升，叠加肉类消费结构升级下居民对高蛋白、低脂肪牛羊肉消费偏好的提升，牛羊肉消费需求将继续保持增长。预计2024

年，牛羊肉消费量分别将达到1 040万吨和582万吨，比上年分别增长1.3%和1.4%；人均牛羊肉消费量分别为7.39千克和4.13千克。

长期看，一方面，城镇化进程持续加快，将增加牛羊肉消费需求，相关研究预测，未来中国城镇化率提升仍有较大空间，到2033年，城镇化率将达到72.5%左右；另一方面，随着中国人口出生率下降，老龄化加快，需求将会受到一定影响。据相关预测，2033年，中国人口数量比2023年下降1.3%，老年人口规模将超过4亿人。多方因素影响，牛羊肉需求增速有所放缓。预计2028年牛羊肉消费量分别将达到1 082万吨和610万吨，年均增长率分别为2.0%和1.6%；2033年，牛羊肉消费量分别为1 110万吨和646万吨，年均增长率分别为1.2%和1.4%；人均牛羊肉消费量分别为7.97千克和4.64千克。

4.2.4　贸易展望

短期看，国内牛羊养殖成本依然高于国外，国外价格优势显著，牛羊进口仍保持一定程度增长。巴西、澳大利亚等国牛肉市场供应稳定增长，2024年1月1日起阿根廷取消7种牛肉的出口限制，2024年1月1日起澳大利亚牛肉进口协定关税税率降为零，主要贸易国出口供应竞争力强、潜力较大。羊肉贸易市场稳定，澳大利亚羊肉产能保持增长，其进口协定关税税率已在2023年1月1日起降为零，未来羊肉进口基本稳定。预计2024年牛肉进口量279万吨，比上年增长1.8%，羊肉进口量47万吨，比上年增长9.1%。

长期看，国家从大食物观出发，对食物供给提出了更高要求。牛羊肉作为中国肉类的重要组成部分，未来自给水平将逐步提升，贸易市场格局保持稳定，进口增幅将有所收窄。预计2028年牛羊肉进口量分别为296万吨和55万吨，年均增长率分别为2.7%和6.5%；2033年，牛羊肉进口量分别为312万吨和59万吨，年均增长率分别为1.9%和4.0%。

4.2.5　价格展望

短期看，牛羊肉价格均小幅下跌。牛肉价格方面，受供给持续增长、消费增长阶段性放缓、进口价格下跌、淘汰奶牛继续增加等因素影响，牛肉价格延续下跌态势，但跌幅略有收窄。羊肉价格方面，考虑到2023年羊存栏比上年减少1.2%，在连续两年价格下跌的情况下，肉羊养殖场户已开始调整生产结构，羊肉价格下行压力相对较小，但作为养殖周期较长的畜种，生产调整具有一定滞后性，预计羊肉价格仍可能小幅下跌。

长期看，牛羊肉价格高位小幅上涨。未来牛羊产业发展正逐步向规模化、专业化、智能化、集约化转变，尤其作为养殖周期长、资金占用量大的畜种，生产成本仍将居于高位。随着牛羊产业化发展水平的逐步提升，行业发展逐步进入趋稳发展格局状态，同时考虑到未来牛羊供求呈趋稳均衡态势，牛羊肉价格将高位小幅上涨。

4.3 不确定性分析
4.3.1 气候变化

近年来，中国多地频繁出现极端天气，包括高温、强降雨、干旱以及冻害等多种天气类型。未来全球气候将继续呈现复杂多变的态势。中国气象局相关分析认为，预计2024年中国气候状况总体偏差，极端天气气候事件偏多。气候变化对牛羊肉生产会有一定影响，包括产前环节的饲草料供应风险，产中环节的生产成本、疫病传播、环境污染等风险。

4.3.2 动物疫病

2024年发布的《全国主要动物疫病报告情况》，2024年1—2月，中国布鲁氏菌病发病动物960头（只）；牛传染性鼻气管炎发病动物50头，病死动物13头；牛病毒性腹泻发病动物1 593头，病死动物190头。肉牛肉羊等动物疫病风险不容忽视，因其直接影响牛羊健康状况和养殖规模。另外，动物疫病输入风险也不可忽视，进口的动物及产品可能携带病原体，成为疫病传入的风险源。

4.3.3 国际贸易环境

世界经济仍面临较大的下行压力。IMF预测，未来5年世界经济将低速增长，2024年增长率下降到3.1%，比2000—2019年平均率（3.8%）低约0.7个百分点。当前，世界地缘政治冲突持续、国际贸易不振、通胀居高不下等多重风险相互交织，不确定性增加，影响全球农产品产业链供应链的稳定性。目前，红海航线的供应链受到明显干扰，波及农产品运输，多家运输公司选择绕行非洲好望角，增加了肉类贸易成本等风险。

参考文献

蔡勋，陶建平，2017. 禽流感疫情影响下家禽产业链价格波动及其动态关系研究[J]. 农业现代化研究，38（2）：267-274.

国家统计局. 2023年居民收入和消费支出情况.[EB/OL].（2024-01-17）[2024-01-30]. https://www.stats.gov.cn/sj/zxfb/202401/t20240116_1946622.html.

国家统计局. 2023年国民经济回升向好 高质量发展扎实推进[EB/OL].（2024-01-17）[2024-01-24]. https://www.stats.gov.cn/sj/zxfb/202401/t20240117_1946624.html.

国际货币基金组织（IMF）. 世界经济展望更新[EB/OL].（2024-01）[2024-04-02]. https://www.imf.org/zh/Publications/WEO/Issues/2024/01/30/world-economic-outlook-update-january-2024.

何雯霞，熊涛，尚燕，2022.重大突发疫病对我国肉禽产业链市场价格的影响研究：以非洲猪瘟为例［J］.农业现代化研究，43（2）：318-327.

孔祥智，顾善松，赵将，2024.以对外直接投资化解农产品进口贸易风险［J］.经济纵横（1）：50-60.

李向阳，张莉，2023.肉类产品电商消费者购买行为影响因素的实证研究［J］.中国食物与营养，29（2）：26-32.

李珍，赵慧峰.畜产品价格动态溢出效应研究：基于羊肉市场批发价格数据的分析［J/OL］.价格理论与实践：1-5.［2024-01-31］.

刘小红，陈瑶生，2023.2022年生猪产业发展状况、未来发展趋势与建议［J］.中国畜牧杂志，59（3）：264-268.

刘迎森，邢通，张林，等，2022.家禽无抗日粮饲养整体方案研究进展［J］.饲料研究，45（3）：140-144.

刘雨萌，顾立伟，周琳，2022.我国生猪屠宰产能转移趋势分析研究［J］.中国畜牧杂志，58（12）：300-304.

农业农村部市场预警专家委员会，2022.中国农业展望报告（2022—2031）［M］.北京：中国农业科学技术出版社.

农业农村部市场预警专家委员会，2023.中国农业展望报告（2023—2032）［M］.北京：中国农业科学技术出版社.

朴英姬，2023.气候变化下的全球粮食安全：传导机制与系统转型［J］.世界农业（10）：16-26.

森巴提·叶尔兰，朱增勇，杨春，2023.中国牛肉价格波动特征及其影响因素分析［J］.农业展望，19（5）：3-8.

宋海英，王靖，2023.地缘关系视角下的中国食物对外依赖风险［J］.华南农业大学学报（社会科学版），22（3）：1-9.

王有捐.2023年CPI总体平稳 PPI低位运行［EB/OL］.（2024-01-18）［2024-01-30］.https://www.stats.gov.cn/sj/sjjd/202401/t20240118_1946704.html.

辛翔飞，王溥，王济民，2024.肉鸡产业高质量发展：问题挑战、趋势研判及政策建议［J］.中国家禽，46（1）：1-10.

辛翔飞，王祖力，刘晨阳，等，2023.新阶段我国生猪产业发展形势、问题和对策［J］.农业经济问题（8）：4-16.

姚敏，李晨，欧仁，等，2022.制约我国冰鲜禽屠宰加工体系发展的问题与对策建议［J］.农产品质量与安全（1）：79-82.

俞炳彬.消费市场持续恢复回升 新场景新模式发展向好［EB/OL］.（2024-01-18）［2024-01-20］.https://www.stats.gov.cn/sj/sjjd/202401/t20240118_1946700.html.

张馥，周琳，2024.中国与主要进口来源国猪肉价格空间传导效应分析［J/OL］.价格月刊，1-11［2024-01-30］.http://kns.cnki.net/kcms/detail/36.1006.F.20240125.1343.006.html.

张海峰，陈南，刘珊，等，2023.我国猪肉产品进出口贸易不均衡成因分析［J］.中国畜牧杂志，59（12）：347-350.

张海峰，陈锐，王楠，等，2022.当前我国生猪产业发展情况及未来发展趋势［J］.中国畜牧杂志，58（6）：277-280.

张珺慧，张莉，2023.2022年中国禽肉市场回顾及产业发展建议［J］.农业展望，19（2）：27-32.

张利庠，栾梦娜，刘秋池，2023.中国肉鸡价格预测预警研究［J］.农林经济管理学报，22（1）：94-102.

张灵静，辛翔飞，肖红波，等，2023.我国肉鸡产业兽药使用减量化路径探讨［J］.农业技术经济（2）：129-144.

赵佳佳，刘灵芝，起建凌，2022.环境规制、风险认知对养殖户环境友好行为的影响研究［J］.生态与农村环境学报，38（8）：1019-1029.

中国兽医协会.2023年4—10月全国主要动物疫病报告情况［EB/OL］.（2023-11-29）［2024-02-03］.https://www.cvma.org.cn/6849/202311/62930.html.

农业农村部.2023年12月鲜活农产品供需形势分析月报［EB/OL］.（2024-01-22）［2024-02-03］.https://www.moa.gov.cn/ztzl/nybrl/rlxx/202401/t20240122_6446355.htm.

农业农村部畜牧兽医局.2024年1月全国主要动物疫病报告情况［EB/OL］.（2024-02-22）［2024-04-12］.http://www.xmsyj.moa.gov.cn/yqfb/202402/t20240222_6448853.htm.

农业农村部畜牧兽医局.2024年2月全国主要动物疫病报告情况［EB/OL］.（2024-03-19）［2024-04-12］.http://www.xmsyj.moa.gov.cn/yqfb/202403/t20240319_6451745.htm.

周琳，李淞淋，朱增勇，2023.猪价有望回暖 仍需关注价格波动［J］.猪业观察（2）：13.

朱晶，王容博，徐亮，等，2023.大食物观下的农产品贸易与中国粮食安全［J］.农业经济问题（5）：36-48.

朱战国，朱书凝，周琳，等，2023.高质量发展新格局下中国生猪产业可持续发展水平评价［J］.农业经济问题（4）：105-112.

国际货币基金组织（IMF）.世界经济展望更新[EB/OL].(2024-01)[2024-04-2].https://www.imf.org/zh/Publications/WEO/Issues/2024/01/30/world-economic-outlook-update-january-2024.

Livestock and Poultry：World Markets and Trade. United States Department of Agriculture Economics, Statistics and Market Information System［EB/OL］.（2024-01-12）［2024-02-03］. https://usda.library.cornell.edu/concern/publications/73666448x?locale=en.

OECD，Food and Agriculture Organization of the United Nations，2023. OECD-FAO Agricultural Outlook 2023-2032［M］. Paris: OECD Publishing.

第十二章

禽　蛋

禽蛋是人们重要的动物蛋白来源。2023年，中国禽蛋产业发展比较平稳，鸡蛋产能保持高水平，禽蛋产量两连增，全年禽蛋产量3 563万吨、消费量3 509万吨，与上年相比分别增长3.1%和2.0%；禽蛋贸易以出口为主，出口量17万吨，进口微量；受鸡蛋供需偏松影响，蛋价小幅下跌，鸡蛋月均零售价11.61元/千克、主产省批发价10.48元/千克，与上年相比分别下跌0.7%和2.8%。展望期内，禽蛋产量与消费量增长平缓，贸易保持净出口格局，蛋价短期趋弱下跌、长期震荡上涨。预计2024年产蛋鸡存栏量小幅增长，禽蛋产量3 581万吨、消费量3 554万吨，与上年相比分别增长0.5%和1.3%；出口量17万吨，与上年基本相当；鸡蛋供需偏松，价格下行压力大。预计2028年禽蛋产量3 669万吨，消费量3 645万吨，年均增长均为1.1%（基期为2021—2023年3年平均值，下同）。预计2033年禽蛋产量3 716万吨，年均增长0.7%，消费量3 675万吨，年均增长0.6%；禽蛋出口保持增长势头，年均增长5.8%。

1 2023年市场形势回顾

1.1 产量创历史新高

2023年，鸡蛋价格高位运行，蛋鸡养殖连续12个月盈利，养殖场（户）补栏、扩栏积极性较高，支撑了产蛋鸡存栏量增加，而且得益于近些年高产品种推广、高效技术和设备应用，蛋鸡生产能力保持高水平，禽蛋产量连续两年增长。据国家统计局数据，全国禽蛋产量3 563万吨，与上年相比增长3.1%，比以往最高的2020年还要高2.7%，禽蛋产量创历史新高（图12-1）。

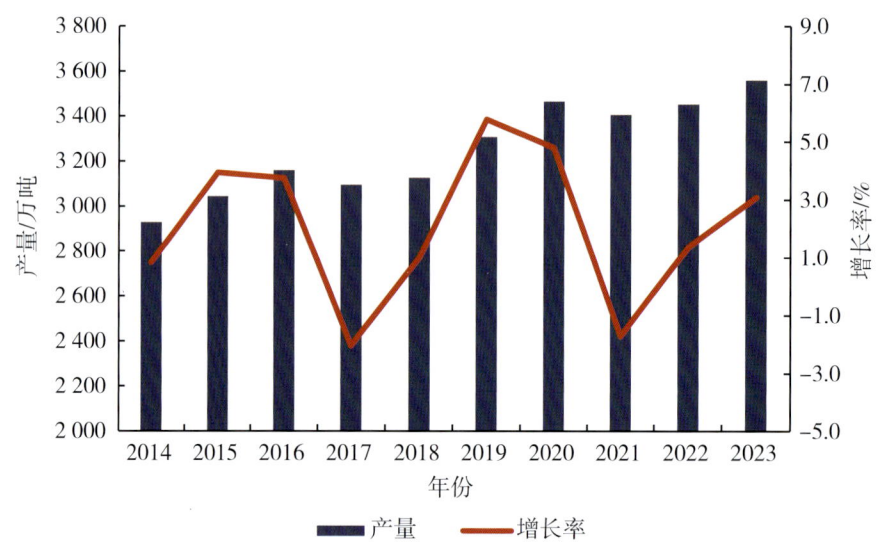

图12-1 2014—2023年中国禽蛋产量和增长率

（数据来源：国家统计局）

1.2 消费量持续增加

2023年，受经济回升和人们在外消费恢复的影响，禽蛋需求小幅增长，消费量3 509万吨，与上年相比增长2.0%。禽蛋人均消费量24.89千克，与上年相比增长2.1%。其中，作为禽蛋最主要消费方式的鲜食消费量2 692万吨，与上年相比增长1.6%，占消费量的76.7%；为满足人们对蛋制品的需求，蛋品加工潜力得到进一步挖掘，鸡蛋加工消费量545万吨，增长3.4%，占消费量的15.5%；种用禽蛋消费量及损耗增加，为272万吨，增长2.6%，占消费量的7.8%。

1.3 贸易顺差扩大

2023年，中国禽蛋出口量17万吨，与上年相比增长18.4%，出口额34 055.1万美元，增长13.0%，主要出口到中国香港和澳门、日本、新加坡、美国、加拿大、韩国、澳大利亚、马来西亚，其中，出口到中国香港和澳门的贸易量分别为13.3万吨、1.5万吨；中国禽蛋进口以加工品为主，2023年进口微量其他去壳禽蛋，虽然仅进口95千克，但单价高达172.63美元/千克。禽蛋出口量和出口额创历史新高，贸易顺差扩大，全年贸易顺差为34 053.5万美元，增长13.0%（图12-2）。

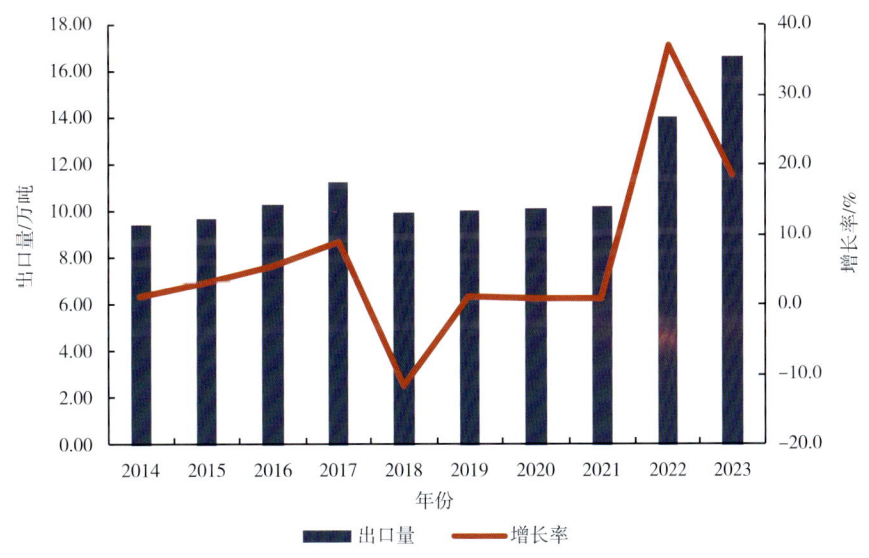

图12-2　2014—2023年中国禽蛋出口情况

（数据来源：海关总署）

1.4 鸡蛋价格较上年有所回落

2023年，全国鸡蛋月均零售价11.61元/千克，与上年相比下跌0.7%，主产省批发价10.48元/千克，与上年相比下跌2.8%。蛋价小幅下跌的主要原因在于供大于需，供给方面，全国产蛋鸡存栏和鸡蛋产量均为历史高水平，鸡蛋市场供应充足；需求方面，鸡蛋消费恢复向好，但节日对鸡蛋需求的提振有限，鸡蛋消费总体不及预期，供需偏松难以拉升鸡蛋价格。具体来看，进入2023年以后，鸡蛋价格连跌7个月，全国鸡蛋月均零售价从2022年12月的13.08元/千克，下跌至2023年7月的10.76元/千克，累计下跌17.7%。7月下旬，蛋价止跌回涨，9月全国鸡蛋月均零售价达到了全年最高的12.49元/千克，原因在于受高温天气影响，产蛋鸡进入歇伏期，产蛋率和蛋重均有不同程度的下降，鸡蛋有效供应减少，鸡蛋消费则进入旺季，居民鸡蛋消费需求逐步释放，鸡蛋供需阶段性偏紧，蛋价持续上涨。国庆之后，鸡蛋价格连跌3个月，全国鸡蛋月均零售价累计跌幅为9.8%，原因在于全国在产蛋鸡存栏稳中有增，且天气转凉后，产蛋率和蛋重逐渐恢复正常，鸡蛋市场供应充足，鸡蛋消费则进入季节性淡季，而且元旦未能有效提振需求，叠加鸡蛋替代品价格比较低迷，鸡蛋供强需弱，蛋价顺势下跌。整体而言，2023年全国蛋价呈"И"形走势，最低点出现在7月，最高点出现在9月，从历史角度看，全年蛋价仅低于2022年（图12-3），维持较高水平。

图12-3　2020—2023年中国鸡蛋价格月度变化情况

（数据来源：农业农村部畜牧兽医局）

1.5　蛋鸡养殖盈利收窄

蛋料比价下跌，养殖效益减少。据测算，2023年蛋料比价（鸡蛋零售价格与蛋鸡配合饲料价格之比）由上年的3.23∶1下降到3.15∶1，下跌了2.5%。蛋鸡养殖效益主要由鸡蛋市场价格与养殖成本决定，饲料成本占养殖成本比例较大。其中，鸡蛋市场价格方面，2023年鸡蛋市场供给整体偏松，蛋价小幅下跌，鸡蛋零售价与上年相比下跌0.7%；饲料成本方面，2023年蛋鸡配合饲料价格与上年相比上涨2.2%。2023年在鸡蛋价格小幅下跌和蛋鸡配合饲料价格小幅上涨的共同作用下，养殖场（户）养殖效益收窄（图12-4）。

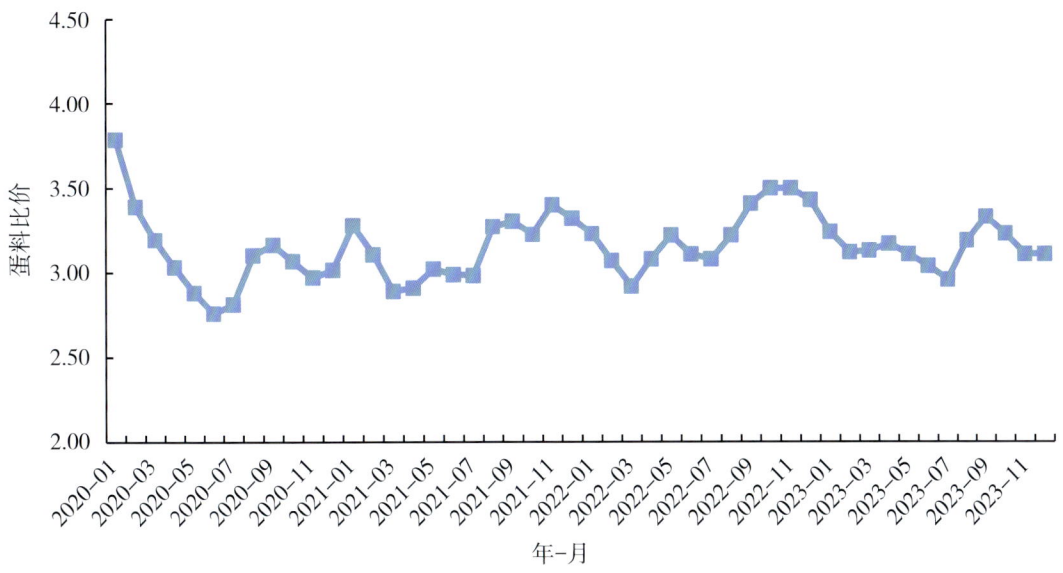

图12-4　2020—2023年中国蛋料比价变化情况

（数据来源：据农业农村部畜牧兽医局监测数据测算）

2　未来10年市场走势判断

2.1　总体判断

未来10年，禽蛋市场供应充足有保障，消费仍有增长潜力，继续保持完全自给、少量出口格局，禽蛋价格则长期趋涨。禽蛋产量增长趋缓。2024年鸡蛋市场供应充裕，预计禽蛋产量为3 581万吨，与上年持平略增。到2028年，禽蛋产量年均增长1.1%，达到3 669万吨；到2033年，禽蛋产量年均增长0.7%，达到3 716万吨。禽蛋消费量缓慢增加。2024年禽蛋消费小幅增长，预计消费量为3 554万吨，与上年相比增长1.3%。到2028年，禽蛋消费量年均增长1.1%，达到3 645万吨；到2033年，禽蛋消费量年均增长0.6%，达到3 675万吨。禽蛋保持净出口格局。2024年禽蛋出口量17万吨，与上年基本相当。到2028年，禽蛋出口量年均增长7.9%；到2033年，禽蛋出口量年均增长5.8%，达到24万吨。禽蛋进口存在不确定性，预计展望期内保持少量进口。禽蛋价格整体呈震荡上涨趋势。2024年鸡蛋供需保持偏松格局，鸡蛋价格下行压力大，全年鸡蛋市场价格走势大致符合常年波动规律。展望期内，蛋价受鸡蛋消费拉升、蛋鸡养殖成本推升的影响，整体呈现震荡上涨趋势。

2.2 生产展望

禽蛋产量增长趋缓。由于2023年蛋鸡养殖保持盈利，新建养殖场不断涌现，养殖场（户）补栏扩产积极性高，尤其是9—11月养殖场（户）补栏数量较多，新增产能将在2024年充分释放，产蛋鸡存栏保持高位水平。在不发生重大疫情的前提下，禽蛋产量将小幅增长，预计2024年禽蛋产量3 581万吨，与上年相比增长0.5%。长期来看，随着高产品种以及精准饲喂、环境控制、疫病防控等方面的现代化装备和技术得到推广应用，蛋禽养殖良种化、规模化、机械化水平不断提升，逐步建立起生产高效、资源节约、环境友好、布局合理的养殖格局，禽蛋生产能力持续增强，产量稳中有增，预计2028年禽蛋产量3 669万吨，与基期相比增长5.5%，年均增长1.1%。2033年禽蛋产量3 716万吨，与基期相比增长6.9%，年均增长0.7%（图12-5）。

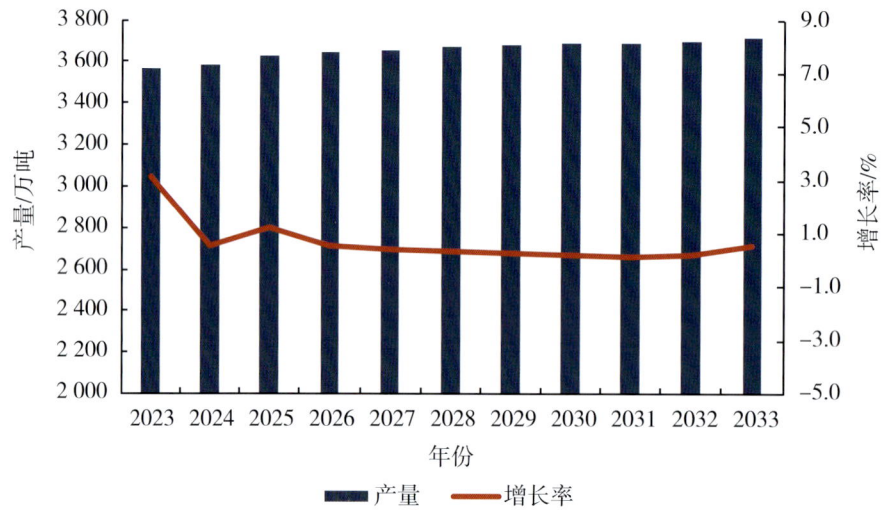

图12-5　2023—2033年中国禽蛋产量变化趋势

（数据来源：2024—2033年数据为中国农业科学院农业信息研究所CAMES模型系统预测）

2.3 消费展望

禽蛋消费量缓慢增加。2024年，经济回升向好态势将得到巩固和增强，居民对鸡蛋的餐饮需求和加工品需求增加，禽蛋消费需求将会有所增长，预计消费量3 554万吨，与上年相比增长1.3%。禽蛋作为优质以及经济实惠的动物蛋白来源，消费刚性不断增强，而且随着人们对鸡蛋需求向"吃得健康、吃得营养"转变，对鸡蛋的质量安全越来越重视，高品质鸡蛋将成为鸡蛋消费的增长点，预计2028年禽蛋消费量3 645万吨，与基期相比增长5.7%，年均增长1.1%。长期看，随着人们对合理膳食搭配与营养均衡要求的提高，禽蛋人均消费量上升空间逐渐变窄，禽蛋消费量增速将放缓，预计2033年禽蛋消费量3 675万吨，与基期相比增长6.6%，展望期内年均增长0.6%（图12-6）。

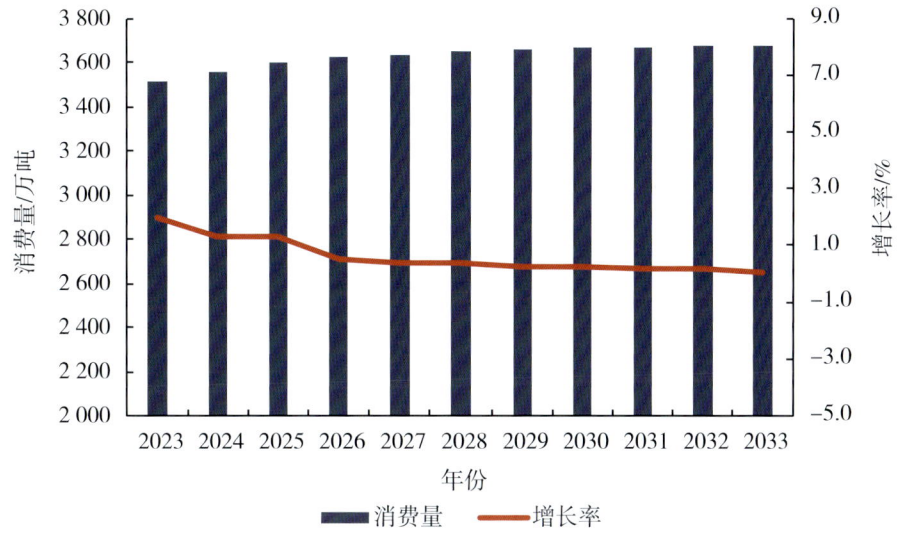

图12-6　2023—2033年中国禽蛋消费量变化趋势

（数据来源：2024—2033年数据为中国农业科学院农业信息研究所CAMES模型系统预测）

禽蛋加工消费量稳定增长。2024年，禽蛋加工品消费增势不减，预计全年禽蛋加工消费量563万吨，与上年相比增长1.0%。随着居民禽蛋消费结构的不断优化，对禽蛋加工品的需求逐渐增多，蛋品深加工技术的研发推广应用，能够支撑居民禽蛋加工品需求的有效满足，预计2028年禽蛋加工消费量593万吨，与基期相比增长12.5%，年均增长2.4%；2033年禽蛋加工消费量607万吨，与基期相比增长15.2%，年均增长2.9%（图12-7）。

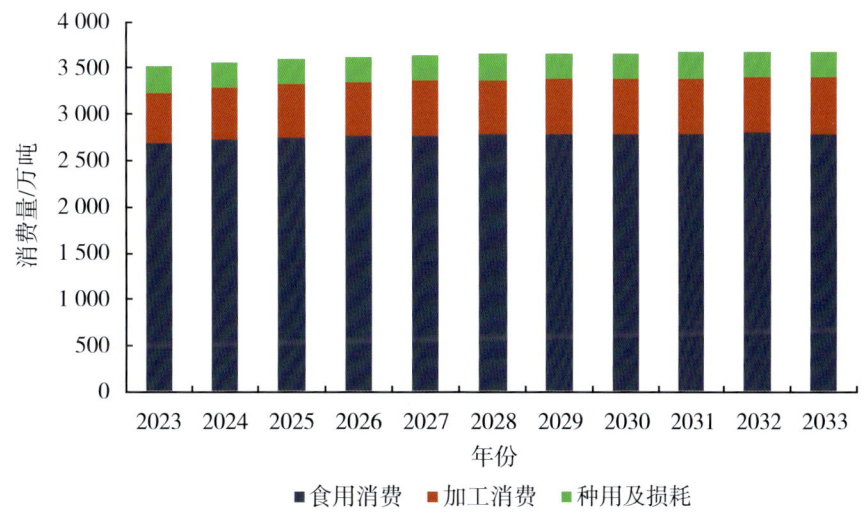

图12-7　2023—2033年中国禽蛋消费结构变化趋势

（数据来源：2024—2033年数据为中国农业科学院农业信息研究所CAMES模型系统预测）

2.4 贸易展望

禽蛋保持净出口格局。中国禽蛋贸易体量小，出口量约占禽蛋产量的0.5%。受禽蛋出口结构、运输距离、检验检疫标准、贸易技术壁垒、出口市场比较饱和等因素限制，2024年禽蛋出口与上年基本相当，预计出口17万吨。展望期内，禽蛋出口量有望保持增长的良好势头，2028年预计出口20万吨，与基期相比增长46.1%，年均增长7.9%；2033年预计出口24万吨，与基期相比增长75.3%，年均增长5.8%。与禽蛋出口量增长不同的是，禽蛋进口数量存在不确定性，进口量少，且年度间的差异大，就2020年以来的情况看，2020年进口了132.8吨，之后的3年每年进口量均未超过1吨，甚至2021年、2023年分别仅进口了5千克、95千克；禽蛋进口的品类及价格存在不稳定性，2020年只进口了干去壳禽蛋，2022年和2023年都只进口了其他去壳禽蛋，2020年进口的干去壳禽蛋2.27美元/千克，2021年则为56.00美元/千克，2021年进口的其他去壳禽蛋10.50美元/千克，2022年和2023年则均超过了170美元/千克。展望期内，禽蛋进口预计将延续往年量少价高、品类少的特点。

2.5 价格展望

禽蛋价格整体呈震荡上涨趋势。2024年鸡蛋供需呈现偏松格局，鸡蛋价格下行压力大，蛋价水平比2023年低，鸡蛋月均零售价将保持在9.9～10.7元/千克，上半年鸡蛋价格整体将弱势运行，清明节、劳动节、端午节对鸡蛋消费的提振有限，或将与上年一样，这3个节日期间不仅没有拉升蛋价，而且还没有稳住蛋价以及止住蛋价下跌趋势。上半年受蛋价的影响，蛋鸡养殖由盈利转为亏损的可能性比较大。蛋价由弱转强将出现在7月中旬或下旬，三季度是鸡蛋消费旺季，鸡蛋供给则因高温天气影响产蛋鸡产蛋率和蛋重而减少，蛋价全年最高，蛋鸡养殖进入盈利期，国庆假期以后鸡蛋消费进入淡季，蛋价将震荡小幅下跌，预计四季度蛋鸡养殖能够盈利。展望期内，在人工、设备成本增加推动以及鸡蛋消费拉升下，鸡蛋价格整体呈震荡上涨趋势，并保持季节性、周期性波动。

3 不确定性分析

3.1 禽流感疫情

2023年，国外因禽流感疫情，大量涉疫蛋鸡等家禽扑杀，一些国家和地区出现了鸡蛋荒，引发了鸡蛋价格的高涨，如日本东京2023年4月上旬每枚中号鸡蛋批发价达到了1.14元，比2022年同期上涨64.9%。禽流感疫情不仅会影响鸡蛋供给，还会影响祖代蛋种鸡以及雏鸡的供应，欧美国家的祖代蛋种鸡因禽流感疫情导致出口受阻，有些靠进口祖代蛋种鸡支撑蛋鸡产业发展的国家和地区受到了影响。目前，我国需要抓好禽流感疫情的防控，以稳定产业发展。

3.2 大规模场快速增建

由于近两年蛋鸡养殖持续盈利，以及养殖技术进步与集成、养殖场建设愈发模式化、小规模养殖场（户）持续退出，社会投资蛋鸡养殖的积极性高涨，根据对有关报道的统计，仅2023年全国新建蛋鸡项目超过80个，合计产能达到1.5亿只。新建大型蛋鸡养殖场对鸡蛋扩产能以及提升蛋鸡养殖规模化、机械化效果显著，但需要进行持续观察、科学合理研判，尤其是对中小规模场（户）的冲击、鸡蛋市场供应的变动、蛋价走势的影响等方面。

3.3 舆论影响

舆论对禽蛋产业的影响比较大，主要体现在3个方面：一是蛋价波动幅度较大时的舆论，如每年的三季度蛋价涨幅较大，"火箭蛋卷土重来""蛋价过山车"等言论就会出现，虽然是需求旺季的表现、正常的价格波动，但不理性的舆论容易引发居民对鸡蛋消费的抵触心理；二是鸡蛋质量安全的舆论，如2019年央视3·15晚会曝光的"土鸡蛋"事件，对鸡蛋消费短期影响明显；三是鸡蛋食用引发疾病的舆论，"鸡蛋食用导致人体胆固醇增加，是否会引发心血管疾病"时有报出，容易引发鸡蛋消费恐慌，造成鸡蛋市场的不稳定。需要重视舆论对禽蛋消费端和生产端的影响，适时发布市场引导信息，增强居民消费信心，帮助从业人员对市场现状与后期走势做出科学合理的判断。

3.4 禽蛋消费新趋势

随着生活水平的提高以及健康意识的增强，人们对禽蛋营养价值、安全可靠、食用方便的关注度越来越高，高品质蛋、功能性蛋、深加工蛋产品的需求将不断增长，但目前我国禽蛋供给比较单一，高品质、高营养、高安全的禽蛋及其制品生产能力不足，难以满足人们日益增长的多样化消费需求。禽蛋消费新趋势与供给能力的不匹配，对禽蛋质量管控、蛋禽养殖环境控制、生物安全与疫病防控、蛋禽精准营养与饲料安全、禽蛋深加工技术设备与能力提升提出了更高要求，禽蛋产品升级进度、多样化禽蛋产品有效供给存在不确定性。

参考文献

程欢，孙志华，白文娟，2022. 2019年以来我国蛋鸡产业发展形势分析及建议[J]. 中国畜牧杂志，58（12）：295-299.

宫桂芬，腰文颖，田连杰，2023. 我国蛋鸡行业发展现状及未来形势展望[J]. 中国禽业导刊，40（6）：2-14.

宦梅丽，王昭，2022."双碳"目标背景下的畜牧业高质量发展：模式、启示及建议：以正大蛋鸡养殖为例[J]．湖南农业大学学报（社会科学版），23（5）：41-47.

季建华，张迎寒，邓玲玲，2023. 2022年度我国蛋鸡市场报告及2023年度展望[J]．中国禽业导刊，40（6）：22-25.

马晓萍，王明利，2021. 基于产业发展视角的中国蛋鸡产业竞争力及国际比较[J]．农业经济与管理（6）：94-106.

农业农村部市场预警专家委员会，2021. 中国农业展望报告（2021—2030）[M]．北京：中国农业科学技术出版社.

农业农村部市场预警专家委员会，2022. 中国农业展望报告（2022—2031）[M]．北京：中国农业科学技术出版社.

农业农村部市场预警专家委员会，2023. 中国农业展望报告（2023—2032）[M]．北京：中国农业科学技术出版社.

全国畜牧总站，2021. 明明白白放心蛋：从养殖场到餐桌全链条[M]．北京：中国农业出版社.

孙从佼，杨宁，2022. 中国蛋鸡种业发展概况与未来发展趋势[J]．中国禽业导刊，39（6）：5-8.

王贵荣. 2023年农业经济形势总体良好[EB/OL].（2024-01-18）[2023-01-23]. https://www.stats.gov.cn/sj/sjjd/202401/t20240118_1946695.html.

张利庠，2021. 我国蛋鸡产业高质量发展助力乡村振兴[J]．中国畜牧业（17）：33-36.

郑东磊，霍嘉颖，李述刚，2023. 我国禽蛋加工研究现状、问题及趋势[J]．中国禽业导刊，40（12）：13-18.

朱宁，2023. 2022年蛋鸡产业发展形势及2023年展望[J]．中国畜禽种业，19（4）：37-41.

朱宁，2024. 2023年蛋鸡产业发展形势及2024年展望[J]．中国畜禽种业，20（3）：35-39.

朱庆，2023. 我国蛋鸡产业发展现状及发展趋势[J]．四川畜牧兽医（5）：6-8.

第十三章

奶制品

奶制品是居民合理膳食中重要的食品品类。2023年，中国奶类产量[①]4 295万吨，比上年增长6.7%；奶制品消费量（折合生鲜乳，下同）5 850万吨，减少0.3%；奶制品进口量（折合生鲜乳，下同）1 718万吨，减少10.4%。生鲜乳收购价格年内持续下跌，年均价格3.84元/千克，跌7.7%。展望期内，中国将继续推进奶业竞争力提升行动，进一步提升奶业竞争力，奶类产量继续增长，但增速放缓。预计2024年，奶牛存栏趋于稳定，奶类产量4 405万吨，较上年增长2.6%；奶制品消费量5 977万吨，比上年增长2.2%；奶制品进口量1 700万吨，比上年减少1.0%；生鲜乳年均收购价继续下跌。2028年奶类产量4 912万吨，年均增长5.1%（基期为2021—2023年3年平均值，下同）；奶制品消费量6 677万吨，年均增长3.2%。2033年奶类产量5 800万吨，年均增长4.1%；奶制品消费量7 920万吨，年均增长3.3%；进口量2 143万吨，年均增长1.2%。

1 2023年市场形势回顾

1.1 牛奶产量持续增长

中国牛奶产量稳定增长，2023年达到4 197万吨，比上年增长6.7%，这是牛奶产量连续第6年增长（图13-1）。从年内产量增长情况看，第一季度到第四季度的牛奶产量分别为834万吨、960万吨、1 110万吨和1 293万吨，各季度均保持了6.7%上下的同比增长幅度。牛奶产量的持续增长主要得益于政府的支持政策，近些年政府对牛奶产业的支持政策频发，尤其是《"十四五"奶业竞争力提升行动方案》明确

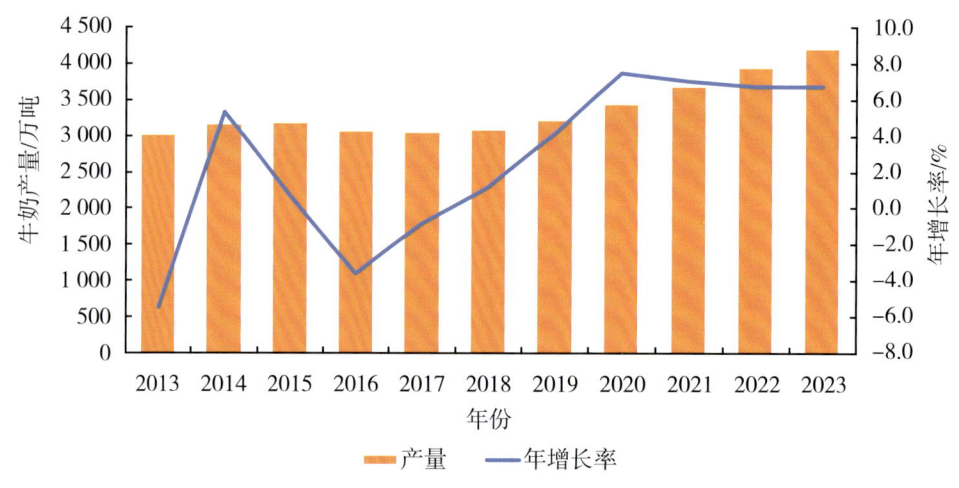

图13-1 2013—2023年中国牛奶产量变化情况

（数据来源：国家统计局）

---

① 奶类产量=牛奶产量+特种奶产量，特种奶产量按照牛奶产量的2.33%估算。

提出到2025年实现奶类产量达到4 100万吨左右的目标。在政策支持下，中国奶源基地建设持续进行，到2022年，中国奶牛存栏量达到1 160.1万头，奶牛养殖技术水平不断提升，单产水平逐年提高，2022年奶牛年均单产9.2吨。存栏和单产的快速提升促进了牛奶产量的增长。

1.2 奶制品消费量总体略降

奶制品消费以食用消费为主，其余为饲用消费、其他消费和损耗。2023年奶制品消费量5 850万吨，比上年减少0.3%，相较于2022年1.7%的降幅，奶制品消费有所恢复，但对比2016—2021年持续扩大的消费量增幅，奶制品消费仍处于弱恢复态势。从人均消费量看，2023年中国人口为14.10亿，人均奶制品消费折合生鲜乳量为41.50千克，与上年基本持平（图13-2）。从奶制品各品类看，由于奶制品消费降级，属于高单价的奶酪和酸奶品类消费量受影响较大，奶酪消费市场一反前几年高增长态势，收缩明显，各品类中酸奶消费量下降最大，降幅在20%以上。而消费比例占70%的液态奶的消费量相对稳定，使得奶制品消费量没有过大下滑，总体略降。

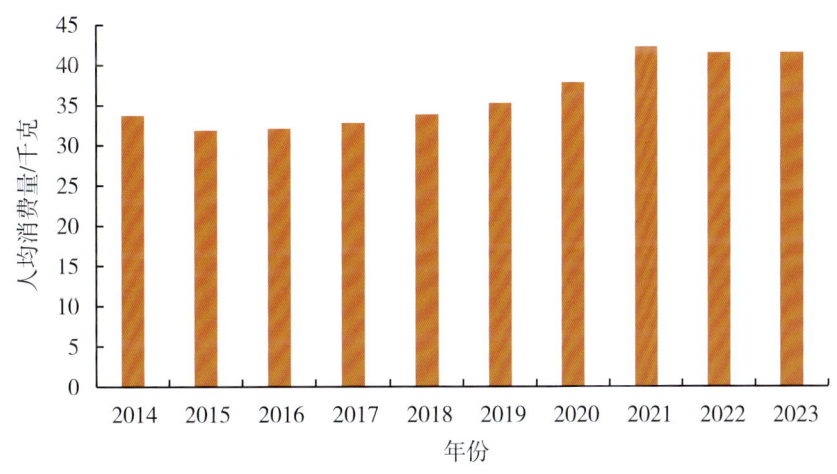

图13-2　2014—2023年中国人均奶制品消费量变化情况

1.3 奶制品进口量继续下降

产量稳定增长，消费量整体下降，中国生鲜乳供应处于阶段性过剩阶段，导致进口需求偏弱，进口量继续下降。据海关总署统计，2023年奶制品进口287.81万吨，同比降10.7%（图13-3），进口额120.82亿美元，同比降13.3%，进口奶制品折合生鲜乳为1 718万吨[①]，同比减10.4%；出口量5.81万吨，同比增30.0%，出口额2.66亿美元，同比增34.5%。主要进口来源地相对集中，大洋洲、欧盟和美国仍为主

---

① 液态奶制品按照1∶1折算，干乳制品按照1∶8折算。

要的进口来源地，除此之外，2023年从白俄罗斯进口了部分乳清粉和原料奶粉，从东南亚地区进口了小部分炼乳。出口目的地主要为中国香港。

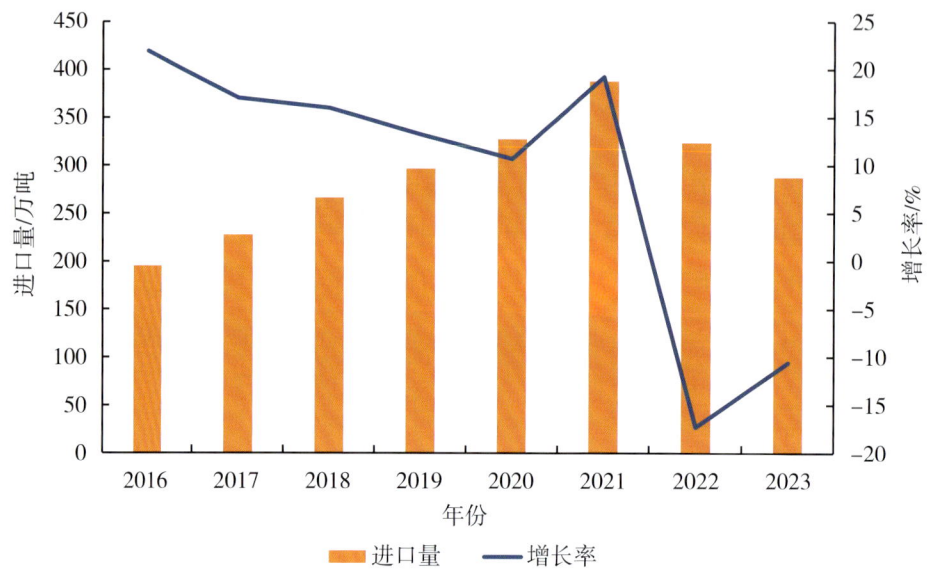

图13-3　2016—2023年中国奶制品进口量变化情况

（数据来源：海关总署）

分品类看，奶制品进口量总体下降，进口干乳制品共204.29万吨，同比减少10.0%，其中原料奶粉进口77.71万吨，同比减少24.9%，婴幼儿配方奶粉进口22.3万吨，同比减少16.0%，奶酪进口17.82万吨，同比增长22.5%，乳清粉进口66.31万吨，同比增长9.4%，奶油进口13.06万吨，同比减少8.7%；液态奶进口共83.52万吨，同比减少16.5%，其中包装牛奶进口54.94万吨，同比减少23.9%，酸奶进口2.13万吨，同比减少9.8%。乳清粉是加工婴幼儿配方奶粉的必需配料，是奶酪加工生产过程中的副产品，国内奶酪产业仍处于起步阶段，乳清粉产量严重不足，二者均依靠进口，所以进口量逆势增长。

1.4　生鲜乳收购价下跌，终端奶制品零售价涨幅缩小
1.4.1　生鲜乳收购价持续下跌

据农业农村部数据，2023年我国生鲜乳收购均价3.84元/千克，较2022年（4.16元/千克）和2021年均价（4.29元/千克）分别跌7.7%和10.5%。全年价格运行与往年先跌后涨的趋势不同，呈现持续下跌的运行特点。从1月4.11元/千克持续下跌至12月的3.67元/千克，下跌幅度10.9%，前7个月连续以1.3%以上的幅度下跌，8—12月趋缓（图13-4）。持续下跌的主要原因为供需不平衡，供应方面，国内奶牛存栏和

生鲜乳产量持续增长，与上年比增幅均在7%以上，国内产量增幅超过进口降幅，生鲜乳供应量充足，而奶制品消费处于下降走势。

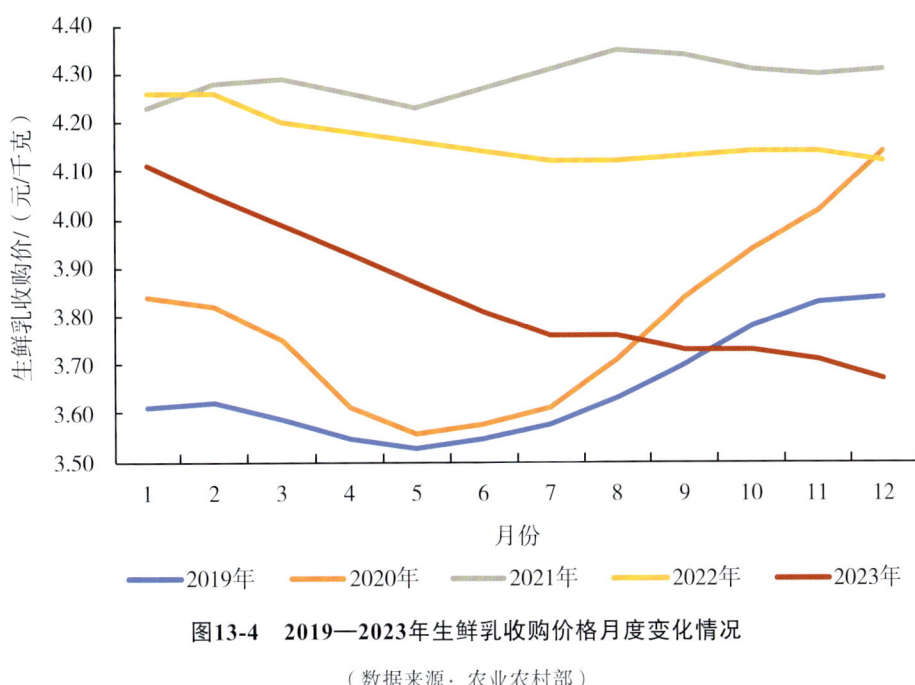

图13-4　2019—2023年生鲜乳收购价格月度变化情况

（数据来源：农业农村部）

1.4.2　鲜奶和婴幼儿配方奶粉零售价格涨幅继续缩小

近5年，受到加工成本整体上涨和企业定价策略影响，鲜奶和婴幼儿配方奶粉零售价格逐年上涨，但经过2021年的大幅上涨后，近两年涨幅开始收窄，2023年鲜奶和婴幼儿配方奶粉零售价格涨幅进一步缩小。根据中国价格信息网监测，2023年全国监测城市鲜奶平均零售价格11.38元/千克，同比涨0.9%，其中袋装鲜奶和盒装鲜奶零售价格分别为10.58元/千克和12.20元/千克，同比分别涨1.3%和0.9%。全国监测城市三段婴幼儿配方奶粉平均零售价格255.36元/千克，同比涨3.1%，其中国产三段和进口三段婴幼儿配方奶粉分别为209.9元/千克和300.14元/千克，同比分别涨2.8%和3.2%（表13-1）。各品类的涨幅均小于前两年，尤其在国产婴幼儿配方奶粉逐步得到消费者信任的情况下，进口婴幼儿配方奶粉涨幅缩小明显。

表13-1　2020—2023年中国鲜奶和奶粉零售价格变化　　　　　　　　单位：元/千克

年份	鲜奶			奶粉		
	平均	袋装	盒装	平均	国产	进口
2023	11.38	10.58	12.20	255.36	209.9	300.14
2022	11.27	10.44	12.08	247.32	204.08	290.56
2021	11.08	10.26	11.92	234.38	195.06	273.70
2020	10.80	9.96	11.65	220.39	182.32	258.45

数据来源：中国价格信息网。

2　未来10年市场走势判断

2.1　总体判断

奶类产量增长势头延续。未来10年，奶业竞争力进一步提升，存栏100头以上规模养殖比例和奶牛平均单产的提高将推动奶类产量持续增长，奶源自给率逐步提升。预计2024年，奶类产量4 405万吨，较上年增长2.6%；2028年奶类产量4 912万吨，与基期相比年均增长率为5.1%；2033年奶类产量5 800万吨，与基期相比年均增长率为4.1%。

奶制品消费量逐步提升。未来10年，国家对奶制品消费提振、奶制品科普将越来越重视，居民对奶制品的消费意识将不断增强。预计2024年，奶制品消费量5 977万吨，比上年增2.2%；2028年，奶制品消费量6 677万吨，与基期相比年均增长3.2%，人均奶制品消费量达到47.68千克，与基期相比年均增长3.4%；2033年，奶制品消费量7 920万吨，与基期相比年均增长3.3%，人均奶制品消费量达到56.90千克，与基期相比年均增长3.5%。

奶制品进口增速趋缓。未来10年，在消费需求整体上升的情况下，奶制品进口仍存在刚性需求，但奶制品消费量的增长相对低速，进口量整体也呈低速增长趋势。预计2024年中国奶制品进口量继续下降，折合生鲜乳量预计为1 700万吨，比上年减少1.0%；2028年，奶制品进口量1 791万吨；2033年，奶制品进口量2 143万吨，与基期相比年均增长1.2%。

生鲜乳价格稳中略涨。未来10年，短期看，生鲜乳供大于求，奶制品加工企业库存充足，收购意愿不强，价格低位趋稳；中长期看，奶牛养殖场节本增效持续，生鲜乳生产成本将被逐步压低，但随着奶制品消费的提振，在需求增加拉动下，价格将有所上涨，但涨幅较小。2024年，生鲜乳阶段性过剩现象仍将持续，全年价格将呈先跌后稳趋势，预计全年月度平均价格在3.40～3.70元/千克区间低位运行。

2.2 生产展望

2024年是实现《"十四五"奶业竞争力提升行动方案》规划目标任务的关键之年，奶源基地建设将进一步加强。奶业生产继续提质增量，奶牛养殖结构将向更合理化继续调整，部分奶牛养殖场退出，存栏100头以上规模养殖比例将超过75%，牛奶产量增幅将缩小，预计2024年奶类产量4 405万吨，较上年增长2.6%。展望未来10年，在奶业竞争力提升行动的推动下，奶源基地布局基本完成并更加合理，奶类产量继续提升且更趋稳定，奶源自给率逐步提升至73%。到2028年，预计奶类产量4 912万吨，与基期相比年均增长5.1%。展望后期，智能化养殖普及范围更广，养殖效率得到较大提升，全国奶牛平均单产将突破10吨，奶业产业链更趋完善，到2033年，奶类产量将达到5 800万吨，与基期相比年均增长4.1%（图13-5）。

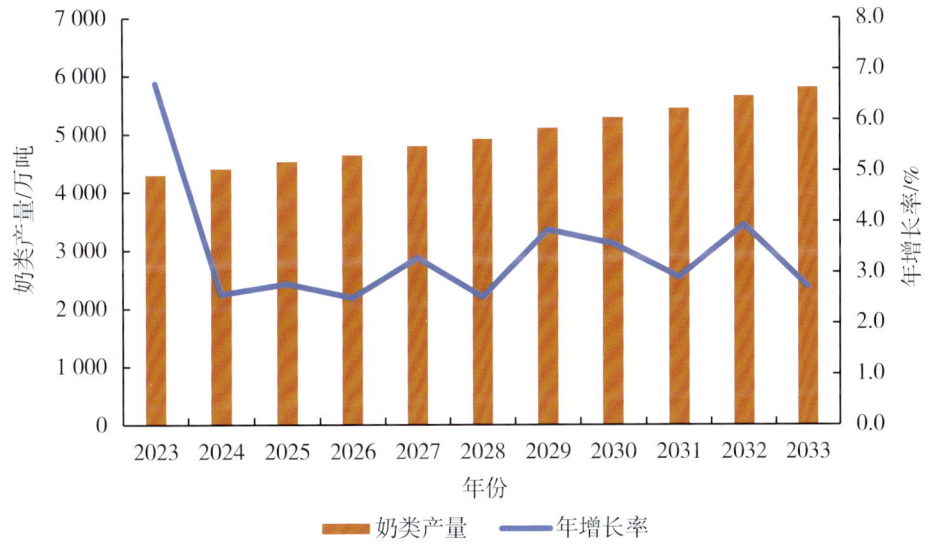

图13-5　2023—2033年中国奶类产量变化趋势

（数据来源：2024—2033年数据为中国农业科学院农业信息研究所CAMES模型系统预测）

2.3 消费展望

居民奶制品消费意识增强，消费量逐步提升。2024年中央一号文件提到"完善液态奶标准，规范复原乳标识，促进鲜奶消费"，奶制品消费提振的具体办法将逐步落地，预计2024年奶制品消费增速有所提升，消费量恢复到2021年高位水平，达到5 977万吨，比2023年增长2.2%，人均奶制品消费量达到42.46千克，但仍与《中国居民膳食指南（2022）》建议的民众奶及奶制品每天摄入量为300～500克相差较大。展望期间，政府对奶业科普工作的支持力度将加大，奶业科普工作将在各地方和各层面大力度开展，奶制品消费群体不断扩大，奶制品消费结构将逐步转变。预计到2028年，奶制品消费量为6 677万吨，与基期相比年均增长3.2%，人均奶制品消费量将达到47.68千克，与基期相比年均增长3.4%。2033年，奶制品消费量为7 920万吨，与基期相比年均增长3.3%，人均奶制品消费量达到56.90千克，与基期相比年均增长3.5%（图13-6）。

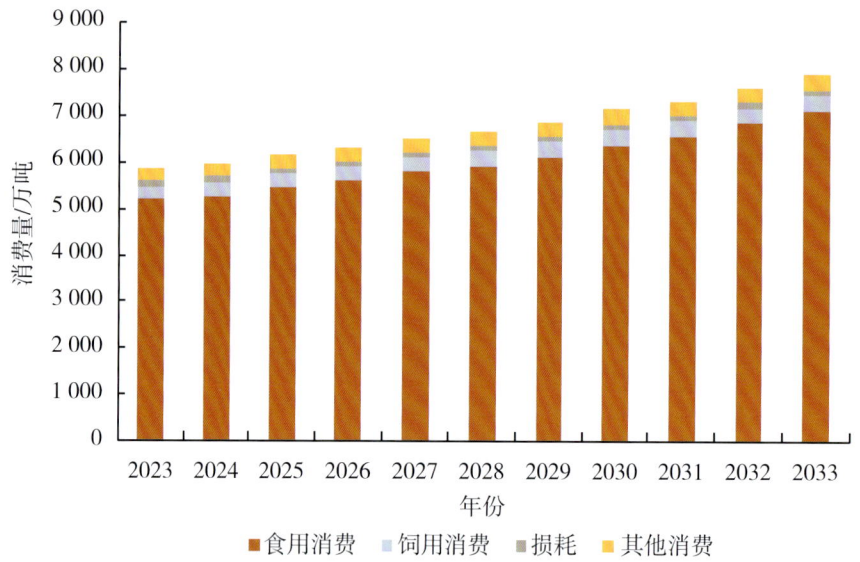

图13-6　2023—2033年中国奶制品消费量及消费结构变化趋势

（数据来源：2024—2033年数据为中国农业科学院农业信息研究所CAMES模型系统预测）

2.4　贸易展望

奶制品进口量低速增长，进口来源国集中度高。2024年牛奶产量阶段性过剩现象将持续，中国国内供给充足对进口形成一定抑制，但2024年新西兰所有奶制品进口到中国的关税全部为零，扩大的国内外价差会刺激部分贸易商积极进口。综合分析，2024年奶制品进口量将继续下降，但降幅缩小，折合生鲜乳量预计为1 700万吨，比上年减少1.0%。展望未来10年，中国奶制品质量安全监管更加严格，奶制品包装标识更趋规范，随着科普工作的逐步推进，奶制品的需求量日益增加，奶制品进口量仍会增长，但增速将明显下降。预计到2028年，奶制品进口量为1 791万吨。随着中国奶制品消费结构更趋合理，干乳制品的消费量将有较大提升，进口干乳制品量增速加大，预计到2033年，奶制品进口量为2 143万吨，与基期相比年均增长1.2%（图13-7）。分品类看，原料奶粉和婴幼儿配方奶粉仍为主要的进口产品，随着消费者由"喝奶"到"吃奶"的转变，奶酪将先经历高速进口，后因中国奶酪加工技术和能力的提升而减速。从进口来源国看，未来10年，大洋洲、欧盟和美国为主要进口来源地的进口格局不会改变。

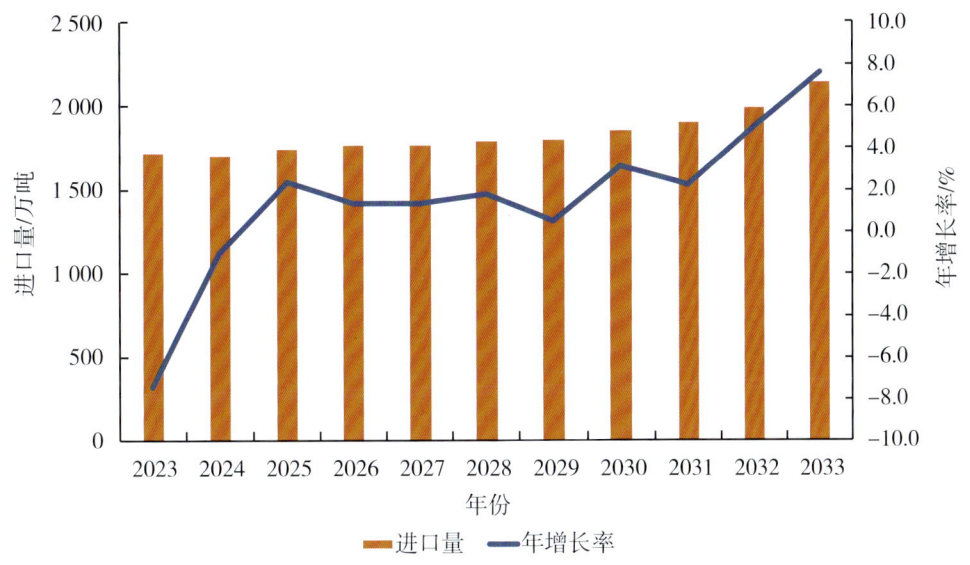

图13-7　2023—2033年中国奶制品进口量变化趋势

（数据来源：2024—2033年数据为中国农业科学院农业信息研究所CAMES模型系统预测）

2.5　价格展望

生鲜乳价格年内先跌后稳，中长期保持稳中略涨。由于供需失衡，中国生鲜乳阶段性过剩，价格持续下跌，预计2024年生鲜乳价格先降后稳，整体低位运行。2023年底至今，中国的电商消费日及传统节日并没有带动消费明显上涨，奶制品加工企业留有喷粉库存，2024年上半年伴随产量稳定增加，生鲜乳供应充足，预计1—6月价格处于下降趋势，下半年开始稳中有升但上升空间有限，整体趋稳，全年月度价格预计在3.50~3.70元/千克区间运行。展望前期，国内奶牛养殖结构日趋完善，养殖技术和管理水平继续提升，经过生鲜乳价格低迷阶段的锤炼，奶牛养殖的成本将进一步得到控制，预计价格低位波动运行；展望后期，随着国民经济逐步恢复，奶制品消费得到提振，生鲜乳需求将加大，从而支撑价格稳中上涨。

3　不确定性分析

3.1　相关标准的制修订

近些年，在奶业竞争力提升行动的推动下，一系列标准相继被制定和修订。2023年2月，中国婴幼儿配方奶粉的新国标正式实施，被称为史上最严婴幼儿配方奶粉标准，该标准的实施虽给企业带来了技术和成本的双重压力，推动婴幼儿配方奶粉价格在一定程度上上涨，但也大大提高了国产婴幼儿配方奶粉的品质。2023年12月，新制定的《食品安全国家标准　高温灭菌乳》和修订后的《食品安全国家标准　巴氏杀菌乳》《食品安全国家标准　灭菌乳》公开征求意见。展望期内，以上几项标准如得以实施，将规范奶制品生产，提高奶业的准入门槛，加速行业优胜劣汰与高质量升级发展。

3.2 奶制品深加工能力

奶制品的深加工能力对产品结构调整和减少进口依赖具有重要影响。中国奶制品深加工尚未发展成熟，尤其是乳清粉，主要依赖进口且市场集中度较高。2012—2023年，中国乳清粉进口量增长了76.3%，2023年乳清粉进口66.3万吨，约占总进口量的30.8%。近年来中国一直在引导和支持企业优化技术工艺，发展奶酪、乳清粉，2024年已有10家单位开始参与到乳清产品供给能力提升的任务中。但乳清粉加工能力的提升程度会受原料质量、技术工艺、加工装备、生产成本以及产业结构调整和市场迎合度等多种因素的影响。均衡利益分配，驱动加工利润向原料生产环节传导，提高奶畜养殖积极性。展望期内，乳清粉加工能力能否大幅提升打破进口依赖，生鲜乳供应量和供应价格能否满足加工需求，产业结构和消费习惯能否支撑乳清粉发展仍存一定不确定性。

3.3 奶业科普措施的实施

相较于奶业发达国家，中国的人均奶制品消费量处于较低水平，奶制品的消费以液态奶为主，干乳制品消费量偏低。在中国生鲜乳阶段性供应过剩，收购价格持续走低的情况下，政府、行业协会和相关企业纷纷提出了加大奶业科普力度的意见，奶业相关主管部门也已积极开展相关科普宣传工作。未来，在政府的引导下，将会有更多的奶业从业者及相关组织投入到奶业科普工作中，奶业科普工作或将逐步常态化，科普活动将日益丰富和成熟。如果奶业科普工作取得一定成效，那么奶制品消费量会随着科普工作的推进有较明显的提升，从而对奶业行业发展起到积极的推动作用。

参考文献

国家统计局. 2023年国民经济回升向好 高质量发展扎实推进［EB/OL］.（2024-01-17）［2024-01-19］. https://www. stats. gov. cn/sj/zxfb/202401/t20240117_1946624. html.

李胜利，姚琨，刘长全，等. 2023年度奶牛产业与技术发展报告［J/OL］. 中国畜牧杂志：1-6［2024-03-14］. https://doi. org/10. 19556/j. 0258-7033. 20240201-10.

刘佳佳，许世卫，李干琼，等. 2022年牛奶市场形势回顾及2023年展望［J］. 中国畜牧杂志，2024，60（1）：393-396.

农业农村部市场预警专家委员会，2023. 中国农业展望报告（2023—2032）［M］. 北京：中国农业科学技术出版社.

秦韶聪，2023. 农业贸易百问：为什么我国乳清粉进口需求较大?［J］. 世界农业（6）：134-135.

第十四章

水产品

水产品是优质蛋白质的重要来源，对于保障"菜篮子"产品稳定供给和居民食物营养健康消费具有重要作用。2023年中国渔业生产保持稳定，水产品总产量7 100万吨，比上年增长3.4%，其中，养殖和捕捞产量分别为5 812万吨和1 288万吨，分别增长4.4%和减少1.0%；水产品消费量7 396万吨，比上年增长3.6%；水产品综合平均批发价格25.50元/千克，比上年上涨1.0%；水产品进口量676万吨，出口量380万吨，分别比上年增长4.5%和0.9%，贸易逆差33亿美元，2022年首次出现的水产品贸易逆差继续扩大。未来10年，中国现代渔业建设步伐加快，渔业生产稳定向好，消费具有较大增长空间，进口保持较快增长，出口稳中有降。预计2024年水产品总产量和消费量分别为7 242万吨和7 584万吨，分别比上年增长2.0%和2.5%；进口量717万吨，比上年增长6.0%，出口量375万吨，比上年减少1.3%。预计2028年水产品总产量和消费量分别为7 472万吨和7 902万吨，分别年均增长1.7%和2.0%（基期为2021—2023年3年平均值，下同）；进口量774万吨，年均增长4.1%，出口量344万吨，年均减少1.9%。预计2033年水产品总产量和消费量分别为7 550万吨和8 066万吨，分别年均增长0.9和1.2%；进口量832万吨，年均增长2.7%，出口量316万吨，年均减少1.8%。

1 2023年市场形势回顾

1.1 养殖产量稳步增长，拉动水产品总产量增长

2023年，中国水产品总产量7 100万吨，比上年增长3.4%（表14-1）。2022年水产养殖面积止跌回升，预计2023年稳定在710万公顷。2023年，池塘养殖生产稳定推进，深远海养殖加速投资布局，水产品养殖产量增至5 812万吨，比上年增长4.4%；随着海洋渔业资源总量管理制度持续落实，渔业资源养护和监管力度进一步加大，捕捞产量减至1 288万吨，比上年减少1.0%。养殖产量在水产总产量中的占比进一步提高，达81.9%，比上年提高0.8个百分点。

表14-1 2022年、2023年水产品总产量情况

指标	2022年		2023年	
	数量/万吨	占比/%	数量/万吨	占比/%
总产量	6 866	100.0	7 100	100.0
养殖产量	5 565	81.1	5 812	81.9
淡水养殖	3 290	47.9	3 430	48.3
海水养殖	2 276	33.1	2 383	33.6
捕捞产量	1 300	18.9	1 288	18.1

（续表）

指标	2022年		2023年	
	数量/万吨	占比/%	数量/万吨	占比/%
淡水捕捞	117	1.7	118	1.7
海洋捕捞	951	13.8	955	13.4
远洋渔业	233	3.4	215	3.0

数据来源：《2023中国渔业统计年鉴》《中华人民共和国2023年国民经济和社会发展统计公报》。

1.2 食用消费稳定增长，加工规模持续扩大

随着城乡居民生活水平提高和膳食结构进一步优化，水产品消费保持稳定增长。2023年，水产品消费量7 396万吨，比上年增长3.6%。食用消费量3 106万吨，比上年增长3.8%，较2020—2022年3年平均食用消费量增长4.3%；加工消费量3 032万吨，比上年增长3.8%，较2020—2022年3年平均加工消费量增长10.6%，加工消费量增速快于食用消费量增速；其他消费及损耗1 257万吨，增长2.6%，增幅比上年收窄2个百分点。

1.3 进口量增速较快，贸易逆差继续扩大

2023年中国水产品进出口总量1 056万吨，比上年增长3.2%；进出口总额442.37亿美元，比上年减少5.4%。进口方面，水产品进口量676万吨，比上年增长4.5%；进口额237.74亿美元，比上年增长0.3%。来自厄瓜多尔、俄罗斯、印度、泰国、墨西哥等水产品进口量比上年增长超15%。

受出口市场需求萎缩和同质化竞争扩大的影响，水产品出口量增额减，出口量380万吨，比上年增长0.9%；出口额204.63亿美元，比上年减少11.2%。对日本、美国、中国香港出口额比上年分别减少10.4%、20.5%、12.7%。水产品贸易逆差33.11亿美元，比上年扩大26.36亿美元。

1.4 综合平均批发价小幅上涨，月度价格波动下行

2023年，水产品市场运行平稳、供给充足，综合平均批发价小幅上涨。据全国水产品批发市场价格信息监测系统数据，2023年80家批发市场49种水产品综合平均价格为25.50元/千克，比上年上涨1.0%，据对可对比的45家批发市场统计，全年成交量为947.61万吨，比上年增加11.5%。分品种看，与上年相比，淡水鱼类价格下跌3.1%，淡水虾蟹类价格下跌2.4%，海水鱼类价格上涨2.9%，海水甲壳类价格上涨3.0%，海水贝类价格上涨3.8%，海水头足类价格上涨2.6%，海水藻类价格大幅上涨18.4%。

从月度走势看，年内水产品价格呈先稳后跌、波动下行的态势。上半年，水产品市场呈现趋稳上行复苏态势，水产品综合平均批发价格从1月的25.71元/千克逐步上涨，到6月达到全年最高位26.24元/千克，7月价格转向走低，11月跌至24.16元/千克的年内低位，12月价格有所回升，综合平均价24.34元/千克（图14-1）。

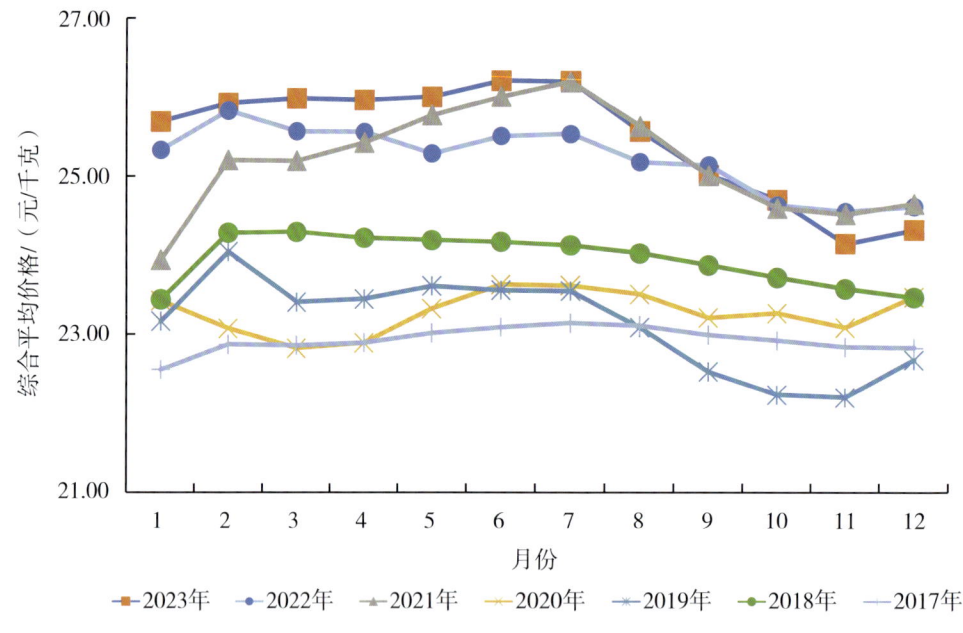

图14-1　2017年以来水产品批发市场综合平均价格走势

（数据来源：全国水产品批发市场价格信息监测系统）

2　未来10年市场走势判断

2.1　总体判断

生产持续发展，产量稳定增长。预计2024年中国水产品总产量小幅增长，达7 242万吨，比上年增长2.0%，其中，养殖产量5 948万吨，增长2.3%。2028年水产品总产量增至7 472万吨，比基期增长8.5%，年均增长1.7%；养殖产量6 161万吨，比基期增长10.2%，年均增长2.0%。2033年水产品总产量7 550万吨，比基期增长9.6%，年均增长0.9%；养殖产量6 253万吨，比基期增长11.8%，年均增长1.1%；捕捞产量基本稳定，保持在1 300万吨左右。

食用消费稳定增长，加工消费增速较快。随着城乡居民对食物营养健康的需求增长，水产品在膳食结构中的比例不断增加，中国水产品需求将稳定增长。预计2024年水产品消费量7 584万吨，比上年增长2.5%。其中，食用消费量3 185万吨，比上年增长2.5%；加工消费量3 147万吨，比上年增长3.8%。2028年消费量7 902万吨，比基期增长10.7%，年均增长2.0%。2033年消费量8 066万吨，比基期增长

13.0%，年均增长1.2%，消费增速略高于产量增速。

进口保持增长，出口稳中有降。需求支撑水产品进口持续增长，出口竞争压力扩大，预计2024年水产品进口量717万吨，出口量375万吨，比上年分别增长6.0%和减少1.3%。2028年进口量774万吨，比基期增长22.3%，年均增长4.1%；出口量344万吨，比基期减少9.2%，年均减少1.9%。2033年进口量832万吨，比基期增长31.5%，年均增长2.7%；出口量316万吨，比基期减少16.5%，年均减少1.8%。

价格稳中有涨。2023年水产养殖户盈利水平不高、亏损情况较多，影响养殖户2024年的投苗和生产积极性，水产品消费需求将持续增长，预计2024年水产品价格整体稳中有涨。

2.2 生产展望

"十四五"期间，现代渔业发展的工作思路是"稳产保供、创新增效、绿色低碳、规范安全、富裕渔民"。中国将聚焦高质量发展、高水平保护和高效能治理，加快推进渔业高质量发展和渔业现代化建设。

渔业生产稳定发展。预计2024年水产品总产量7 242万吨，比上年增长2.0%。2028年水产品总产量7 472万吨，比基期增长8.5%，年均增长1.7%。2033年水产品总产量7 550万吨，比基期增长9.6%。未来10年，水产品总产量年均增长0.9%（图14-2）。

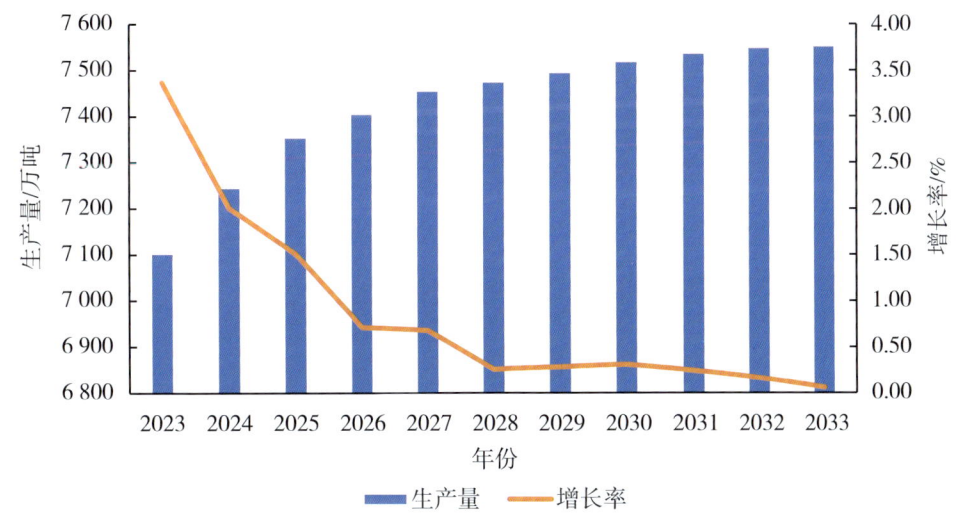

图14-2 2023—2033年中国水产品总产量及增长率

（数据来源：2024—2033年数据为中国农业科学院农业信息研究所CAMES模型系统预测）

2.2.1 养殖产量持续增长

水产养殖保持良好发展势头。全国养殖水域滩涂规划的制定落实，水产养殖的发展空间进一步稳定，养殖新模式、新业态创新探索深入推进；水产绿色健康养殖技术推广行动有效实施，优势养殖区域和主导养殖品种加速形成，种业、设备和养殖模式多方发力，绿色高质量的发展基础进一步夯实。预计2024年养殖产量5 948万吨，比上年增长2.3%。2028年养殖产量6 161万吨，比基期增长10.2%，年均增长2.0%。2033年养殖产量6 253万吨，比基期增长11.8%，年均增长1.1%，养殖产量占水产品总产量的比例增至82.8%，与基期相比提高1.6个百分点（图14-3）。

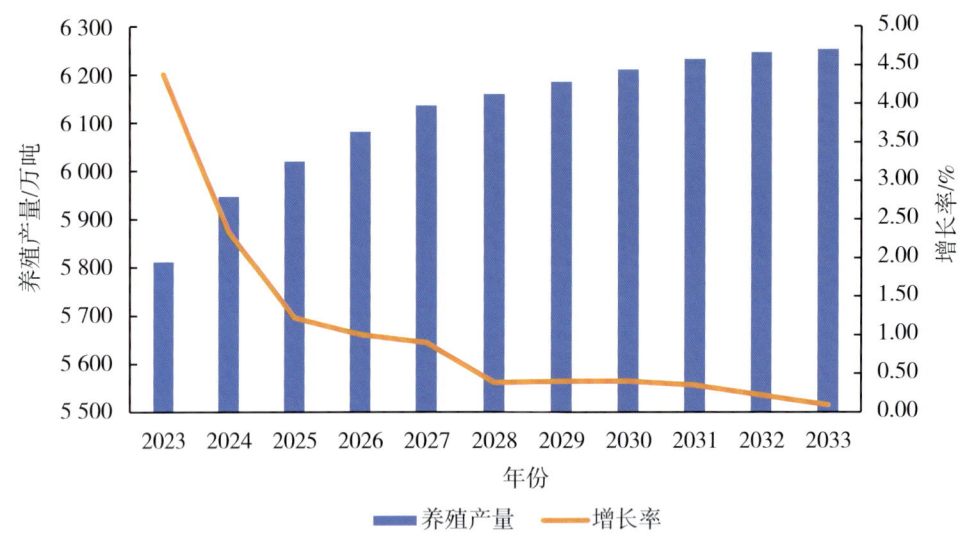

图14-3　2023—2033年中国水产品养殖产量及增长率

（数据来源：2024—2033年数据为中国农业科学院农业信息研究所CAMES模型系统预测）

2.2.2　捕捞产量保持稳定

水产品捕捞产量保持基本稳定。中国将持续强化水生生物资源保护和渔业资源的可持续发展利用。根据2023年10月国务院新闻办公室发布的《中国的远洋渔业发展》白皮书，从"十四五"开始，取消对远洋渔船的燃油补贴，支持建设渔业基础公共设施、渔业绿色循环发展、渔业资源调查养护和国际履约能力提升等，履行国际公约养护国际渔业资源，开展渔业资源调查监测评估等活动，促进渔业资源的长期可持续利用。同时，还将坚定不移落实长江十年禁渔，严格执行海洋和内陆主要流域休禁渔期制度，有序推进海洋渔业资源总量管理制度，调整优化生产作业方式，提高渔船设施装备水平，扩大捕捞限额分品种、分区域管理试点等。预计2024年捕捞产量1 294万吨，与上年基本持平。2028年捕捞产量1 311万吨，比基期增长1.2%，年均增长0.2%。2033年捕捞产量1 297万吨，比基期增长0.2%（图14-4）。

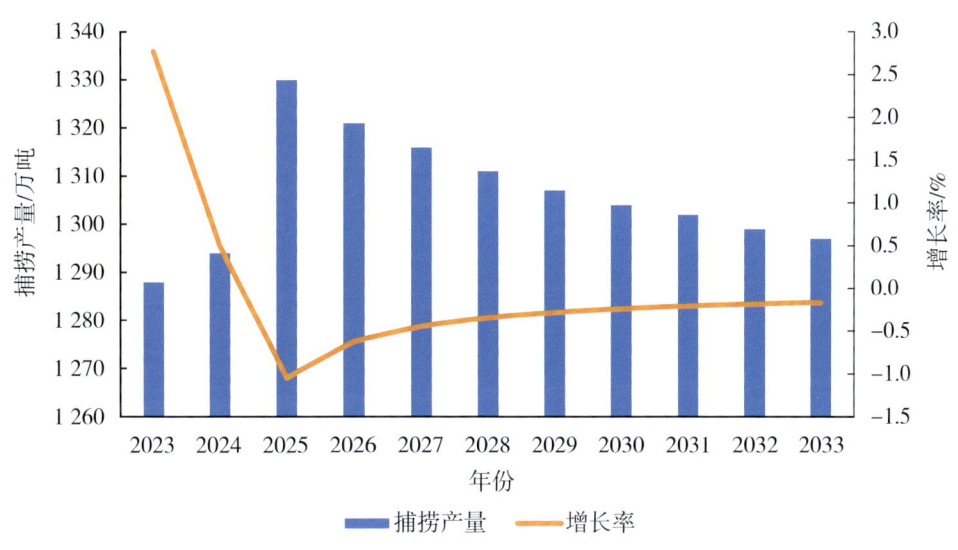

图14-4 2023—2033年中国水产品捕捞产量

（数据来源：2024—2033年数据为中国农业科学院农业信息研究所CAMES模型系统预测）

2.3 消费展望

水产品消费持续增长。《中国居民膳食指南（2023）》推荐动物性食物中优先选择鱼类。城乡居民对健康饮食的需求增长，进一步扩大了水产品的消费增长空间。在促消费政策持续发力、经济回稳向好、居民消费信心增强、餐饮旅游等行业加快发展的带动下，2024年消费需求有望继续增长。预计2024年水产品消费7 584万吨，比上年增长2.5%。其中，食用消费量3 185万吨，比上年增长2.5%；加工消费量3 147万吨，比上年增长3.8%。损耗及其他消费1 251万吨，比上年减少0.5%。

随着城乡居民收入增长、食物消费结构升级、营养健康理念深入人心以及加工流通创新发展，水产品消费数量将进一步增长、结构将进一步优化。2028年水产品消费量7 902万吨，比基期增长10.7%，年均增长2.0%。其中，食用消费量3 262万吨，比基期增长7.6%，年均增长1.5%；加工消费量3 412万吨，比基期增长18.0%，年均增长3.4%；损耗及其他消费1 228万吨，基本持平。2033年水产品消费8 066万吨，比基期增长13.0%，年均增长1.2%，消费增速快于产量增长。其中，食用消费量3 289万吨，比基期增长8.5%，年均增长0.8%；加工消费量3 590万吨，比基期增长24.1%，年均增长2.2%，加工消费增速快于食用消费；损耗及其他消费1 187万吨，比基期减少2.4%，年均下降0.2%，损耗及其他消费在总消费中占比降至14.7%，比基期下降2.3个百分点（图14-5）。

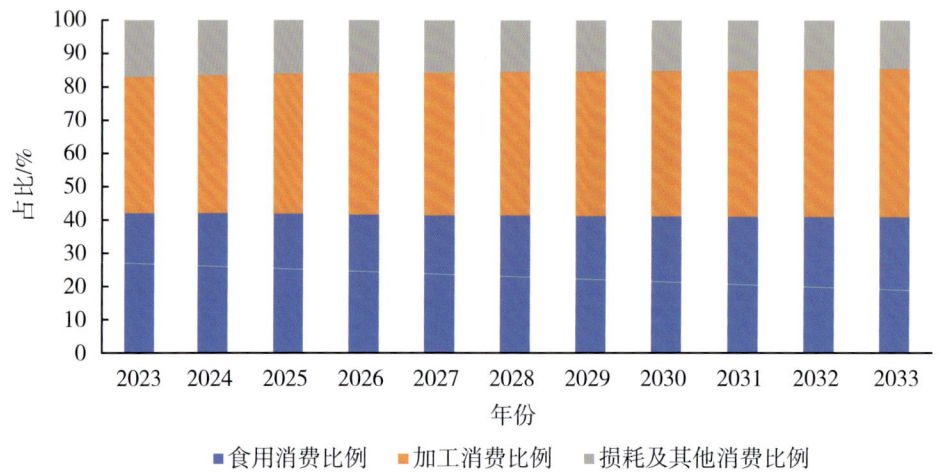

图14-5　2023—2033年中国水产品消费量及结构

（数据来源：2024—2033年数据为中国农业科学院农业信息研究所CAMES模型系统预测）

2.4　贸易展望

进口保持增长，出口稳中有降。中国水产品消费市场具有较大增长潜力，跨境电商渠道加速发展和贸易便利化水平提升，利好水产品进口。受国际经济贸易环境影响，水产品出口市场有所萎缩，加上国内人工成本增加、同质化竞争压力扩大，稳出口面临一定压力，水产品出口稳中有降。预计2024年水产品进口量717万吨，比上年增长6.0%，水产品出口量375万吨，比上年减少1.3%。

2028年水产品进口量774万吨，比基期增长22.3%，年均增长4.1%；出口量344万吨，比基期减少9.2%，年均减少1.9%。2033年水产品进口量832万吨，比基期增长31.5%，年均增长2.7%；出口量316万吨，比基期减少16.5%，年均减少1.8%。展望期内，进口增速明显快于出口，水产品贸易逆差或将成为常态（图14-6）。

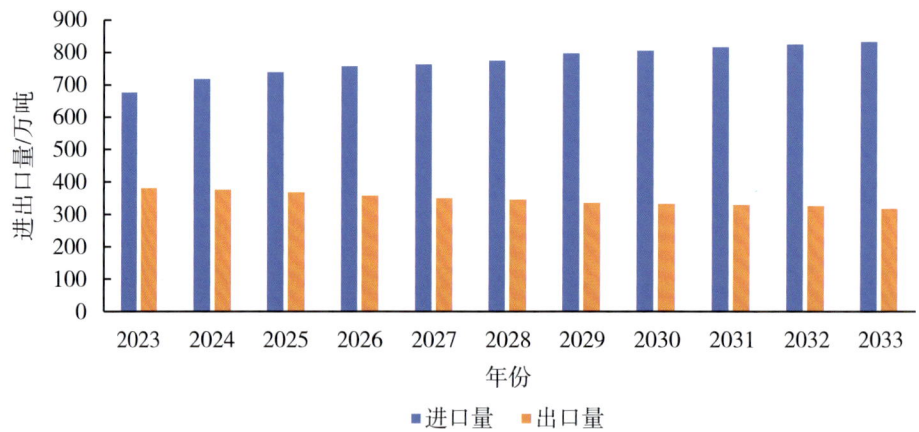

图14-6　2023—2033年中国水产品进口量和出口量变化趋势

（数据来源：2024—2033年数据为中国农业科学院农业信息研究所CAMES模型系统预测）

2.5 价格展望

2024年水产品价格稳中有涨。从供给端看，2023年养殖户盈利水平不高、亏损情况较多，直接影响养殖户2024年的投苗和生产积极性，预计有部分产能会退出市场。预计2024年水产品产量增速比上年放缓。

从需求端看，餐饮业、旅游业消费全面复苏，2024年春节、清明假期国内出游人次和花费均明显高于2019年同期水平，水产品的户外消费和团体餐饮消费将进一步增长。随着水产品供给更为多元，消费者将有更多产品选择。

3 不确定性分析

3.1 气象因素

渔业生产易受台风、洪涝、干旱、寒潮等灾害天气影响而造成产量损失。近年来，全球气候变化影响加剧，极端天气事件不断增多，2023年，暴雨洪涝灾害和寒潮冻雨给渔业生产造成不利影响。据世界气象组织预测，这一轮厄尔尼诺现象最恶劣的高温情况可能会在2024年出现，2024年或成有气温记录以来最热的一年。极端天气事件影响范围广，给渔业生产带来较大的不确定性。

3.2 病害因素

受种质资源退化和水体环境变化等因素影响，近年来水产养殖病害有增加的趋势。疾病高发、防疫压力大是养殖户反映较为集中的风险点。如春季常见的暴发性疾病，流行范围广、危害品种多、经济损失较大，对养殖生产管理，特别是越冬管理、健康管理等造成较大的压力。病害发生给养殖户带来不同程度的损失，也容易造成局地养殖产量损失，引起价格波动。

3.3 贸易因素

随着进口规模的持续扩大，水产品贸易结构将进一步调整变化。水产品进口增长在丰富国内市场选择的同时，可能会将主产国产量价格的波动进一步传导到国内，给国内生产造成一定的竞争压力，也给国内市场带来不确定性。同时，也必然要求强化对进口水产品质量安全工作的监管，加强进口水产品的安全性措施。全球经济增长面临诸多挑战、国际市场需求下降、国际竞争激烈、单边主义和贸易保护主义势力抬头等因素，将进一步加剧水产品出口贸易的不确定性。

参考文献

李大海，孙文慧，于会娟，等，2023.我国深远海养殖业的现状特点和发展建议［J］.中国渔业经济，41（5）：39-49.

刘艳.水产品预制菜开发加快市场布局［N］.中国食品报，2023-09-07（008）.DOI：10.28137/n.cnki.ncspb.2023.001789.

秦天弘.世行预计2024年全球经济增长2.4%［N］.经济参考报，2024-01-12.

沈慧.水产品供给待升级［N］.经济日报，2024-01-22（011）.DOI：10.28425/n.cnki.njjrb.2024.000068.

杨正勇，张迪，2003.大食物观视角下中国渔业高质量发展：现状、问题及提升对策［J］.中国渔业经济，41（6）：1-13.

于秀娟，吴反修，高宏泉，等，2004.我国淡水池塘养殖单产现状与对策研究［J］.中国水产（1）：22-30.

郑欣灶，贺梅英，杨遥，2023.中国罗非鱼出口美国受阻的原因分析及对策建议［J］.中国渔业经济，41（1）：87-93.

中国水产科学研究院渔业发展战略研究中心.中国居民水产品食用消费量测算与分析报告（2023）［EB/OL］.（2023-12-28）［2024-01-12］.https://www.crnews.net/cy/sc/959866_20231228104059.html.

中华人民共和国国务院新闻办公室，2023.中国的远洋渔业发展［M］.北京：人民出版社.

第十五章

饲 料

饲料产业是支撑养殖业持续发展的基础性产业。2023年，中国饲料产业较快发展，工业饲料产量3.22亿吨，比上年增长6.6%；消费量3.20亿吨，比上年增长6.5%。饲料价格呈下行态势，但年均价格仍处于历史高位。饲用谷物、饲用蛋白等原料进口显著增长。展望未来10年，养殖产业持续发展，工业饲料需求继续增加，产量总体保持小幅增长。预计2024年工业饲料产量3.21亿吨，消费量3.19亿吨，与上年相比持平略减；饲料原料供给较为宽松，饲料价格总体呈缓慢下降态势。展望中后期，国内养殖产量趋稳、结构逐步优化，饲料生产与消费结构将进一步调整。预计2028年工业饲料产量3.29亿吨，消费量3.27亿吨。2033年，工业饲料产量、消费量分别为3.36亿吨、3.34亿吨，年均增长率均为1.0%（基期为2021—2023年3年平均值，下同）。未来，国内大豆、玉米产量稳中有增，饲用谷物、饲用蛋白原料进口来源更加多元，饲料原料供给将更有保障，饲料价格运行更为平稳。

1 2023年市场形势回顾

1.1 产量创历史新高，结构进一步优化

自2014年以来，中国饲料生产实现"十连增"。2023年，工业饲料产量3.22亿吨，比上年增长6.6%，创历史新高。产量持续增长的同时，饲料生产结构不断调整优化。2023年，配合饲料产量3.00亿吨，比上年增长6.7%；浓缩饲料产量1 419万吨，比上年减少0.5%；添加剂预混合饲料产量709万吨，比上年增长8.7%（图15-1）。配合饲料产量在工业饲料中占比达93.4%，比上年提高0.3个百分点；浓缩饲料产量占比4.4%，比上年下降0.3个百分点；添加剂预混合饲料产量占比2.2%，与上年持平。

图15-1　2010—2023年中国工业饲料产量及增长率

（数据来源：中国饲料工业协会）

1.2 养殖需求持续增加，饲料消费增长显著

国内畜禽养殖规模总体扩张，带动了饲料消费增长。2023年，工业饲料消费量3.20亿吨，比上年增长6.5%。其中，生猪产能处于高位，规模养殖加速发展，全年出栏7.27亿头，猪饲料消费1.49亿吨，比上年增长10.1%；禽肉价格总体高于上年、养殖出栏增长，肉禽饲料消费9 457万吨，比上年增长6.6%；蛋禽养殖盈利较好，养殖场户补栏、扩栏积极性较高，蛋禽饲料消费3 258万吨，比上年增长2.1%；牛羊等反刍动物养殖稳步增长，反刍动物饲料消费1 659万吨，比上年增长3.4%；水产品养殖利润不及预期，水产饲料消费2 339万吨，比上年减少6.8%；其他饲料消费387万吨，比上年增长14.5%。

1.3 原料进口增长显著，进口来源仍较集中

2023年，国际玉米、大豆等谷物价格明显下跌，而国内畜禽养殖饲料需求增加，饲料原料进口增长明显。据海关总署数据，2023年中国饲用谷物累计进口5 676万吨，比上年增长13.5%。其中，玉米、小麦、大麦、玉米酒糟分别进口2 714万吨、1 210万吨、1 133万吨、14万吨，比上年分别增长31.6%、22.5%、96.6%、57.5%；高粱、碎米分别进口521万吨、85万吨，比上年分别减少48.6%、76.0%。饲用蛋白累计进口961万吨，比上年增长20.0%。其中，菜粕、葵花籽粕、豌豆分别进口235万吨、294万吨、266万吨，比上年分别增长6.3%、26.3%、64.2%；豆粕、鱼粉分别进口3.8万吨、162.5万吨，比上年分别减少25.8%、9.8%。此外，作为豆粕、菜粕等饲料蛋白的压榨原料，油籽（大豆、油菜籽）进口1.04亿吨，比上年增长12.4%。饲料原料及油籽进口主要来自巴西、美国、加拿大、澳大利亚、乌克兰5个国家，合计占比88.2%。其中，自巴西进口量大幅增长，占比达48.4%，比上年提高12.1个百分点；自美国进口占比20.5%，比上年下降13.0个百分点（图15-2）。

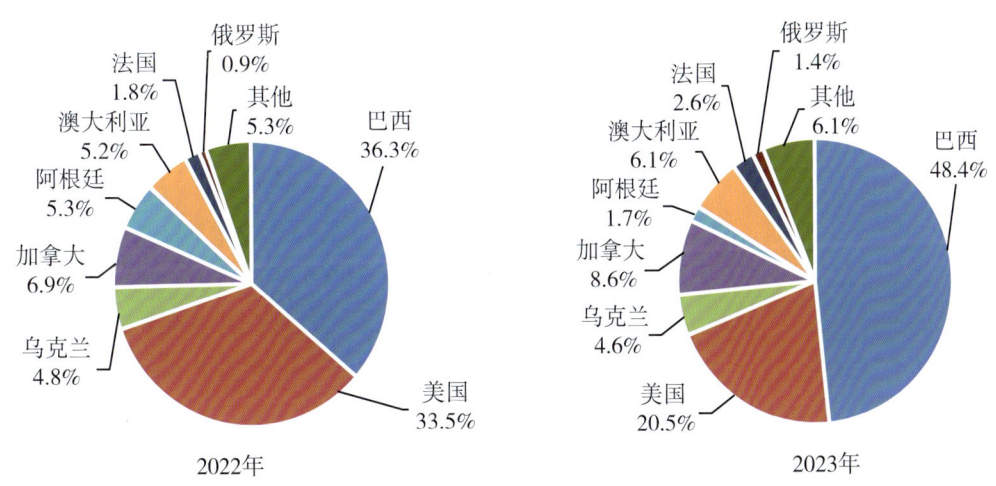

图15-2　2022年、2023年饲料原料及油籽进口国别情况

（数据来源：海关总署）

1.4 饲料价格呈下行态势，年均价仍处于历史高位

2023年，主要饲料原料价格呈波动下跌态势，年均价格比上年有不同程度下跌。上半年，玉米价格连续下跌，由于年中库存偏少，三季度价格小幅反弹，四季度价格加速下跌。据农业农村部畜牧兽医局数据，2023年12月国内饲用玉米集贸市场价格降至2.81元/千克，比上年同期下跌8.2%，年度均价为2.97元/千克，比上年下跌0.3%。2023年初，豆粕价格显著下跌，8—9月干旱天气影响美国大豆出口速度和运输成本，豆粕价格快速反弹，9月之后豆粕价格连续回落。截至2023年12月，国内豆粕集贸市场价格降至4.32元/千克，比上年同期下跌17.3%，年度均价为4.61元/千克，比上年下跌1.0%（图15-3）。

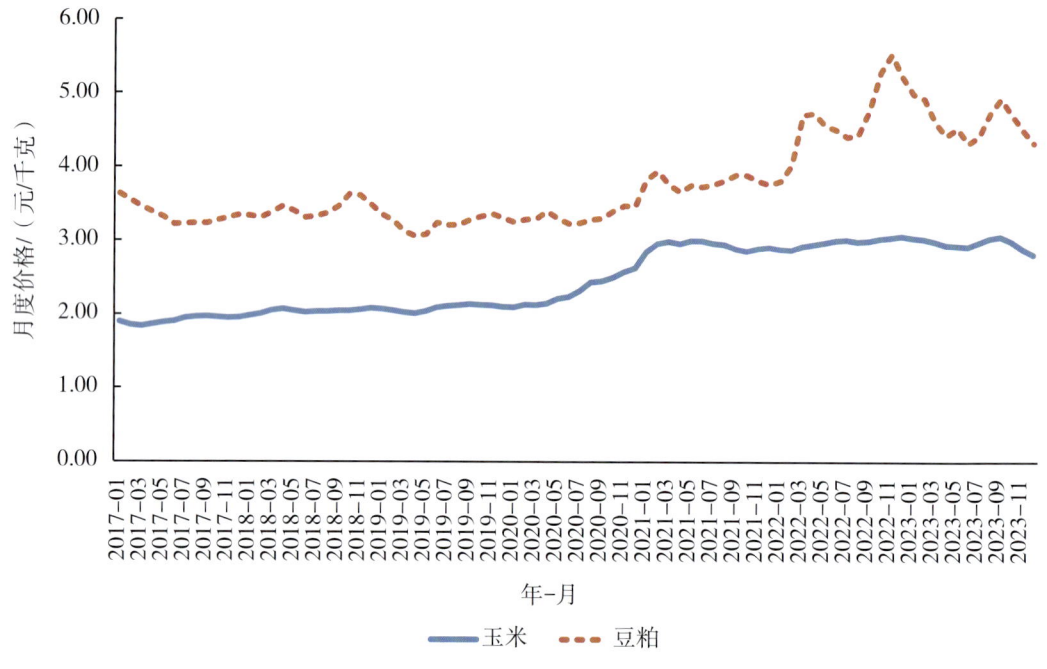

图15-3 2017—2023年中国主要饲料原料月度价格

（数据来源：农业农村部畜牧兽医局）

饲料价格走势与原料价格基本一致。2022年11月育肥猪、肉鸡、蛋鸡配合饲料价格均达到历史峰值，分别为4.09元/千克、4.10元/千克、3.81元/千克，之后价格缓慢下跌，至2023年6月分别跌至3.84元/千克、3.93元/千克、3.63元/千克，分别比峰值下跌6.0%、4.2%、4.7%；三季度，原料价格反弹带动饲料价格上涨；四季度，饲料价格下跌，至12月育肥猪、肉鸡、蛋鸡配合饲料价格分别跌至3.80元/千克、3.92元/千克、3.62元/千克，分别比上年同期跌7.0%、4.7%、4.9%。育肥猪、肉鸡、蛋鸡配合饲料集贸市场全年平均价格分别为3.90元/千克、3.99元/千克、3.69元/千克，分别比上年涨0.5%、涨2.6%、涨2.1%，位于历史高点（图15-4）。

图15-4　2017—2023年中国育肥猪、肉鸡、蛋鸡配合饲料月度价格

（数据来源：农业农村部畜牧兽医局）

1.5　低蛋白日粮技术继续推进，豆粕减量替代成效显现

近年来，中国大力推广低蛋白日粮技术，挖掘利用粮食加工副产品、微生物蛋白等多种资源，采用饲料精准配方和精细加工工艺，配合使用合成氨基酸等饲料添加剂，在满足动物营养需要的同时，不断减少饲料蛋白消耗。2021年，农业农村部出台《饲料中玉米豆粕减量替代工作方案》，2023年进一步印发《饲用豆粕减量替代三年行动方案》，持续推进豆粕减量替代工作。实施饲用豆粕减量替代行动以来，饲料加工中豆粕占比不断降低，工作取得初步成效。据农业农村部数据，2023年饲料配方中豆粕占比已下降到13%，比2022年下降了1.5个百分点，按全年饲料消耗量测算，相当于减少了900万吨左右大豆消耗。

2　未来10年市场走势判断

2.1　总体判断

工业饲料产量缓慢增长。2024年工业饲料产量将持平略减，预计为3.21亿吨；2028年将增至3.29亿吨，比基期增长7.8%；2033年达3.36亿吨，比基期增长10.0%，年均增长率为1.0%。配合饲料产量将持续小幅增加，浓缩饲料产量继续下降，添加剂预混合饲料产量较快增长，2033年配合饲料产量占比将提高至94.0%。

工业饲料消费结构逐步调整。预计2024年工业饲料消费量3.19亿吨，比上年减少0.1%；2028年为3.27亿吨，比基期增长7.9%；2033年达3.34亿吨，比基期增长10.1%，年均增长1.0%。猪饲料、蛋禽饲料消费趋于平稳；水产饲料、反刍动物饲料、肉禽饲料消费增长相对较快。

饲料产品价格波动程度将减弱。2024年，预计饲料原料价格稳中有降，饲料价格总体呈缓慢下降态势。国内玉米、大豆生产稳步发展，饲料原料进口更加多元，饲料供应链韧性逐步增强。畜禽养殖规模逐渐趋于稳定，饲料供需年际变动趋缓，价格波动程度将减弱。

2.2 生产展望

工业饲料产量增速逐渐放缓。受生猪产能调整等因素影响，预计2024年工业饲料产量3.21亿吨，与上年相比持平略减（图15-5）。长期来看，规模化、标准化、智能化养殖不断发展，工业饲料普及率将继续提高，工业饲料产量将保持增长态势，但增速逐步放缓。2028年工业饲料产量3.29亿吨，比基期增长7.8%；2033年工业饲料产量3.36亿吨，比基期增长10.0%，年均增长1.0%。展望期内，饲料产业将持续转型升级，不断推进高质量发展，逐步进入成熟发展阶段。豆粕减量替代、低蛋白日粮推广应用将促进饲料加工降本增效。玉米、大豆单产提高，饲料粮供给能力进一步提升，饲料产业链供应链韧性逐渐强化。生物饲料技术持续发展，饲用微生物、酶制剂等产品种类增加、功能拓展，先进加工处理工艺不断应用，科技创新能力与产业发展水平将不断提高。饲料产品将向着精细化、特色化发展，质量安全、产品品质、品牌影响不断提升，产业竞争力不断提高。

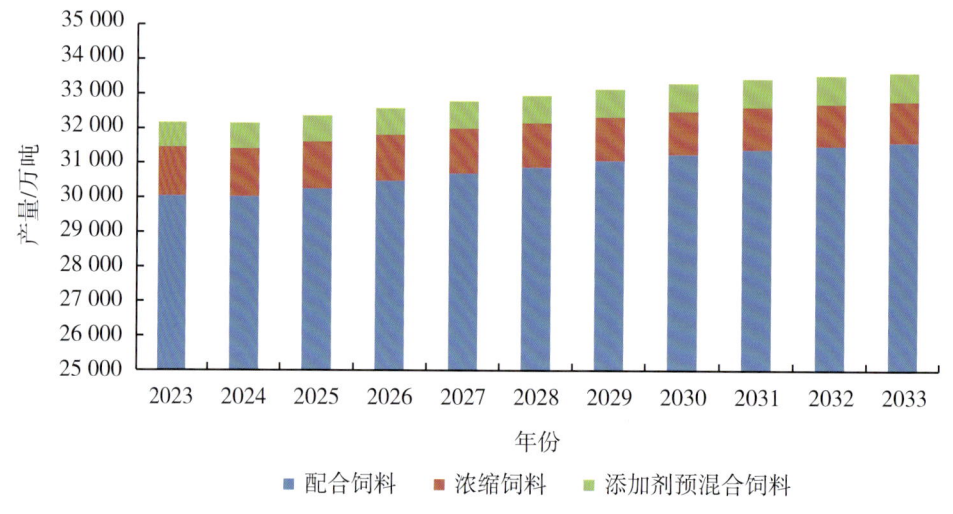

图15-5　2023—2033年中国工业饲料产量

（数据来源：2024—2033年数据为中国农业科学院农业信息研究所CAMES模型系统预测）

分产品来看，配合饲料产量总体保持增长，预计2024年产量为3.00亿吨，比上年减少0.1%；2028年产量有望达到3.09亿吨，比基期增长8.5%；2033年产量进一步增至3.16亿吨，比基期增长11.1%，年均增速为1.1%，高于工业饲料产量年均增速。浓缩饲料产量不断下降，预计2024年产量为1 392万吨，比上年减少1.9%；预计2028年产量为1 289万吨，比基期下降12.0%，2033年降至1 192万吨，比基期下降18.7%，年均降幅约为2.0%。添加剂预混合饲料较快增长，预计2024年产量为736万吨，比上年增长3.8%；预计2028年为794万吨，比基期增长17.7%；2033年将达到836万吨，比基期增长23.9%，展望期内年均增速为2.2%（图15-5）。从产品结构来看，饲料产品结构持续改善，配合饲料产量占比逐渐提升，浓缩饲料产量占比不断缩减，添加剂预混合饲料产量占比保持稳定。展望期末，配合饲料产量占比将达到94.0%，比基期提升1.0个百分点；浓缩饲料占比将降至3.5%，比基期降低1.3个百分点。

2.3 消费展望

工业饲料消费量逐渐趋于稳定。预计2024年，工业饲料消费量为3.19亿吨，比上年减少0.1%。随着人口总量逐渐减少、老龄化进程加快，动物食品消费增速趋于放缓、结构逐渐调整，工业饲料消费趋向平稳。预计2028年消费量为3.27亿吨，比基期增长7.9%；2033年为3.34亿吨，比基期增长10.1%，年均增速为1.0%。

分品种来看，猪饲料消费逐步趋稳，2024年生猪产能将持续调整，养殖存栏减少，预计猪饲料消费1.46亿吨，比上年减少1.4%；展望中后期，生猪养殖规模稳中趋降，猪饲料消费将趋于稳定，预计2028年消费1.43亿吨，2033年消费1.41亿吨。肉禽饲料消费较快增长，2024年肉禽养殖规模将小幅增长，预计肉禽饲料消费9 501万吨，比上年增长0.5%。长期来看，禽肉高蛋白、低脂肪的特点将受到消费者更多青睐，加之养殖周期短、饲料转化率高、生产安排灵活，肉禽养殖仍有较大增长空间。预计2028年肉禽饲料消费量9 946万吨，比基期增长9.8%；2033年消费量1.04亿吨，比基期增长14.3%。展望期内，肉禽饲料消费量年均增长1.3%。蛋禽饲料消费稳中有增，预计2024年蛋禽饲料消费量3 273万吨，比上年增长0.5%；2028年消费量3 393万吨，比基期增长5.4%；2033年消费量3 452万吨，比基期增长7.2%，展望期内年均增长0.7%。牛羊肉产量稳步提高，现代饲草生产、加工、流通体系逐步建立，反刍动物饲料消费将保持增长态势，预计2024年消费量1 704万吨，比上年增长2.7%；2028年消费量1 913万吨，比基期增长21.3%；2033年消费量2 219万吨，比基期增长40.7%，年均增长3.5%。水产饲料消费总体较快增长，2024年水产饲料消费将达2 417万吨，比上年增长3.3%。展望期内，池塘标准化养殖、工厂化循环水养殖等生态健康养殖发展将继续推动水产品产量增长，养殖中工业饲料普及率不断提高，水产饲料消费总体较快增长。2028年消费量2 733万吨，比基期增长15.0%；2033年消费量2 882万吨，比基期增长21.3%，展望期内，年均增长1.9%（图15-6）。

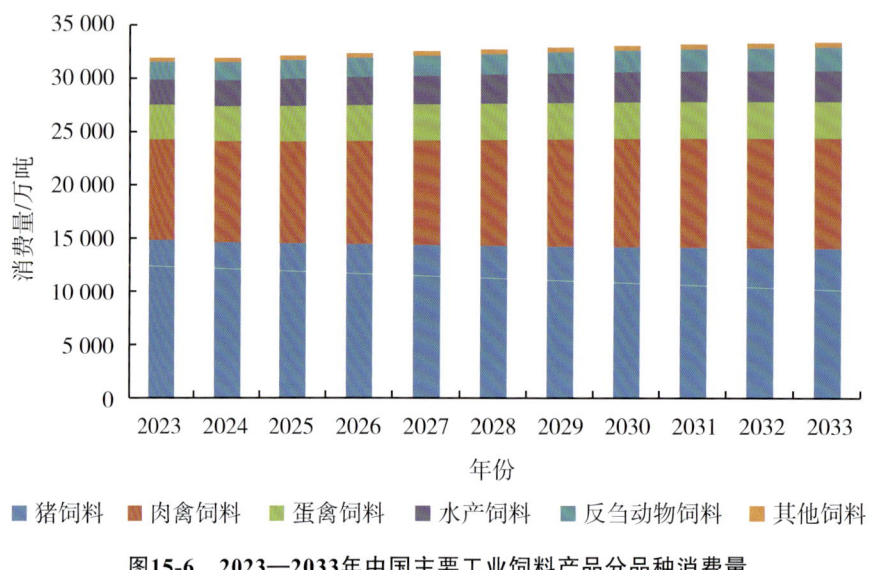

图15-6　2023—2033年中国主要工业饲料产品分品种消费量

（数据来源：2024—2033年数据为中国农业科学院农业信息研究所CAMES模型系统预测）

2.4 价格展望

短期内，预计玉米、大豆等饲料原料供给充足。据联合国粮农组织预测，受巴西与美国种植面积扩大等因素推动，预计2024年度全球玉米产量将显著增加。中国将推进新一轮千亿斤粮食产能提升行动，实施粮食单产提升工程，巩固大豆扩种成果，这将促进玉米、大豆增产。预计2024年玉米、大豆等饲料加工重要原料价格将稳中有降，饲料价格总体将呈缓慢下降态势。

长期来看，中国饲料蛋白原料仍将主要依赖进口，但供应保障能力将不断提升。展望期内，粮食节约减损行动进一步落实，豆粕减量替代行动持续推进，低蛋白日粮技术逐步推广，饲料精准配方、精准配制技术不断提高，畜禽养殖饲料转化效率不断提升，将缓解饲料粮供给压力。国内玉米、大豆单产水平提高，优质饲草生产不断发展，蛋白饲料资源得到充分挖掘，饲料原料自给能力将提高。饲料原料进口更加多元，进口渠道不断拓展。畜禽养殖规模和饲料原料需求将逐渐趋于稳定，饲料供需变动趋缓，价格波动程度将减弱。

3　不确定性分析

3.1　气象灾害

气象灾害不仅可能直接引起农作物减产，还有可能影响物流航运，对农产品流通与贸易造成冲击。2023年9月，巴西中西部和北部部分地区遭到热浪袭击，降雨较往年减少，影响大豆种植进度。2023年10月，美国密西西比河流域遭遇持续干旱，密西西比河水位明显下降、内行航运遇阻，导致谷物贸易进度延缓，引起市场波动。近年来，厄尔尼诺事件、拉尼娜事件频繁发生，对全球农业生产和农产品贸易的影响不可忽视。气象灾害发生范围、时间以及影响程度难以预测，给谷物及饲料原料供给带来不确定性。

3.2 动物疫病

动物传染病、寄生虫病等直接影响畜禽养殖产量和增加防疫成本，关系养殖利润与饲料需求。2018年8月初，中国确诊首例非洲猪瘟疫情，之后在多个省份发现疫情，给生猪养殖带来不利影响。2022年10月至2023年3月，日本大量蛋鸡因禽流感遭扑杀，导致日本鸡蛋价格不断飙升、供应短缺。动物疫病发生源头多、传播途径广、防治难度大，一旦大规模集中暴发将给畜禽养殖造成较大影响，进而传递到饲料加工生产环节。

3.3 贸易环境

中国饲料原料严重依赖进口，且进口来源较为集中，运输距离遥远，途经繁忙国际航道和重要贸易港埠，容易受到地缘政治、地区冲突等因素影响。乌克兰危机持续，黑海港口农产品外运协议中止，引起人们对全球粮食安全的担忧。新一轮巴以冲突导致红海航运危机，多家国际航运企业宣布暂停红海航线、选择改道绕行，海运时间延长、成本提高。国际政治军事对抗加剧，地区冲突不断，增加了国际粮食贸易与国内饲料加工生产的不确定性。

参考文献

国务院办公厅. 促进畜牧业高质量发展的意见［EB/OL］.（2020-09-27）［2020-09-27］. http://www. gov. cn/zhengce/zhengceku/2020-09/27/content_5547612. htm.

农业农村部. "十四五"全国畜牧兽医行业发展规划［EB/OL］.（2021-12-14）［2021-12-14］. https:// www. gov. cn/zhengce/zhengceku/2021-12/22/content_5663947. htm.

农业农村部. 猪鸡饲料玉米豆粕减量替代技术方案［EB/OL］.（2021-04-21）［2021-04-21］. http://www. moa. gov. cn/gk/nszd_1/2021/202104/t20210421_6366304. htm.

农业农村部办公厅. 关于公布饲料中豆粕减量替代典型案例的通知［EB/OL］.（2022-09-20）［2022-09-20］https://www. moa. gov. cn/govpublic/xmsyj/202209/t20220919_6409725. htm.

农业农村部办公厅. 饲用豆粕减量替代三年行动方案［EB/OL］.（2023-04-12）［2023-04-12］. https:// www. gov. cn/zhengce/zhengceku/2023-04/14/content_5751409. htm.

冉娟，王济民，2017. 基于饲料需求的我国饲料谷物需求预测分析［J］. 中国农业大学学报，22（5）：190-198.

唐启升，韩冬，2016.中国水产养殖种类组成、不投饵率和营养级[J].中国水产科学，23（4）：729-758.
中共中央办公厅，国务院办公厅.粮食节约行动方案[EB/OL].（2021-11-01）[2023-12-10].http://www.gov.cn/zhengce/2021-11/01/content_5648085.htm.

附 件

附件1 术语说明

FC Index M

FC Index M代表中等级棉花价格（相当于国际棉花标准的M级），反映发布当日即期装船国际棉到中国主港的CNF价（即成本加运费，不包括关税、增值税、港口费用和保险费）。

一般贸易

指中国境内有进出口经营权的企业单边进口或单边出口的贸易。

滑准税

滑准税是一种关税税率随进口商品价格由高到低而由低至高设置计征关税的方法。

蔬菜商品产量

指蔬菜经过运输、储藏、批发、零售等诸多环节中的一个或多个环节后，可由消费者购买的蔬菜量。

蔬菜生产量

指田头收获的产量，一般为蔬菜生产中所统计的产量。

蔬菜自损

指蔬菜从田头到最终购买阶段因收获、分拣、储藏、运输、销售环节形成的弃收、失水、腐烂等鲜活农产品的特有损失。

蔬菜鲜食消费

指以鲜菜为主要形式的家庭消费和在外消费。

蔬菜其他消费

包括饲料、种用等相关消费。

蔬菜损耗

指蔬菜购买后在其消费、加工、烹饪过程中的一般性损失。

"菜篮子"

源于"菜篮子工程"，主要包括肉、蛋、奶、鱼、菜、果等农产品。农业农村部于1988年提出建设"菜篮子工程"，当时主要为缓解国内副食品供应偏紧的矛盾，经过多年发展建设，"菜篮子"为更好地满足人们生活日益增长的需要提供了稳定保障。

大豆压榨消费量

指大豆消费中,用于压榨加工生产饲用豆粕和食用豆油的大豆消费量。

大豆食用消费量

指大豆消费中,用于直接食用、豆制品加工、大豆蛋白加工的大豆消费量。

大豆损耗及其他消费量

指大豆消费中损耗的大豆数量和膨化大豆加工消费的大豆数量。

植物油饲用消费

指在配合饲料生产中,根据饲养动物营养需求,按照一定比例掺兑的植物油用量,旨在提高饲料营养价值、改善饲料适口性、促进脂溶性营养物质吸收和饲养动物健康生长等。

水果

根据国家统计局数据,该报告中水果包括园林水果和瓜果类,水果面积包括果园面积和瓜果类面积。

水果直接消费

指未经精深加工、直接鲜食的水果消费,包括城乡居民家庭消费、在外就餐消费、团体消费等。

水果损耗

指水果从果园(包括瓜果园)到消费终端(消费者或精深加工车间)在采收、采购、商品化处理、储存、运输、批发、分销等一系列环节中因失水、腐烂、变质或其他不明原因造成的数量上的减少。

禽肉

禽肉主要包括鸡、鸭、鹅肉和其他禽肉等。据中国畜牧业协会禽业分会统计,2022年鸡肉、鸭肉、鹅肉和其他禽肉在禽肉中的占比分别为68%、26%、5%和1%。

鲜冷冻禽肉及杂碎

指海关进出口商品分类第1类第2章中的禽肉产品,包括冰鲜和冷冻的禽肉产品及杂碎,如整只鸡(鸭、鹅)、鸡(鸭、鹅)块、鸡翅、鸡爪、整只火鸡和鸡块、鸡胗、鸭肥肝、鸡(鸭、鹅)杂碎。

加工禽肉制品

指海关进出口商品分类第4类第16章中的禽肉产品,包括罐头和其他制作或保藏的禽肉及食用杂碎,如鸡罐头、其他家禽肉及杂碎罐头、其他制作或保藏的鸡胸肉、其他制作或保藏的鸡腿肉、其他制作或保藏的鸡肉及食用杂碎、未列名制作或保藏的鸭肉及食用杂碎。

鸡肉价格

基于农业农村部畜牧兽医局对全国500个县集贸市场和采集点的价格监测,鸡肉集市价格的采集口径为:快大型白羽肉鸡优先采集分割品鸡腿价格,没有鸡腿价格时采集白条鸡价格，黄羽肉鸡、淘汰蛋鸡、小型白羽肉鸡优先采集白条鸡价格。鸡肉集市均价是各类鸡肉产品价格的混合均价。

肉禽预制菜

指以肉禽为主要原料，经预加工、预烹调、预包装后在室温或冷链条件下储存、运输及销售的熟制或未完全熟制的成品或半成品菜肴。

胴体重

指肉用牲畜出栏屠宰后，除去皮、头、尾、蹄、内脏（不包括肾脏和肾脂肪）的重量。

牛羊肉集市平均价格

基于对全国500个县集贸市场和采集点的监测跟踪，采集获得周价格，并进一步计算得出月度及年度平均价格。

消费结构升级

是指随着社会经济发展，居民由生活质量低标准的消费结构向生活质量高标准的转变，主要包括消费层次结构升级、消费支出结构升级、消费形态结构升级、消费主体结构升级等。

表观消费量

当年禽蛋产量加禽蛋净进口量（当年进口量减出口量）。

人均表观消费量

当年表观消费量除以当年总人口。

干去壳禽蛋

以禽蛋为原料，蛋液经过喷雾干燥后的蛋制品，为粉状或块状，分为食用全蛋粉、食用蛋白粉（片）以及干的其他食用蛋制品。

其他去壳禽蛋

以禽蛋为原料，蛋液经过加工后的蛋制品，包括全蛋液、蛋黄液、蛋白液、冰全蛋、冰蛋黄、冰蛋白以及其他食用蛋制品。

禽流感

禽流行性感冒的简称，是由甲型流感病毒引起的一种禽类（家禽和野禽）传染病。

蛋液

以禽蛋为原料，经蛋壳清洗消毒、自动打蛋并分离出蛋黄或蛋白，再经过巴氏杀菌而制成的液体蛋产品。

蛋粉

蛋液经喷雾干燥而成，为粉状或易松散的块状，分为全蛋粉、蛋黄粉和蛋白粉。

蛋干

以禽蛋为原料的新食品，将禽蛋全蛋浓缩加工而成。

生鲜乳

指从符合国家有关要求的健康奶畜乳房中挤出的无任何成分改变的常乳。

液态奶

液态奶是由健康奶牛所产的鲜乳汁，经有效的加热杀菌方式处理后，分装出售的饮用牛乳。根据《食品生产许可证》（2020年3月1日修订）定义，液态乳包括巴氏杀菌乳、高温杀菌乳、调制乳、灭菌乳、发酵乳5种品类。

干乳制品

指的是使用牛乳或羊乳及其加工制品为主要原料，加入或不加入适量的维生素、矿物质和其他辅料，使用法律法规及标准规定所要求的条件，经加工制成的各种食品。根据国际乳业联盟（International Dairy Federation，IDF）定义，干酪是在干凝乳中添加乳脂混合物（调味料）而成的产品，干酪含有不少于4%的乳脂和不超过80%的水分。

黄油和炼乳

FAO定义，黄油是脂肪乳产品，黄油是通过搅拌牛奶或奶油制成的；炼乳是通过从全脂或脱脂牛奶中除去部分水而获得的，包括热处理和浓缩加工法。

饲料

能提供动物所需营养素，促进动物生长、生产和健康，且在合理使用下安全、有效的可饲物质。

配合饲料

根据饲养动物的营养需要，将多种饲料原料和饲料添加剂按饲料配方经工业化加工的饲料。

浓缩饲料

主要由蛋白质饲料、矿物质饲料和饲料添加剂按一定比例配制的均匀混合物，与能量饲料按规定比例配合即可制成配合饲料。

添加剂预混合饲料

由两种（类）或两种（类）以上饲料添加剂与载体或稀释剂按一定比例配制的均匀混合物，是复合预混合饲料、微量元素预混合饲料、维生素预混合饲料的统称。

附件2　宏观经济社会发展主要指标假设

表1　2023—2033年中国宏观数据表

类别	2023	2024	2025	2026	2027	2028	2029	2030	2031	2032	2033
GDP/万亿元	126	132	139	146	153	160	167	175	184	192	201
GDP增速/%	5.2	5	4.9	4.9	4.8	4.8	4.7	4.7	4.7	4.6	4.6
人口/万	140 967	140 776	140 588	140 402	140 218	140 037	139 859	139 687	139 518	139 353	139 192
CPI增速/%	0.2	2	2.1	2.2	2.2	2.3	2.3	2.4	2.3	2.2	2.2
国际原油价格/（美元/桶）	84.0	81.0	80.0	77.4	76.9	76.1	73.2	71.5	70.6	69.6	68.1
1美元兑人民币汇率（USD/CNY）	7.1	7.0	6.9	6.8	6.7	6.6	6.6	6.5	6.5	6.4	6.4
城镇居民可支配收入/元	51 821	54 389	57 067	59 908	62 798	65 789	68 884	72 121	75 501	78 997	82 593
农村居民可支配收入/元	21 691	23 329	25 097	27 000	28 998	31 137	33 408	35 799	38 317	41 009	43 889
常住人口城镇化率/%	66.2	66.8	67.4	68.0	68.7	69.4	70.0	70.7	71.3	72.0	72.5

附件3 主要品种供需平衡表

表1 2023—2033年中国粮食供需平衡表　　单位：万吨

类别	2023	2024	2025	2026	2027	2028	2029	2030	2031	2032	2033
生产量	69 541	70 424	71 355	72 234	73 026	73 846	74 577	75 250	75 726	76 148	76 579
面积/万亩	178 453	178 054	178 193	178 258	178 264	178 287	178 302	178 378	178 380	178 398	178 411
单产/（千克/亩）	390	396	400	405	410	414	418	422	425	427	429
进口量	16 309	14 086	12 846	12 193	11 929	11 577	11 374	11 286	11 197	11 144	11 034
消费量	81 693	80 265	80 553	80 872	81 265	81 679	82 084	82 555	83 039	83 516	83 952
食用消费	29 930	29 691	29 702	29 713	29 734	29 747	29 755	29 795	29 835	29 845	29 850
饲用消费	24 407	23 177	23 233	23 269	23 353	23 448	23 529	23 625	23 733	23 849	23 917
压榨（大豆）消费	9 380	9 319	9 291	9 265	9 240	9 217	9 196	9 177	9 159	9 144	9 130
工业消费	12 758	13 013	13 329	13 650	13 983	14 327	14 675	15 034	15 398	15 769	16 147
其他消费	5 218	5 065	4 998	4 976	4 955	4 940	4 930	4 924	4 914	4 908	4 908
出口量	334	406	424	441	461	485	511	529	548	569	588
结余变化	3 823	3 839	3 224	3 114	3 230	3 259	3 356	3 452	3 336	3 207	3 073

表2 2023—2033年中国稻谷供需平衡表　　单位：万吨

类别	2023	2024	2025	2026	2027	2028	2029	2030	2031	2032	2033
生产量	20 660	20 764	20 895	20 962	21 091	21 236	21 383	21 500	21 576	21 652	21 690
面积/万亩	43 424	43 440	43 350	43 220	43 130	43 075	43 025	43 000	42 980	42 960	42 950
单产/（千克/亩）	476	478	482	485	489	493	497	500	502	504	505
进口量	376	400	410	422	431	439	442	451	455	460	464
消费量	20 072	19 935	19 925	19 946	19 995	20 068	20 152	20 252	20 365	20 500	20 624
口粮消费量	15 560	15 450	15 415	15 368	15 332	15 304	15 273	15 245	15 216	15 198	15 180
饲用消费量	1 560	1 550	1 579	1 632	1 694	1 765	1 844	1 931	2 026	2 129	2 218
工业消费量	1 680	1 714	1 752	1 792	1 835	1 882	1 931	1 984	2 040	2 100	2 163
种用消费量	222	221	220	220	219	219	219	219	219	218	218
损耗及其他	1 050	1 000	959	934	914	898	885	873	863	854	845
出口量	232	286	297	308	322	335	352	363	375	387	399
结余变化	732	943	1 083	1 130	1 205	1 272	1 321	1 335	1 292	1 225	1 130

注：进、出口量指稻谷进、出口量，是将大米进出口量以70%折率换算。

表3　2023—2033年中国小麦供需平衡表　　　　　　　　　　　　单位：万吨

类别	年份										
	2023	2024	2025	2026	2027	2028	2029	2030	2031	2032	2033
生产量	13 659	13 860	14 129	14 314	14 385	14 459	14 502	14 541	14 574	14 603	14 626
面积/万亩	35 441	35 411	35 552	35 659	35 661	35 656	35 643	35 624	35 583	35 558	35 537
单产/（千克/亩）	385	391	397	401	403	406	407	408	410	411	412
进口量	1 210	914	835	756	694	643	600	563	531	502	485
消费量	14 789	13 709	13 778	13 799	13 854	13 917	13 958	14 006	14 056	14 115	14 135
口粮消费	9 100	9 086	9 072	9 057	9 044	9 034	9 020	9 006	8 991	8 982	8 968
饲用消费	3 300	2 195	2 177	2 109	2 081	2 055	2 008	1 967	1 931	1 900	1 832
工业消费	1 170	1 248	1 353	1 458	1 562	1 667	1 771	1 876	1 981	2 085	2 190
种用量	604	597	590	588	585	583	579	577	576	575	573
损耗量	615	582	586	587	583	578	580	579	576	574	572
出口量	20.5	20.0	20.0	20.0	20.0	22.0	22.0	22.0	22.0	22.0	22.0
结余变化	60	1 045	1 165	1 250	1 205	1 163	1 122	1 077	1 027	968	954

表4　2023—2033年中国玉米供需平衡表　　　　　　　　　　　　单位：万吨

类别	年份										
	2023	2024	2025	2026	2027	2028	2029	2030	2031	2032	2033
生产量	28 884	29 556	29 873	30 253	30 579	30 920	31 202	31 501	31 738	31 992	32 254
面积/万亩	66 328	67 000	67 000	66 880	66 770	66 660	66 549	66 457	66 398	66 373	66 366
单产/（千克/亩）	435	441	446	452	458	464	469	474	478	482	486
进口量	2 713	1 700	1 100	920	850	710	704	697	691	685	680
消费量	29 590	29 744	30 011	30 255	30 502	30 753	31 012	31 277	31 545	31 816	32 101
食用消费量	990	1 010	1 030	1 051	1 072	1 093	1 121	1 149	1 177	1 207	1 237
饲用消费量	19 300	19 200	19 250	19 300	19 351	19 400	19 449	19 498	19 545	19 590	19 637
工业消费量	8 120	8 363	8 572	8 752	8 936	9 124	9 315	9 511	9 710	9 914	10 123
种用消费量	203	203	203	203	202	202	202	201	201	201	200
损耗	977	968	957	949	941	934	926	919	912	904	904
出口量	0.75	1	1	2	2	2	2	3	3	3	3
结余变化	2 006	1 512	961	916	925	875	891	917	881	858	830

表5　2023—2033年中国大豆供需平衡表　　　　　　　　　　　　单位：万吨

类别	年份										
	2023	2024	2025	2026	2027	2028	2029	2030	2031	2032	2033
生产量	2 084	2 159	2 320	2 517	2 736	2 949	3 165	3 344	3 445	3 484	3 568
面积/万亩	15 705	16 110	16 561	17 043	17 542	18 042	18 530	18 991	19 411	19 774	20 067
单产/(千克/亩)	133	136	143	150	159	168	176	183	187	189	193
进口量	9 941	9 172	8 768	8 424	8 319	8 173	8 044	8 003	7 961	7 946	7 869
消费量	11 076	11 061	11 090	11 130	11 162	11 201	11 249	11 285	11 328	11 327	11 329
压榨量	9 380	9 319	9 291	9 265	9 240	9 217	9 196	9 177	9 159	9 144	9 130
食用消费	1 320	1 353	1 399	1 449	1 492	1 542	1 599	1 643	1 692	1 695	1 699
种用消费	86	87	88	90	91	92	93	94	95	96	97
其他消费及损耗	290	302	313	326	339	350	361	372	381	392	403
出口量	7	12	15	16	18	22	25	27	30	35	38
结余变化	942	258	−17	−206	−125	−102	−65	35	48	68	70

表6　2023—2033年中国食用植物油供需平衡表　　　　　　　　　单位：万吨

类别	年份										
	2023	2024	2025	2026	2027	2028	2029	2030	2031	2032	2033
生产量	3 039	2 903	2 903	2 921	2 930	2 937	2 963	2 969	2 997	3 006	3 014
进口量	981	850	839	822	805	788	771	754	737	720	706
消费量	3 686	3 686	3 686	3 687	3 690	3 693	3 691	3 695	3 698	3 701	3 702
居民消费	3 441	3 435	3 431	3 425	3 422	3 419	3 412	3 411	3 409	3 406	3 403
城镇消费	2 562	2 558	2 558	2 557	2 561	2 566	2 567	2 577	2 582	2 592	2 594
农村消费	880	878	873	868	861	853	846	835	827	815	809
饲用消费	245	250	256	262	267	273	279	284	289	295	300
出口量	20	16	16	16	16	16	16	14	14	12	10
结余变化	314	52	40	41	30	16	27	13	22	13	8

表7 2023—2033年中国棉花供需平衡表　　　　　　　　　　　　　单位：万吨

类别	年份										
	2023	2024	2025	2026	2027	2028	2029	2030	2031	2032	2033
生产量	562	558	560	568	571	574	578	582	583	583	584
进口量	195	205	197	187	178	171	167	165	163	162	160
消费量	754	769	765	758	755	749	746	740	738	737	735
出口量	1	1	1	1	1	1	1	1	1	1	1
结余变化	2	-7	-9	-5	-7	-5	-1	7	7	7	8

表8 2023—2033年中国食糖供需平衡表　　　　　　　　　　　　　单位：万吨

类别	年份										
	2023	2024	2025	2026	2027	2028	2029	2030	2031	2032	2033
生产量	897	1 000	1 025	1 051	1 061	1 063	1 064	1 071	1 092	1 126	1 154
进口量	388	500	516	525	536	540	554	565	570	586	592
国内消费	1 535	1 570	1 582	1 590	1 604	1 617	1 626	1 634	1 639	1 643	1 644
出口量	18	14	18	18	18	17	17	17	17	17	17
结余变化	-268	-84	-59	-32	-25	-31	-25	-15	6	52	85

注：平衡表数据为市场年度（上年10月至当年9月）。

表9 2023—2033年中国蔬菜供需平衡表　　　　　　　　　　　　　单位：万吨

类别	年份										
	2023	2024	2025	2026	2027	2028	2029	2030	2031	2032	2033
生产量	80 805	80 850	80 890	80 925	80 956	80 982	81 004	81 021	81 034	81 042	81 045
自损量	18 702	18 626	18 433	18 275	18 143	18 027	17 925	17 834	17 787	17 732	17 660
商品产量	62 103	62 224	62 457	62 649	62 813	62 955	63 078	63 187	63 247	63 310	63 385
进口量	35	36	38	40	42	45	47	49	50	52	54
消费量	60 615	60 723	60 832	60 931	61 049	61 189	61 307	61 428	61 542	61 694	61 824
鲜食消费	26 145	26 368	26 695	26 908	27 099	27 341	27 520	27 690	27 834	27 977	28 111
加工消费	13 979	14 683	14 995	15 269	15 513	15 585	15 897	16 033	16 130	16 201	16 346
其他消费	6 651	6 766	6 981	6 981	6 975	7 058	6 909	6 920	6 966	7 055	7 097
损耗量	13 840	12 906	12 161	11 773	11 462	11 205	10 981	10 786	10 611	10 461	10 269
出口量	1 326	1 396	1 448	1 489	1 522	1 547	1 575	1 596	1 615	1 633	1 647
结余变化	197	141	215	269	284	263	244	213	139	35	-32

表10　2023—2033年中国马铃薯供需平衡表　　　　　　　　　　　　　　单位：万吨

类别	年份										
	2023	2024	2025	2026	2027	2028	2029	2030	2031	2032	2033
生产量	9 516	9 944	10 471	10 971	11 132	11 173	11 233	11 384	11 427	11 505	11 594
进口量	4	3	3	3	3	3	2	2	2	2	2
消费量	10 262	10 392	10 501	10 723	10 897	10 984	11 055	11 216	11 354	11 465	11 664
食用消费	6 217	6 260	6 268	6 396	6 485	6 496	6 503	6 615	6 712	6 724	6 829
加工消费	974	1 007	1 044	1 081	1 119	1 158	1 198	1 239	1 281	1 324	1 368
饲用消费	556	567	569	577	586	596	602	603	605	618	632
种用消费	1 218	1 254	1 343	1 380	1 410	1 447	1 468	1 475	1 471	1 502	1 530
损耗量	1 259	1 299	1 267	1 279	1 286	1 276	1 268	1 256	1 248	1 261	1 268
其他用途	34	35	35	35	36	36	36	37	37	37	37
出口量	56	62	62	62	63	65	65	65	66	66	67

表11　2023—2033年中国水果供需平衡表　　　　　　　　　　　　　　单位：万吨

类别	年份										
	2023	2024	2025	2026	2027	2028	2029	2030	2031	2032	2033
生产量	32 214	32 534	32 755	32 965	33 135	33 300	33 463	33 609	33 748	33 903	34 029
进口量（折鲜）	1 220	1 348	1 498	1 659	1 822	1 972	2 146	2 285	2 413	2 533	2 646
消费量	31 306	31 551	31 721	31 888	31 960	32 149	32 384	32 585	32 835	32 915	32 919
直接消费	15 724	15 785	15 833	15 877	15 920	15 961	15 999	16 029	16 059	16 084	16 108
加工消费	4 370	4 452	4 577	4 726	4 956	5 232	5 513	5 797	6 076	6 329	6 541
损耗及其他消费	11 212	11 314	11 311	11 285	11 084	10 956	10 871	10 759	10 700	10 502	10 269
出口量（折鲜）	799	827	868	929	1 003	1 104	1 236	1 398	1 583	1 808	2 083

注：进口量（折鲜）和出口量（折鲜）数据包含水果制品，罐头、果汁等水果制品按照一定比例折算为鲜果量，其中水果罐头折算比例1∶3，水果汁折算比例1∶7。

表12 2023—2033年中国肉类供需平衡表　　　　　　　　　　　　　　　单位：万吨

类别	年份										
	2023	2024	2025	2026	2027	2028	2029	2030	2031	2032	2033
生产量	9 748	9 676	9 659	9 666	9 678	9 702	9 731	9 748	9 750	9 759	9 764
进口量	603	606	604	596	594	592	588	585	582	582	584
消费量	10 268	10 199	10 178	10 175	10 187	10 207	10 230	10 242	10 243	10 250	10 253
直接消费	8 177	7 912	7 808	7 738	7 711	7 681	7 632	7 601	7 537	7 498	7 464
加工消费	1 631	1 833	1 939	2 006	2 041	2 088	2 157	2 199	2 263	2 310	2 344
损耗及其他	460	454	431	431	435	438	441	442	443	442	445
出口量	83	83	85	87	85	87	89	91	89	91	95

表13 2023—2033年中国猪肉供需平衡表　　　　　　　　　　　　　　　单位：万吨

类别	年份										
	2023	2024	2025	2026	2027	2028	2029	2030	2031	2032	2033
生产量	5 794	5 694	5 648	5 606	5 565	5 528	5 493	5 462	5 434	5 409	5 386
进口量	155	155	145	135	127	119	114	111	109	108	107
消费量	5 934	5 833	5 778	5 726	5 677	5 632	5 593	5 559	5 529	5 503	5 479
直接消费	4 512	4 289	4 157	4 100	4 047	3 997	3 957	3 918	3 886	3 858	3 828
加工消费	1 127	1 253	1 329	1 334	1 338	1 343	1 345	1 350	1 352	1 355	1 361
损耗	295	291	292	292	292	292	291	291	291	290	290
出口量	16	16	16	16	15	15	14	14	14	14	14

表14 2023—2033年中国禽肉供需平衡表　　　　　　　　　　　　　　　单位：万吨

类别	年份										
	2023	2024	2025	2026	2027	2028	2029	2030	2031	2032	2033
生产量	2 563	2 580	2 598	2 644	2 694	2 746	2 797	2 835	2 858	2 884	2 905
进口量	131	125	123	120	119	121	116	113	108	106	105
消费量	2 628	2 638	2 653	2 694	2 744	2 796	2 840	2 873	2 892	2 914	2 932
直接消费	2 204	2 146	2 162	2 145	2 163	2 176	2 154	2 156	2 116	2 099	2 092
加工消费[①]	320	389	413	469	498	535	598	627	685	723	745
其他消费[②]	67	73	78	80	83	85	88	90	91	92	95
出口量	66	67	68	70	69	71	73	75	74	76	78

注：①加工消费指深加工利用。
　　②其他消费包括损耗等。

表15　2023—2033年中国牛肉供需平衡表　　　　　　　　　　　　　　　　单位：万吨

类别	年份										
	2023	2024	2025	2026	2027	2028	2029	2030	2031	2032	2033
生产量	753	761	768	776	783	786	790	792	793	795	798
进口量	274	279	285	289	293	296	301	304	307	309	312
消费量	1 027	1 040	1 053	1 065	1 076	1 082	1 091	1 096	1 100	1 104	1 110
直接消费	858	869	877	883	890	892	897	898	899	900	901
加工消费	132	136	141	146	150	153	157	161	164	167	172
其他消费	37	35	35	36	36	37	37	37	37	37	37
出口量	0.009	0.009	0.009	0.009	0.009	0.009	0.008	0.008	0.009	0.008	0.010

表16　2023—2033年中国羊肉供需平衡表　　　　　　　　　　　　　　　　单位：万吨

类别	年份										
	2023	2024	2025	2026	2027	2028	2029	2030	2031	2032	2033
生产量	531	535	539	543	549	555	563	571	577	583	587
进口量	43	47	50	52	54	55	56	57	58	58	59
消费量	574	582	589	595	602	610	619	628	634	641	646
直接消费	520	526	532	537	544	551	559	566	571	577	581
加工消费	35	36	37	38	38	39	40	42	43	45	46
其他消费	19	20	20	20	20	20	20	20	20	19	19
出口量	0.16	0.15	0.15	0.16	0.16	0.16	0.16	0.17	0.17	0.17	0.17

表17　2023—2033年中国禽蛋供需平衡表　　　　　　　　　　　　　　　　单位：万吨

类别	年份										
	2023	2024	2025	2026	2027	2028	2029	2030	2031	2032	2033
生产量	3 563	3 581	3 623	3 642	3 656	3 669	3 677	3 684	3 690	3 696	3 716
进口量	0.000 1	0.000 1	0.000 1	0.000 1	0.000 1	0.000 1	0.000 1	0.000 1	0.000 1	0.000 1	0.000 1
消费量	3 509	3 554	3 600	3 619	3 633	3 645	3 654	3 662	3 668	3 674	3 675
食用消费	2 692	2 717	2 749	2 760	2 768	2 775	2 780	2 785	2 788	2 792	2 791
加工消费	545	563	575	582	588	593	596	600	602	605	607
种用及损耗	272	274	276	277	277	277	277	277	277	277	277
出口量	17	17	17	18	18	20	20	21	22	22	24
结余变化	9	11	6	5	5	3	3	1	0	0	17

表18 2023—2033年中国奶制品供需平衡表 单位：万吨

类别	年份										
	2023	2024	2025	2026	2027	2028	2029	2030	2031	2032	2033
生产量	4 295	4 405	4 527	4 640	4 792	4 912	5 100	5 281	5 434	5 647	5 800
进口量	1 718	1 700	1 740	1 763	1 766	1 791	1 800	1 856	1 897	1 992	2 143
消费量	5 850	5 977	6 155	6 330	6 533	6 677	6 898	7 159	7 349	7 646	7 920
食用消费	5 200	5 287	5 451	5 613	5 804	5 936	6 144	6 394	6 573	6 856	7 122
饲用消费	284	296	303	309	316	322	328	335	340	348	350
损耗	113	112	111	111	112	113	115	117	120	123	127
其他消费	253	282	290	297	302	306	310	313	317	319	321
出口量	24	26	26	27	25	26	22	23	23	23	23
结余变化	139	102	86	46	0	0	−20	−45	−41	−30	0

表19 2023—2033年中国水产品供需平衡表 单位：万吨

类别	年份										
	2023	2024	2025	2026	2027	2028	2029	2030	2031	2032	2033
总产量	7 100	7 242	7 351	7 403	7 453	7 472	7 493	7 516	7 534	7 546	7 550
捕捞产量	1 288	1 294	1 330	1 321	1 316	1 311	1 307	1 304	1 302	1 299	1 297
养殖产量	5 812	5 948	6 021	6 082	6 137	6 161	6 186	6 211	6 233	6 247	6 253
进口量	676	717	738	756	762	774	796	804	815	824	832
消费量	7 396	7 584	7 721	7 802	7 866	7 902	7 955	7 989	8 022	8 045	8 066
食用消费	3 106	3 185	3 232	3 243	3 251	3 262	3 270	3 278	3 284	3 288	3 289
加工消费	3 032	3 147	3 252	3 322	3 378	3 412	3 454	3 494	3 522	3 557	3 590
损耗及其他	1 257	1 251	1 237	1 238	1 236	1 228	1 231	1 217	1 215	1 200	1 187
出口量	380	375	367	357	349	344	334	331	328	325	316

表20 2023—2033年中国工业饲料供需平衡表　　　　　　　　　单位：万吨

类别	2023	2024	2025	2026	2027	2028	2029	2030	2031	2032	2033
产量	32 163	32 146	32 361	32 578	32 783	32 949	33 137	33 306	33 440	33 539	33 630
配合饲料	30 035	30 018	30 243	30 471	30 687	30 866	31 068	31 251	31 395	31 502	31 602
浓缩饲料	1 419	1 392	1 365	1 339	1 314	1 289	1 266	1 243	1 224	1 208	1 192
添加剂预混合饲料	709	736	753	768	782	794	803	812	821	829	836
消费量	31 956	31 939	32 153	32 372	32 578	32 745	32 935	33 105	33 240	33 342	33 439
猪饲料	14 856	14 641	14 540	14 468	14 393	14 317	14 241	14 199	14 161	14 101	14 065
肉禽饲料	9 457	9 501	9 567	9 692	9 821	9 946	10 077	10 172	10 244	10 304	10 353
蛋禽饲料	3 258	3 273	3 320	3 350	3 374	3 393	3 408	3 421	3 433	3 444	3 452
水产饲料	2 339	2 417	2 552	2 626	2 688	2 733	2 777	2 815	2 841	2 864	2 882
反刍动物饲料	1 659	1 704	1 759	1 810	1 867	1 913	1 982	2 043	2 101	2 165	2 219
其他饲料	387	403	415	426	435	443	450	455	460	464	468
损耗量	209	205	205	203	203	201	200	198	196	193	189
净出口量	-2	2	3	3	2	3	2	3	4	4	2